大明王朝的十字路口

郑云鹏 著

中国出版集团 现代出版社

图书在版编目（CIP）数据

大明王朝的十字路口 / 郑云鹏著．-- 北京：现代出版社，2021.4

ISBN 978-7-5143-8996-8

Ⅰ.①大… Ⅱ.①郑… Ⅲ.①中国历史—明代—通俗读物 Ⅳ.① K248.09

中国版本图书馆 CIP 数据核字（2021）第 011666 号

大明王朝的十字路口

作　　者：郑云鹏
责任编辑：张　霆　袁子茵
出版发行：现代出版社
通信地址：北京市安定门外安华里 504 号
邮政编码：100011
电　　话：010-64267325　64245264（传真）
网　　址：www.1980xd.com
电子信箱：xiandai@vip.sina.com
印　　刷：三河市宏盛印务有限公司

开　　本：710mm×1000mm　1/16
印　　张：19.75　　字　　数：245 千字
版　　次：2021 年 4 月第 1 版　　印　　次：2021 年 4 月第 1 次印刷
书　　号：ISBN 978-7-5143-8996-8
定　　价：49.80 元

目　录

序

我自己的书从未向师友索序，既是没有一本自己真正觉得满意，也是不愿让师友为难。大概因为这个原因，圈内朋友和学生也不向我索序。希望我作序的朋友，都不知道这个情况，反倒让我难以谢绝，于是有了《青原山志序》《老城吉安序》等。

去年，一位未曾谋面的小友“朱尔旦”发给我一部《万历朝鲜战争全史》书稿，希望我作序。对于明朝万历战争的研究，我只是友情客串过，本不宜接受，但浏览之下，发现作者真是下了功夫，于是写了一些感想。

近日收到郑云鹏小友（也未谋面）的《大明王朝的十字路口》，分析“土木堡之变”的前因后果。从发来的材料知道，云鹏的大学专业是“思想政治教育”，但从小酷爱历史，尤其喜爱明史，读了许多史籍史料和研究著作，而且勤于历史读物的写作，已经有《草根的盛世：洪武皇帝朱元璋传》《日月为明：大明王朝开国传奇》《一口气就能读完的大明史》《明朝大太监》等问世，眼下的《大明王朝的十字路口》是第九部了。

由于《明史》及后来研究者的引导，“土木堡之变”明军溃败的原因，一直归结为太监王振挟持明英宗远征及在行军和作战时的瞎指挥，以及明朝京军的腐败和英宗朱祁镇本人的缺乏实战经验，等等。但郑云鹏认为，明朝“土木堡之变”的原因十分复杂，是明初以来政治、经济、军事、边防逐渐演变而成，不能简单归结为几个人的问题。所以，他的《大明王朝的十字路口》不拘泥于传统成见，以《明实录》《明史》等正史为基本依据，大量参考明人笔记、文集及墓志铭等相关资料，从明朝宦官政治发展和军事边防变动入手，从更广阔的角度，深入分析“土木堡之变”的前因与后果，特别是对明朝中后期政治、军事等方面的深刻影响，提出这个事变是大明王朝的“十字路口”、是具有里程碑式的重大事件、在某种程度上改变明朝历史发展走向的观点。其中的一些看法，如“三杨”的粉饰太平、军事勋贵集团的覆没等，我觉得是具有创见的。

对于任何历史问题，对于包括“土木堡之变”这样具有重要影响事件的诠释，从来都仁者见仁，智者见智。比如，有的学者将“土木堡之变”视为明朝由盛而衰的标志，但我一直认为，此役是对明朝君主权威的重要挑战、是明代社会多元化的重要契机，而于谦等人拥立郕王，则是孟子“民为贵、社稷次之、君为轻”价值观在一千七百年后的复活。

郑云鹏通过自己的工作，为读者了解这段历史提供了一个很好的读本，对于专业研究者，也提供了一个不错的视角。当然，本书有些环节的处理，还是需要斟酌的。

从来高手在民间。孔、孟未名世前，就是普通的教书先生;“三国”“水浒”故事的传播和演绎，主要是说书人和书商的功劳。如果没有《三国演义》，杨慎的“临江仙·滚滚长江”早已湮没在废墟故纸之间；如果没有当代传播手段，又有谁知道钱锺书和他的《围城》?

以普及读物《明朝那些事儿》闻名的“当年明月”，完全可以跻身学术著作的《万历朝鲜战争全史》的作者“朱尔旦”，都不是专业的历史研究者，但他们做出了专业研究者未必做得出来的事情。

云鹏小友努力。

方志远
2020 年 1 月 26 日

前　言

治明史者或者普通读者多把目光集中在明朝历史的前后两端。想想其实也不奇怪，明朝开国历史波澜壮阔，明太祖朱元璋以一介赤贫之身，无丝毫之根基，竟然完美逆转，建立一个声名赫赫的大明王朝，创造了中国历史上一个不大不小的奇迹。更加上他治国有方、惩治污吏、体恤百姓，开创了一个著名的“洪武盛世”，从这个角度讲，不论治国还是修身，人们关注明初历史自然是有一定的借鉴意义的。

而明末风云变幻，波诡云谲，崇祯以历代罕见之勤政态度，依然不能挽大厦之将倾。大明亡国，神州陆沉，有多少英雄红颜壮烈殉国，演出了一幕幕可歌可泣的历史活剧。而强盛富庶如大明王朝，何以倾覆速度如此之快，更是引发了后人思考，成为后世治世者关注的焦点。

但是，要了解整个明朝历史的来龙去脉，不可忽略的是对明中期历史的研究和解读。从明太祖朱元璋开国到崇祯亡国，这两百多年间到底发生了哪些事情？是什么导致了明朝逐渐走向衰亡？明中期的历史不能忽略，而作为明朝中期一个重大转折点的事件，“土木堡之变”更是深入了解这段历史的一个关键。

以“土木堡之变”为起点，明朝政治、军事等方面发生了一系列重大变化和转折，从而走向了一个新的历史发展阶段。而此后的“南宫之变”，又直接导致了皇位易主，酿成了明中期历史上最大的一起冤案。可以说，“土木堡之变”和“北京保卫战”是大明王朝经历的两次生死劫难，历经生死考验的大明王朝从此告别了它生机勃勃的开创时期，走向了相对沉闷单调的守成时期。

市面上专门讲述这段历史的通俗读物极少，普通读者难以了解到这段历史的来龙去脉，这也是笔者专门写作这段历史故事的重要原因。另外，我们看到的多数史料乃至历史研究著作，对于这段历史的评价依然存在着很多误区，这当然是有着一定的历史原因。本书从泛黄的史册中，寻找历史的真相，拨开历史的迷雾，探索明朝中期这场令人荡气回肠的历史大变局。

一切还要从正统十四年（1449）八月十五日那天说起。这天正是传统的中秋佳节，已经是黄昏时分，大明王朝的芸芸众生不管是南来的北往的、做官的、行商的、种田的、做工的，都尽量放下手中的活计，从四面八方赶回家乡与亲人团聚。哪怕是只能吃糠咽菜，只要有家的地方，就有温暖和欢笑。

而此刻，在怀来土木堡的一片空旷原野上，呼啸的北风正在无情地吹打这一片刚刚经过血腥厮杀的战场。与其说是战场，不如说是屠场。只见漫山遍野铺满了尸体，还有无数的残肢断臂，鲜血渗透了这片土地，一股血腥味让人难以呼吸。

这些战死者大部分都是明军士兵。就在前一刻，他们还是鲜活的生命，盼望着尽快结束战事，赶回故乡与亲人们团聚；但是此时此刻，他们已经躺在了土木堡这片冰冷的土地上，化作一团血肉，任由乌鸦来叨啄蚕食。

“可怜无定河边骨，犹是春闺梦里人！”既然是战争，就难免死伤，不过对于明军来说，这一场战争的死伤也太过于惨重了。到底是什么原因，导致了“土木堡之变”，连御驾亲征的皇帝朱祁镇也成为了瓦剌人的俘虏？按一般逻辑，君王亲征失败，多是缺乏能力的昏君或者暴君，抑或是军心不稳，失去了士气民心。但是被俘虏的朱祁镇既不是昏君也不是暴君，相反，正如他庙号中的“英”字一样，少年时代的他，也曾经有一个英雄梦……

第一章
少年皇帝的英雄梦

少年皇帝之烦恼

梦中吉兆

大明宣德九年（1434）十二月，年仅三十七岁的明宣宗已经病入膏肓。说起这位明宣宗朱瞻基，可谓是一代传奇帝王。在朱瞻基降生的前一夜，雄才大略的燕王朱棣梦见了父皇朱元璋亲手交给他一个大圭，上面镌刻着“传之子孙，永世其昌”八个大字，这是当时觊觎皇太子之位的朱棣所盼望的吉兆。因此，朱棣对于孙子朱瞻基的诞生感到格外兴奋。在孙子满月之日，朱棣前往探视，看到小瞻基那英俊的小脸庞，朱棣心中欢喜，脱口而出：“这个孩子英气满面，跟我梦中的吉兆正好符合。”之后，朱棣通过“靖难之役”夺取了侄子朱允炆的皇位，成为历史上著名的明成祖。朱棣在夺位之后，对于这个应梦而来的嫡长孙十分宠爱，经常将他带在身边。他多次在众大臣面前夸耀自己的这位皇长孙。有一天，朱棣指着朱瞻基，毫无遮拦地对众人说：“这就是日后的太平天子。”这种态度无疑是加强和巩固了当时皇太子朱高炽的地位。

永乐九年（1411）十一月，当时年仅十四岁的朱瞻基被朱棣册立为皇太孙。从此之后，“隔代亲”的朱棣不管是出征还是巡幸，都将自己的宝贝孙子朱瞻基带在身边，还先后给他挑选了胡广、金幼孜、杨荣等名臣为他讲解经史，就是在行军打仗的途中也不间断。两年之后，外藩来朝贡大明，为了显示天朝威风，朱棣命令在皇家教场举办大规模的射箭比赛。只见赛场之中，皇太孙朱瞻基英姿勃发，接连弯弓搭箭，连续射中靶心，引来了满堂喝彩。台上观看的朱棣心中十分欢喜，他深深为自己拥有这样一个文武全才的皇太孙而感到骄傲。从朱瞻基的身上，他也看到了自己年轻时候的影子。再反过来看身旁的皇太子朱高炽，一副肥胖迟缓的模样，而且走路一跛一跛的，全无皇家风范，着实让他眉头紧缩。

为了进一步让皇太孙展示文采，朱棣将他叫到了自己面前，给他出了一个上联："万方玉帛风云会。"只见朱棣话音未落，朱瞻基应声而出："一统山河日月明。"如此气势磅礴的下联，引得文武官员们一片赞叹叫好之声。朱棣也手捻须髯，连连称赞。

朱棣本对文弱肥胖的皇太子朱高炽不满，有更换太子为二皇子朱高煦之意，但是皇太孙朱瞻基凭借其出色的表现赢得了皇爷爷的心，朱棣出于将来能将皇位传给自己最为满意的皇太孙之考虑，才下定了决心，维护了皇太子朱高炽的地位。由此来看，朱高炽能登上皇位，"好圣孙"朱瞻基也有一份功劳。

朱棣死后，朱高炽即位，他在位虽然只有短短的十个月，却能将朱棣在位时候的政策改弦更张，甚至打算迁都南京，重回祖宗龙兴之地。只是上天给他的时间太过于短暂，朱高炽还没有来得及正式实施回都南京的计划，就与世长辞了。

仁宣之治

国不可一日无君，仁宗朱高炽驾崩太过突然，当时皇太子朱瞻基远在南京，而汉王朱高煦和赵王朱高燧觊觎皇位已久，蠢蠢欲动，他们如果发难，皇位必然不为朱瞻基所有。关键时刻，托孤重臣们决定秘不发丧，暗中派出了宦官海寿等人飞马南下，急召皇太子回北京即位。尽管这一切都是在极其秘密的状态下进行，但是汉王朱高煦手眼通天，他安插在朝廷中的耳目将这一切告诉了他。于是，朱高煦派出一队杀手，从乐安州出发，打算在朱瞻基回京途中将其一举截杀。但是不巧的是，杀手们还没有出城的时候，朱瞻基一行就已经过了乐安，杀手们不甘失败，一直在后面追赶，到了良乡附近，才不得不放弃，恨恨而归。

就这样，朱瞻基顺利即位，成为大明王朝第五位天子。他在即位之后，以迅雷不及掩耳之势，迅速平定了汉王朱高煦的叛乱，稳定了内外局势。尔后，朱瞻基在位十年之间，明朝出现了大治景象，一时间政通民和，仓廪充实，百姓安居乐业，灾荒也十分少见。这段时间连同他父亲朱高炽在位期间，史家称作“仁宣之治”。

朱瞻基确实如他皇祖父朱棣所预料的那样，成为大明王朝的太平天子，成为一个合格的守成君主。在治国理政之闲暇时光，朱瞻基雅好琴棋书画，尤其擅长花鸟山水画，是一个十分有才情的治世帝王。

不过，白玉微瑕，朱瞻基于治世之中，贪恋享受，又爱好斗蛐蛐，民间送他一个外号“促织天子”。他的这个爱好给江南民间造成了一定的困扰，《聊斋志异》一书中的“促织篇”就是根据他的故事演绎而成。

废后第一人

除此之外，朱瞻基还有一个荒唐举动，那就是废后，开了有明一代不好的先河。

朱瞻基的结发皇后乃是胡善祥。永乐十五年（1417），当时还是皇太孙的朱瞻基由皇祖父和父亲做主，为他选中了济宁胡荣之女胡善祥为皇太孙妃。同时，又以永城县主簿孙忠之女孙氏为皇太孙嫔。这个孙氏生来就十分美丽聪慧，当时皇太子妃张氏的母亲彭城伯夫人也是永城人，她与孙忠家来往频繁，十分喜欢这个漂亮聪明的女孩儿。之后朱棣为皇太孙选妃，彭城伯夫人就推荐了孙氏姑娘。因为小姑娘当时只有十岁，朱棣就命当时的皇太子妃张氏在宫中抚养孙氏。七年之后，皇太孙朱瞻基成亲，孙氏成为了皇太孙枕边人。这孙氏不但姿色过人，而且十分有心计和野心，她十分会讨朱瞻基的喜欢。随着接触的时间越来越长，朱瞻基也对善解人意的孙氏越来越迷恋和宠爱。在朱瞻基即位之后，胡善祥成为皇后，而孙氏成为了仅次一等的皇贵妃。孙皇贵妃不甘居于胡皇后之下，在对皇后恭敬的外表下，却深藏着一颗要取而代之的野心。

风流天子朱瞻基爱好巡游，胡皇后时常加以劝诫，次数多了，就引起了朱瞻基的不满和厌烦。而孙皇贵妃在这方面，却从没有劝说过朱瞻基，反而事事顺从着皇帝的意愿。两相比较，朱瞻基也生出了以孙皇贵妃为皇后的念头。

但是胡善祥没有大过，如果贸然将她废黜，并没有合适的理由，无法掩天下人之口。朱瞻基和孙皇贵妃知道，要想换皇后，必须得到母亲张太后的允许。于是，他们想了一个办法来试探张太后的态度。按照明朝制度，皇后既有金册，又有金宝，这些都是身份的象征。而皇贵妃则只有金册，没有金宝，这是区分皇后和皇贵妃等级高下的重要标志。

宣德元年（1426）五月，朱瞻基出面向张太后请示，当初胡皇后和孙皇贵妃两人同时被皇祖选为妃、嫔，名位上相差不多，但是现在一个是皇后，一个是皇贵妃，相差太多，能否给孙皇贵妃一个金宝，让她和胡皇后名位差不多，希望此事由母后来决定。

张太后早已看透了儿子的心思，她知道儿子要改变祖制，这是对自己的试探。而张太后当初曾经在宫中养育孙氏，对这个善解人意的美丽女孩儿也十分喜欢。她了解儿子朱瞻基的秉性，是一个不达目的决不罢休的人。如果这次不答应他，以后他还会想出更多的借口来争取。张太后觉得孙皇贵妃就算有了金宝也还是皇贵妃，名位也没有超过皇后，因此赏赐金宝也未尝不可。于是，张太后勉强答应了朱瞻基的请求，命人给孙皇贵妃也铸造了一颗金印。

就这样，朱瞻基和孙皇贵妃赢了一局。接着他们极力寻找胡皇后的弱点或者缺点。从整体来看，胡皇后为人大度，极有母仪天下的风范，在朝野上下名声也不错，并没有什么显著的失德之举。

不过，作为一个皇帝的女人，她多年没有生育，没有给皇帝传宗接代，这就是她最大的问题之所在。不过，问题是，孙皇贵妃也没有给皇帝生下一儿半女。想到这里，孙皇贵妃望着自己不争气的肚子，没有了脾气。

但是除了生育这个问题之外，朱瞻基实在找不到还有什么办法能让胡、孙二人分出高下。虽然后妃没有生育子女，但是在当时的后宫中有一位纪氏宫女却被皇帝所宠幸，并暗结珠胎。

宣德二年（1427）十一月十一日，这位纪氏宫女生下了一位皇子，是为朱祁镇。孙皇贵妃知道了这个消息之后，就在一些心腹宦官和宫女的帮助下，将纪氏宫女生下的皇子占为己有，并对外宣称生了皇子。

作为孩子的父亲，朱瞻基当然知道此子生母为谁，但是出于对孙皇贵妃的宠爱，他装聋作哑，也就默认了此事。

朱瞻基顺水推舟向外界公布了孙皇贵妃生子的消息。既然孙贵妃抢先“生”下了皇长子，皇上又如此高兴，一些善于见风使舵的大臣就在皇子朱祁镇出生八天后，纷纷上疏，有的要求立皇长子为皇太子，有的请求改立孙皇贵妃为皇后。

胡皇后得知了孙皇贵妃生下皇子之事，她深知自己在此事上已经失去了先机，即使以后能再生皇子，也难以赶超圣宠正隆的孙皇贵妃了。再加上宫里宫外早已经充斥着早立太子和改立皇后的风潮，而且朱瞻基对自己也是渐渐疏远，胡皇后十分知趣，她主动向朱瞻基提出请立皇长子为皇太子，而且改立孙皇贵妃为皇后。她说自己有病，愿意主动辞去皇后之位。

朱瞻基见胡皇后主动提出这个建议，正中下怀，心中十分高兴，但他表面装作对胡皇后的建议不置可否。

而孙皇贵妃心中狂喜，表面也不动声色，还假惺惺地对别人说：皇后病好了自然会生育，自己的孩子怎么能抢在皇后之子的前面呢？

朱瞻基知道要改立皇后，还需要张太后和多数文武重臣的支持。朱瞻基首先来找张太后商议此事，征求太后关于群臣建议改立皇后之事的意见，张太后知道儿子请示她只是做个样子，其实他内心主意已定。张太后无奈之下，只好顺应了儿子的意思。

朱瞻基又找来杨士奇、杨荣、蹇义、夏元吉、张辅等文武重臣，跟他们商量更立皇后之事。杨荣善于迎合皇帝的意思，他建议找几条皇后的过错，作为废后的证据。朱瞻基问其他人："废皇后这种事情，前朝有没有先例？"蹇义回应道："宋朝仁宗皇帝曾经将郭皇后废黜。"朱瞻基又问其他几位重臣的意见，杨士奇说："皇上和皇后，犹如我的父母。做臣子的，哪里有资格商量废黜国母之事！当年，宋仁宗废黜郭皇后，范仲淹等率领十几个谏臣抗议，结果都被罢官了，现在史书上还在贬斥宋仁宗的失德之举。"朱瞻基听了之后默默无语。第一次商议废后的重臣会议就这样不了了之了。

次日，朱瞻基将杨士奇和杨荣召集到皇宫西侧的西角门，他想再争取下两位重臣的支持，只要他们同意，其他朝臣方面就不会有太大阻力。杨荣将自己提前拟好的皇后二十多条"罪状"掏了出来，递给朱瞻基。杨荣还扬扬自得地说："这些罪名，足以废掉皇后了。"没承想，朱瞻基看了这些子虚乌有的污蔑之词后，勃然大怒，训斥他说皇后并没有做过这些恶事，如此污蔑，难道不怕神灵谴责？杨荣连忙叩头谢罪。这时，朱瞻基又征求杨士奇的意见。杨士奇又列举历史上汉光武帝和宋仁宗废后，晚年又后悔的例子来劝说皇帝。就这样，第二次的讨论又是不欢而散了。

但是，朱瞻基却不是肯轻易放弃的人。他再次找到杨士奇，跟他开门见山地说，废皇后是张太后的意思。杨士奇这下内心开始动摇和犹豫了。几天后，朱瞻基将杨士奇单独召到文华殿，杨士奇终于改变了立场，为皇帝想了一个办法："可以乘着皇后有病的机会，劝说她主动辞去皇后之位，这样一来，皇帝不至于名声受损，也合乎礼法。"杨士奇还叮嘱皇帝，如果胡皇后答应辞位，也要给予善待，要与新皇后一般待遇。

就这样，宣德三年（1428）三月，宣德皇帝朱瞻基正式颁布了废后的圣旨：胡皇后因为自身有疾病而且不能生子，自愿辞去皇后之位，他不得已同意了。孙皇贵妃生下皇子，群臣建议立她为新后，册立其为皇后。

表面的冠冕堂皇，并不能掩住悠悠众人之口。无任何过错却被废黜，胡皇后得到了天下人的怜悯。朱瞻基后来也有些后悔，提及此事，常常说这是他年少时候的荒唐事。张太后也很同情胡善祥，每次内廷设宴时，都将胡氏之位居于孙皇后之上。

辞去皇后之位的胡善祥，后来居住在长安宫中，被赐号为“静慈仙师”。无过被废，胡善祥万念俱灰，只好一心向道，在青灯孤影中了却残生。谁也不知道，在无数个静谧的黑夜里，胡善祥辗转难眠，心中是不是也如电视剧《甄嬛传》中的甄嬛一样，在想：“毕竟我这一生的情是错付了呀！”

朱瞻基废后造成的影响是恶劣的，后世的子孙如景泰帝、成化帝、嘉靖帝都有样学样，在位期间都做出了废后的举动。这一点，恐怕是朱瞻基所没有预料到的。

经历了十五年的孤寂生活之后，胡善祥病逝，死后以嫔妃之礼葬于金山。

“最小”太子

朱瞻基对于皇长子朱祁镇十分疼爱。不管他的生母是谁，有一点是肯定的，朱祁镇的父亲必然是朱瞻基。朱祁镇也着实有令人喜欢的地方。他生来俊朗，头颅也特别大，所戴的帽子和头巾都需要加大款的才能使用。不管是民间还是皇家，男孩子大头大脑看起来确实让人欢喜。

对于这个“大头儿子”，中年得子的朱瞻基是越看越爱。朱祁镇刚生下四个月，就被册立为东宫太子。这也是明朝皇子之中被册立为太子最为年幼者。朱瞻基对于皇太子朱祁镇充满了厚望，期待他能和自己一样，将来也做一朝太平天子。

有一天，朱瞻基把朱祁镇放在了自己的膝盖上，然后问刚学会说话的小皇子："将来你做了天子，能使得天下太平吗？"朱祁镇大声回答："能！"望着满脸稚气的"大头儿子"，朱祁镇感到十分惊讶，心中也十分满意。他又问了一个问题："如果有干扰国家法纪犯上作乱的人，你敢亲自带领六师去讨伐吗？"朱祁镇以洪亮而果断的声音回答道："敢！"朱瞻基大喜，他感到自己后继有人了。皇太子虽然年幼，却有明君风范，将来的作为不可限量啊！

跟今天的很多家长一样，朱瞻基也十分喜欢在众人面前"炫娃"。有一天，朱瞻基命奶娘将皇太子抱来给近臣们观看，杨士奇等人连连称赞："古书称商汤的勇敢智慧、周武王的聪明都是天生的，现在看到太子，我等对此深信不疑了。"朱瞻基看到大臣们以汤武这样的古代圣君来期许太子，心中自然也是十分受用。

宣德九年十二月，年仅三十七岁的朱瞻基却即将走向生命的终点。繁重的政务，无休止的游玩巡行，已经耗尽了他的元气。这个月的初一日，按照惯例应该拜祭太庙。这是祭祀列祖列宗请求祖宗赐福天下臣民的重大典礼，按照礼制，必须由当朝天子主持祭祀。但是朱瞻基已经卧床不起，无法亲自主持这一套烦琐而庄严的仪式了，他只好下令由弟弟卫王朱瞻埏代替他主持祭祀大典。好不容易熬过了这年末，到了宣德十年（1435）正月初一，按照礼制，文武百官要上朝来朝贺皇帝。但是朱瞻基的病情却没有好转，还是无法上朝，就只好传旨让群臣免去正旦朝贺，转而让大家去文华殿拜谒皇太子朱祁镇。

当时才七岁的朱祁镇被宦官们安排在文华殿接受百官朝贺。望着那一片黑压压跪倒的大臣，朱祁镇有些懵懂，只是按照近侍提前嘱咐好的措辞机械地执行。而跪倒在下面的群臣，心中也隐隐充斥着不祥之感，皇帝病重，让大臣们朝见皇太子，这里面的用意已经十分明显了。一朝天子一朝臣，有的人为了皇帝的病情而担忧，而更多的人则是担心自己日后的官位和前途。

驾崩留诏

果不其然，仅仅两天之后，也就是正月初三日，在紫禁城乾清宫内，病榻之上的朱瞻基进入了弥留之际。他用尽全身力气试图睁开迷蒙的双眼，仿佛要交代重臣们什么，但是话到嘴边又没有出口。他内心十分清楚，经过他十年的苦心治理，大明王朝表面上看起来四海升平，一片繁荣景象，但是北面的蒙古各部依然虎视眈眈，他们一旦大举南下，一场激战势必在所难免。皇太子虽然聪慧，但是他还不到八岁，如此幼小的年龄又怎么能担负起治国重任。更何况，他留给皇太子的绝对不是一个铁打的江山，内部各种矛盾已经是暗流涌动，一触即发了。

更让朱瞻基担心的是，之前他心疼儿子幼小，没有安排启蒙教育，本打算等他大一些再安排，没有想到自己会骤然离世，这样偌大的大明江山就要交到幼子手中，岂能让他放心？

尽管有万分不舍和万分担忧，贵为天子的朱瞻基也无法挽留自己的生命了，他在驾崩之前留下一道遗诏："皇太子朱祁镇继承皇帝位，诸王宗室遵守祖制，谨慎守卫藩国。继位之君年幼，希望圣母皇太后朝夕教导，文武大臣们尽力辅导。"

明朝建国之后的五代君主皆为盛年在位，开国皇帝朱元璋自不必说，亲自打下一片锦绣江山，于四十岁的黄金年龄登上大宝，开创大明王朝；而皇太孙朱允炆继承皇爷爷的帝位，当时虽然只有二十一岁，但也是年轻有为；燕王朱棣则通过"靖难之役"，在四十二岁时自立为帝；明仁宗朱高炽和明宣宗朱瞻基即位年龄分别是四十七岁和二十七岁，皆可谓盛年在位。

反观眼前这位新的大明天子，实足年龄只有七岁两个月！换作今天也就是小学一年级的小朋友，偌大一个大明王朝交给这样一个小孩子，天下臣民心中能踏实吗？

主少国疑之际，朝野内外流言纷纷。有人传言朝廷打算迎接襄王朱瞻墡为皇帝，而朱瞻墡为张太皇太后所生，又有“贤王”美名。当时，出现这一流言的原因有以下三点：

一是因为皇太子年幼，明朝的中枢政治系统面临着重大考验。明太祖朱元璋设计的中枢政治体制就是皇帝独揽大权，但是这一政体是建立在皇帝具有理政能力的基础上。从建文帝到宣德帝，历代皇帝都熟知政务和军务，能够很好地主持政事。皇太子朱祁镇年龄小，他即位之后，中枢体制必然要变革，由此可能带来一系列政治动荡。

二是皇太子的出身问题。前文我们也讲过，皇太子朱祁镇乃是宫女所生，是孙皇贵妃夺人之子。天下没有不透风的墙，此事在宫中流传。既然皇太子不是皇后之子，正位天下必然在舆论上不占优势。

三是襄王即位的说法有一定的社会基础。襄王是张太皇太后最小的儿子，也是朱瞻基的亲弟弟。他当时正值壮年，年富力强，精力充沛，而且为人贤明而仁德，在朝野上下口碑极好。

对新一代天子的人选，虽然宣德帝朱瞻基留下了明确的遗诏，但是在张太皇太后心中，并不是没有一点波澜。她疼爱自己的小儿子襄王。从宣德帝去世到朱祁镇即位，中间有七天的皇位空位期。按理说，国不可一日无君，出现了如此长的空位期，恰恰说明了张太皇太后心中的徘徊和犹豫。

不过，张太皇太后毕竟是一个合格的女政治家。鉴于宣德帝留下的遗命，加上祖制规定的嫡长子继承制，还有文官集团们的政治立场，张太皇太后最终还是选择了扶立皇太子朱祁镇为帝。

面对宫中的流言，张太皇太后觉得必须要有所表示了。于是，她带着皇太子朱祁镇到了乾清宫，召见了内阁大臣们，对着众人哭泣，边哭边指着朱祁镇对众臣说：“这就是新天子。”阁臣们跪倒在地，一起高呼“万岁”，于是朝野上下关于迎立襄王的流言才终止了。

少年天子

钦天监选定了正月初十日辰时为登基的最佳吉时。于是，经过各个办事衙门一片忙碌准备之后，初十日的清晨，七岁的朱祁镇身穿孝服，面带悲戚之色，在大行皇帝几筵之前，宣告受命即位，然后行五拜三叩首大礼。

之后，在众人的安排和簇拥下，朱祁镇又换上了衮服，戴上冕旒，到了华盖殿接受文武官员朝拜。

就这样，大明王朝第六代天子朱祁镇登基为帝了，是为历史上的明英宗。新天子确定第二年的年号为“正统”，所以我们又可以称呼新天子为“正统皇帝”。

新天子尊张太后为太皇太后。张太皇太后面临着一个重大问题，就是幼年天子如何治理天下。按照大臣们提出的方案和宣德帝遗诏，张太皇太后实行垂帘听政。不过，张太皇太后是一个练达的女政治家，她从明仁宗开始共辅佐三代皇帝。她曾经帮助丈夫稳定了太子之位，又辅导儿子明宣宗做一个守成君主，现在又面临如何教导孙子朱祁镇做一个太平天子。

张太皇太后熟悉祖制，她深知明太祖朱元璋在建立大明王朝之初，就明确严禁后宫干政，就是贤明的马皇后，因为干预政事也曾经被其训斥。张太皇太后以此事非祖宗家法而拒绝群臣的请求，她还对娘家势力严加约束，禁止外戚干政。在新天子刚即位后，杨士奇曾经请求张太皇太后的弟弟张升同她一起辅政。但是张太皇太后坚决反对，还写了具有法律效力的敕文来禁止此事。

张太皇太后虽然拒绝了辅政之事，但是对于施政方针也提出了自己的三点指导性建议，那就是停止一切不急之务；开设经筵，使之制度化；委任股肱大臣来辅佐幼帝。

所谓股肱大臣就是张太皇太后所委任的前朝德高望重的五位老臣，

他们分别是号称“三杨”的杨士奇、杨荣、杨溥和英国公张辅、礼部尚书胡濙。有一天，张太皇太后在便殿传谕五位辅政重臣来见。当时小皇帝朱祁镇在张太皇太后东边站立，张太皇太后注视着朱祁镇说：“这五位老臣，都是先帝选择来辅佐你的，以后有什么事要实行一定要与他们商量，如果不是五个人赞成的事情，就不能实行。”对于皇祖母的叮嘱，朱祁镇连连点头称是。

开设经筵

幼年天子没有接受过任何教育，这令张太皇太后十分担心。其实，早在宣德九年十月，朱瞻基就召见了大学士杨士奇，打算等到第二年春暖花开之际，安排皇太子朱祁镇出阁读书，但是还没有来得及实行，朱瞻基就离开人世了。小皇帝刚即位，三杨相继上疏，建议早点开设经筵，选择老成识大体的大臣来辅导。

所谓经筵就是汉唐以来专门为帝王讲授经史而开设的御前讲座，这是朝廷专门为皇帝开设的正统教育制度，也是皇帝或者皇太子学习的主要方式。担任这类教育的讲官一般来说是朝廷重臣或者学识渊博的大臣，他们以儒家经典或者治国之道来教授皇帝或皇太子。这种特殊的宫廷教育与传统普通教育不同的地方是，由于教授的对象很特别，作为教师的经筵讲读官在进行教学时不是一味的填鸭式教育，而是与皇帝或者皇太子相互之间互动，来讲明经义，论辩政事。但是如果遇到皇帝或皇太子年幼，还是以老师讲读为主。而英宗朱祁镇幼年即位，需要的正是这种教育。

到了正统元年（1436）二月，张太皇太后定下了经筵的礼仪制度，以英国公张辅来知经筵事，杨士奇、杨荣和杨溥、胡濙同知经筵事，王直、陈智和李时勉等人充当讲官，举办经筵大典。经筵期为每年的二月到五月、七月到十月，每月逢二也就是每月初二、十二、二十二日在文华殿举行，遇到酷暑和严冬就停止。实际上，到了同年三月才举办了第一场经筵。此后，经筵逐渐成为明朝的定制。

经筵的地点选在文华殿的前殿，而日讲则在殿后的穿廊。

经筵有着一套烦琐庄重的仪式。在经筵开讲之日，文华殿中设御座，御座南边设有金鹤香炉左右各一个，香炉的东边稍南设下御案，御案的东南方向设下讲案。御案和讲案上各自设置讲章，以金尺镇之。到了经筵的那天，负责经筵的文武重臣们，还有讲官和九卿以及锦衣卫指挥使及四品以上的写讲章官都要身穿绣金绯袍，而展书翰林官和御史、给事中等身穿青色绣袍，站立在文华门之外。另外有二十八名大汉将军手持金瓜开道，引导着朱祁镇到左顺门，更换冠服之后，朱祁镇升坐在文华殿前殿御座之上，众位大臣自东西二门分别进殿内行礼，各自站立两旁。

接下来是有人将御案举到小皇帝面前，随即又将讲案举到讲官面前。这时候讲官出班站立，另有展书官两名出班对立。讲官先对小皇帝行礼。两名展书官跪在御案前将讲章展开。讲官开始宣讲，讲课完毕退回到行列之中。小皇帝随后传旨赏赐参与经筵的官员们酒饭，官员谢恩之后，到左顺门外就餐。

小皇帝在经筵上要接受的讲课内容是《大学》《尚书》和经义，这些对于一个七岁多的孩子来说，还太过于高深。就算朱祁镇学习态度良好，但是这种枯燥晦涩的讲章根本就不适合他的年龄，更何况经筵的仪式过于繁文缛节，也使得儿童朱祁镇难以承受了。

就是这样的学习生活一直持续了近十年，直到三杨相继离世都不曾停止。

那么这种学习的效果怎么样呢？

首先，从教学的内容来说，主要的课本就是《大学》和《尚书》。《大学》成书于战国末期到西汉之间，距离明朝已经有一千六百多年，时代久远不说，里面的内容主要是格物致知、齐家治国平天下的大道理，核心内容可以总结为“内圣外王”，强调自我内在修养和对外界的管控能力。

这些充满了哲学意味的高深道理对于一个十几岁的孩子来说显得过于艰涩了。

另外一本重要教材是《尚书》。这是一部记载上古事迹的古书。《尚书》属于五经之一，也是当时人们必读之书。这本书成书于距离明朝两千多年前的先秦时期，里面充满了诸多令人难以理解和解读的字句，一个天真烂漫的儿童到底能接受多少，确实也是令人生疑的。

其次，从教学对象来看，这位小皇帝虽然天资聪颖，但是极其活泼贪玩。在先帝朱瞻基时期，他也曾经命近侍劝导朱祁镇进读经书，但是在讲读时候，小皇子却经常走神。在朱瞻基在世时，朱祁镇尚且不好好学习，在父皇离世之后，正值男孩儿最顽劣年龄的他就更加不能专心于学习了。再加上那些经筵的讲官多是六七十岁的老夫子，年龄代沟自不必说，他们板着脸满口之乎者也让小皇帝朱祁镇产生了逆反心理。虽然有托孤重臣和太皇太后、皇太后的监督，他不得不坚持经筵，但是一颗童心却不可能泯灭，飘飘荡荡早已经到了文华殿之外，殿外那被风吹动的声响，还有小鸟叽叽喳喳的叫声，在小小的朱祁镇的心目中都是那么地美好而动听……

只可惜，三杨等重臣以及张太皇太后和孙太后都不理解少年天子的烦恼，更不要奢求他们懂什么儿童心理学。就在这样枯燥无味的皇室教育下，朱祁镇在一天一天成长。

当然，少年皇帝心中也有快乐之事，他天性中潜在的“尚武”一面被一个人发觉并激发，并由此导致了一场在教育问题上的争夺战。

明朝宦官制度的来龙去脉

阉≠宦官≠太监

对于少年皇帝朱祁镇来说，那些满口道德文章的老夫子让他头疼不已，而有一个人却让他感觉到既亲切又让自己开心快乐。这个人的身份比较特殊，他是一名太监，也可以说是明朝历史上赫赫有名的大太监。他就是——王振。

要说这位赫赫有名的大太监王振，我们就要先了解一下明朝之前历朝历代以及明朝的宦官制度。

首先我们要厘清三个概念：阉人、宦官、太监。众多的文史著作和影视作品往往将三者混为一谈。其实，宦官在特定历史阶段不完全等同于阉人，宦官在某些历史阶段也不等同于太监。

阉人是指去势的男子。在春秋时代，竖刁自宫来侍奉齐桓公，他之所以自宫成为阉人，是因为阉人才能成为诸侯国君的近侍。但阉人并不都是宦官。

宦官在史书之中被称作寺人、巷伯、奄尹、奄士、阉宦、中官、中涓、中贵、中使、内官、内臣、内侍、内监、珰等。

东汉之后，宦官都是来自阉人。但是在这之前，宦官不尽皆为阉人，也有非阉人出任。《后汉书·宦者列传》中记载：“汉兴，仍袭秦制，置中常侍官。然亦引用士人，以参其选，皆银珰左貂，给事殿省。”可见，西汉之时，宦官不都是阉人。

接下来，《后汉书》又载："中兴之初，宦官悉用阉人，不复杂调他士。"此处"中兴"亦指"光武中兴"。也就是说东汉一朝开始，宦官全部用阉人充任，除此之外，其他人不能担任宦官。

同样，太监在明代之前，并不是由阉人充任。先秦时代的古籍中，一般将"太"写作"大"，胡三省注释《资治通鉴》，他认为大监就是太监。隋朝开皇年间，主管将作大匠之人被称作大监。到了辽朝，南面官中的太府、少府、将作、都水、秘书等监的主管都称作太监。元朝的典用、典故、太府、利用、度支、经正、秘书等监，都设有太监一职。

元朝和元朝之前，虽然已经有太监的职官出现，但是极少使用阉人，基本都是正常男子出任。

到了明朝，情况为之一变。太监专指阉人担任的高级宦官，太监之下设有少监、监丞、奉御等职级。在明朝，太监是高级宦官担任的职位。到了清朝，太监成了全体宦官的一般性统称。

宦官制度的产生

可见阉人、宦官、太监三者之间在不同的历史时期，有不同的关联。弄清这三个概念之后，我们再看宦官制度是如何产生的。

宦官制度之所以会出现，首先，是出于王室或皇室为了保持自身血统的纯正性的原因。后宫佳丽三千，如果用正常男子充任宫廷服务，难免会出现他们染指后宫女子的可能。为了把这种可能完全扼杀，惨无人道的宦官制度出现了。其次，宫中杂事虽然有宫女，但女子身体力量有限，很多事情不能完成，这就需要去势的男子来担任宫廷各项杂务的处理，他们在身体力量上有女子不能替代的作用。

早在夏商时代，由于专制王权的需要，加之宫廷规模不断扩大，专家推测，这一时期出现了早期的宦官。此后这项制度一直延续到了逊清皇室，中国最后一个太监孙耀庭于1996年去世。

宦官制度在中国延续数千年，鲜为人知的是，这一制度并不是中国的专利。放眼世界历史，使用宦官的国家比比皆是。距今三四千年之前，古希腊、古埃及、古巴比伦、古印度都曾经出现过宦官。

古罗马帝国，宫廷之中也出现了宦官的身影。著名的暴君尼禄就曾经宣布跟他最宠信的宦官斯普里斯结婚，他还任用宦官彼拉哥成立特务机构监视天下臣民。

此后的东罗马帝国时代，宦官更是在政治、军事舞台上出尽了风头。东罗马史上的名将纳西斯、所罗门都是宦官出身。宦官西米尼努斯和尼西塔斯也是著名的海军统帅。宦官尼西福罗斯还曾经主持过改革事业。东罗马帝国首都君士坦丁堡的大部分主教也是宦官出身。

西亚的宦官历史更为久远。最早可以追溯到公元前12—15世纪，古巴比伦宫廷中就出现了宦官。此后影响极大的阿拉伯帝国和奥斯曼帝国，宦官更是被大量用于宫廷和权贵府中。奥斯曼帝国的白人宦官甚至掌握了帝国的教育、人事和财政权。

印度的宦官一直延续到近现代。二十世纪九十年代，印度的一些大城市尚留存十万多名阉宦。

东亚和东南亚国家也普遍使用宦官。当然，由于种种原因，日本是一个例外。

宦官的五种来源

让我们回头再看中国的宦官来源，主要有五种：

第一，实施宫刑后的罪犯。罪犯被实施宫刑后，送往宫廷服役。从先秦到秦汉再到隋朝，宫刑作为一种减死之刑普遍适用。我们熟知的司马迁就是被实施了宫刑。这些受刑者一部分成为宫廷宦官。不过，在隋朝废除宫刑后，罪犯在宦官来源中所占比例越来越小。

第二，抢掠而来的战利品。敌国和前朝的战俘很多被实施阉割，成了内廷的宦官，也有边地百姓被强行阉割，成为宦官的情况。

第三，进献而来的宦官。王公贵族、地方官员、宦官、藩属国都会进献宦官给皇室使用。

第四，宫廷招募而来。宫廷根据需要会不定期在各地招募宦官。

第五，民间自宫投充者。这种方式一般明清时代较多。著名的大太监魏忠贤就是自宫投充入宫的。自宫现象一度泛滥成灾，成为影响明代社会稳定的一个社会问题。

宦官制度的演变

在明代之前，历经千年演变，宦官制度已经发展得十分成熟了。早在夏商时代，国家制度已经建立。夏禹之后，民主禅让制让位于王位世袭制。而王位世袭制对于君王后代的血统纯正要求甚高。君王为了维护自己后裔的纯正血统，必然会有使用阉人的需求。

西周时期，国家制度更趋完善。根据《周礼》记载，王宫内掌管周天子宫女和女官的戒令以及内外通令的就是阉人。除此之外，酒人、浆人、醢人、盐人、幂人、缝人、守祧等内廷职官都有阉人的身影。这一时期，宦官主要来自刑余之人。

春秋战国时期，随着礼崩乐坏，周天子权威不断下降。原本只有王室独享的使用宦官权，已经被各诸侯国君僭越。平王东迁之后，晋、宋、齐、楚、鲁、卫等大小各国的诸侯国君，都开始在内廷使用宦官。也就在这一时期，宦官开始介入政治。

这一时期的宦官来源于战俘、罪犯和自宫者。著名的刺客豫让为了替主人智伯报仇，就自宫入宫，以便行刺赵襄子。

当时的内廷宦官机构多归少府管辖。

秦始皇统一六国，中国历史进入了帝制时代。帝制国家机构发展更加完备，宦官制度也随之更加系统化和正规化。

秦汉王朝宦官制度一个显著的变化是，国家通过设立机构、确定官号和职掌、分别官秩和发放俸禄等方式，明确确定了宦官机构是国家官僚体系的重要组成部分。通俗点说，宦官也是官，他们有双重身份：既是伺候皇帝起居的奴仆，又是参与王朝政治事务的官员。

这一时期的宦官来源于宫刑罪犯、阉割的幼童和自宫投充者。就西汉来说，李延年、司马迁、许光汉、张贺、石显、弘恭等人就是受宫刑后，成为宫廷宦官的。

魏晋南北朝纷争乱世持续三百六十多年。这一时期宦官机构进一步发展，宦官参与政治的舞台从中央扩展到了地方。

隋唐时期，宦官机构变得更加庞大。内侍省是这一时期新设置的宦官机构，这一机构完全由宦官把持操控。

唐代宫廷中的宦官主要来自各地进献的阉割儿童和宦官养子，少部分是罪犯子弟。

唐代宦官对政治的影响力度较之之前的历代，可谓无出其右者。

宋代沿袭隋唐五代旧制，只不过在内侍省之外，又设置了入内内侍省，二者皆成为最主要的宦官机构。

这一时期宦官主要来源于宦官世家和宦官家族，宦官子弟和养子成为宫廷宦官的重要来源。

与宋朝先后并立的辽金王朝，它们也沿用了汉民族王朝的宦官制度。

元朝的内廷杂用贵族子弟和阉宦。

值得注意的是，元朝宦官并不都是汉人，也杂用高丽人和其他民族之人。

宦官这个君权社会的衍生物，自从产生以来，就跟政治发生了千丝万缕的联系。它既是家奴，又是官员的特殊身份，加之君权和国家政治发展的需要，决定了宦官是政治舞台上一股不可忽视的力量。

周幽王时期，终于出现了典籍记载的存姓宦官第一人——他就是孟子。当然此孟子非彼孟子，他本是士人出身，不知因为什么过错，被周幽王阉为宦官。这位孟子愤愤不平，作诗表达胸中愤懑，于是就有了我们今天在《诗经·小雅》中看到的《巷伯》篇。

西周末年，就出现了讽刺周幽王宠信宦官导致政治黑暗的诗作。这说明这一时期，宦官就已经开始涉足政治。

春秋战国时期，宦官成为一支活跃的政治力量。齐国的宦官在政治舞台上较为显眼。齐桓公重用宦官竖刁等小人，最终导致身后的争位之乱。而宦官贾举勾结朝臣发动政变，杀死了齐庄公。宋国的宦官惠墙伊戾和寺人柳或迫害公子或诬陷良臣，给本国的政治造成了恶劣影响。

当然宦官并不都是起到负面作用，一代霸主晋文公听从了宦官竖头须的建议，巧妙地安定了即位之初的晋国局势。赵国的宦官缪贤曾经推荐蔺相如出使秦国，而秦国的宦官景监曾经多次推荐商鞅给秦孝公。可见，这一时期，宦官在政治舞台上崭露头角，但是由于力量不够强大，地位和职掌不够明确，总体上对政治影响还不够深远。

公元前 221 年，秦始皇统一六国，中国历史进入了强盛的第一帝国阶段。随着帝制国家各项制度的不断发展，宦官制度也日益发展，力量不断壮大。宦官在这一时期迎来了政治上的“第一个春天”。

秦朝统一时间虽短，却出现了中国历史上第一个掌权的大宦官赵高。

赵高权势之大令人咂舌，他以阉人身份担任丞相，掌握了皇帝的生杀废立，甚至可以说在某种程度上，左右了秦王朝的历史走向。秦朝灭亡的原因很多，其中不可忽视的一点就是宦官赵高的专权乱政。

两汉时期的宦官势力令人不可小觑，他们在政治舞台上上演了一幕幕历史活剧和闹剧。

西汉宦官对政治的渗透，发端于吕后掌权时期，发展于汉武帝时期，鼎盛于汉元帝之时。

汉初，宦官虽受到宠信，但对政治并没有产生太多影响。到了吕后专权时期，宦官张释以中大谒者身份，经常出入吕后身边，曾经受命出使匈奴，被封作建陵侯，开宦官封侯之先例。

汉武帝为了消除外朝势力，设置了内廷决策机构，称为“中朝”。以宦官担任中书令。宦官的职权从此突破了内廷杂务的框架，开始在君臣之间担任承宣诏命的角色，并开始成为协助皇帝处理政治事务的得力助手。这一时期，出现了诸多著名宦官，如受宫刑之后担任中书令的司马迁，因妹得宠于武帝的宦官李延年。汉武帝时期，宦官并没有形成专权，这也跟汉武帝的英察和雄才大略分不开。

汉成帝之后直到西汉灭亡，外戚势力渐长，宦官势力暂时得到了遏制。

公元25年东汉王朝建立，宦官在王朝的政治舞台上举足轻重。这一时期，宦官不再以个人形式参与政治，而是形成了一个庞大的宦官集团，以政治集团方式全方位地操控政局。东汉成为中国历史上第一次宦官专权的高峰。

光武帝登基，采取一系列限制宦官干政的措施，这一时期直到汉明帝、章帝统治时，宦官在政治舞台上基本销声匿迹了。

汉和帝执政时期，是东汉王朝的一个转折点。从此之后，朝政日非，外戚势力与皇帝、宦官集团展开了旷日持久的争权之路。汉章帝之后，因为继位者多为幼童，先后出现了六次皇太后临朝称制的局面。外戚集团得以掌权，幼帝长大后，想要收回权力，就不得不依靠宦官集团对抗外戚，以宫廷政变的形式，重新夺回权力。

汉和帝依靠宦官郑众除掉外戚窦宪，郑众因功被封大长秋，晋鄛乡侯。汉安帝与宦官李闰、江京等密谋，除掉外戚邓氏兄弟，事后，二宦官皆被封侯。以孙程为首的宦官集团铲除了外戚阎氏，拥立顺帝继位。孙程等十九名宦官皆封侯。

汉桓帝与宦官唐衡、单超等人在厕所密谋，一举发动政变，诛杀了以梁冀为首的梁氏外戚，主谋的五名宦官同日被封侯，时称“五侯”。此时的东汉朝政，也是一片黑暗。士大夫集团对抗宦官集团不成，反而酿成了延熹年间的第一次“党锢之祸”。

汉灵帝时期，宦官侯览、曹节得势，他们诛杀朝臣窦武、陈蕃之后，文官集团又面临了第二次“党锢之祸”。

宦官在这一时期，对政治主流的影响是负面的，造成了国家的纷乱，进而酿成了黄巾起义事件。大规模民变对东汉王朝的打击是沉重的，不过宦官专权的局面却没有改变，以张让、赵忠等人为首的“十常侍”依旧把持朝政。

袁绍带兵攻入宫中，尽诛宦官，宫中无须者皆为其所杀。十常侍集团覆灭，宦官作为一个集团也终结了。

东汉宦官集团对政治的影响是深远的，他们在政治上干涉察举制、拥立皇帝、掌管禁军、诛杀朝臣、掌握刑狱；在经济上敲诈勒索、敲骨吸髓，大肆掠夺钱财。

东汉的宦官乱政给后继的魏晋留下了惨重的历史教训。取代东汉的曹魏政权可以说跟宦官有一定的渊源。魏武帝曹操的父亲曹嵩即是东汉宦官曹腾的养子。曹魏政权对宦官的防范是成功的，以散骑常侍取代中常侍一职，并且改由士人出任，这起到了防范宦官插手中枢政治的作用。另外，汉代以宦官担任中书令的现象，在曹魏时代已经根绝。魏国的几代皇帝都能亲理国政，加之大臣的权力不断增长，宦官在政治舞台上也就失去了表演的机会。

与曹魏政权相比，政治制度多沿袭东汉的蜀汉政权，宦官干政现象比较严重。诸葛亮辅政期间，蜀汉宦官较为收敛。可东汉政权由宦官专任的中常侍一职，在蜀汉政权仍然予以保留。这也为后来的宦官干政留下了后患。

诸葛亮、董允等大臣去世之后，宦官黄皓深受后主刘禅赏识，由黄门丞升迁为中常侍、奉车都尉。宦官的乱政无疑是蜀国灭亡的一个重要原因。

孙吴政权在孙权、孙亮、孙休统治期间，尚能防范宦官干政，也起到了不错的效果。除了孙亮时期，有宦官欲通过蜂蜜里的鼠粪陷害小吏之外，宦官这一时期几乎不见东吴政治舞台。

末帝孙皓在位期间，情况为之大变。孙皓信任宦官岑昏、羊度等人，放手让他们全面干涉政治、军事和经济等各方面事务，由此加重了孙吴的政治危机。

西晋延续魏国制度良多，宫卿多由士人担任。晋武帝司马炎登基不久，让宦官四处为其挑选民女充实后宫，造成了地方上的骚乱。八王之乱时，宦官比较活跃。贾皇后为了消灭政敌杨骏，重用宦官董猛，后封其为武安侯。之后，她又矫诏命宦官孙虑杀害了太子司马遹。

成都王司马颖宠信宦官孟玖，名臣陆机、陆云兄弟皆死于宦官的构陷。

十六国纷纷乱世，宦官只在前赵、后赵、前秦等国家活跃，在多数国家中都销声匿迹，与这一时期社会混乱状态相一致。

南北朝时期，中国依然处于割据政权的不断争战之中，这一时期，南北朝的宦官干政情况各不相同。总体来说，南朝宦官势力比较衰落，但是他们在政治舞台上也有自己的表演。

刘宋前废帝刘子业听信阉人华愿儿的谗言，赐死了权臣戴法兴。南齐前废帝萧昭业时期的宦官徐龙驹深受宠信，一度达到了专权的地步。南齐废帝萧宝卷宠信王宝孙等宦官，最终他自己也死在了宦官黄泰平、张齐之手。

陈朝后主陈叔宝拜宦官王飞禽为“伏波将军”。之后，他不理政事，耽于酒色，政事一切委任宦官李善度、蔡脱儿，最终导致了亡国命运。

北魏政权汉化极深，其中宦官制度更是继承了汉民族王朝之大成。北魏刑罚严酷，对外战争频仍，宫刑犯人和战俘成为宫廷中宦官的主要来源。北魏宦官以汉人居多，其次夹杂有氐人和羌人等。

北魏是宦官势力极为膨胀的一朝。其原因有三：第一，北魏宦官任职范围大大扩张。除了内廷传统职位之外，他们还担任外朝职位、军队职务和地方官员。北魏宦官授官最高可至一品，赐爵最高可为王公贵胄。其地位之显赫，为此前朝代所仅见。第二，北魏推行汉化，受到了传统鲜卑贵族的极力抵制，北魏历代君主不得不把寻求人才的目光放在了身边的亲信家奴身上。出于汉化的需要，宦官们在政治上异常活跃。第三，就社会整体舆论环境而言，北魏尚未形成排斥和抵制宦官干政的思想。北魏统治集团极少受到传统礼法观念的束缚，他们任用人才主张不拘一格。就文官士大夫集团来说，他们也较少有反对宦官干政的声音，这对于宦官干政就缺乏了舆论监督和制约。

北魏大宦官宗爱接连弑杀了太武帝拓跋焘和吴王拓跋余两代皇帝，北魏后期宦官刘腾权势之大，俨然朝廷的太上皇。

专擅朝政之外，北魏宦官还从征敌国，出使外邦，在地方上辖土治民，担任长官。

应该看到，北魏宦官的政治作用是复杂的。一方面，一些权阉乱政造成了朝政紊乱；另一方面，他们又在某种程度上维持了北魏政权的发展和稳定，功不可没。

宦官中的一些人物如赵黑、孙小等人清正廉明，对政治起到了正面影响作用。

北齐政权末期，宦官势力有所发展。北齐武成帝高湛时期，韩宝业、卢勒叉、秦子征、齐绍等人并封为王。北齐后主高纬时期，宦官田敬宣为北周军队俘获，他为了掩护高纬行踪，在酷刑拷打之下，宁死不屈，被后世称作“贤阉”。

隋朝宦官多来自北朝的北周和南朝的陈朝。隋朝设置了宦官机构内侍省，对宦官势力约束较为严格，没有出现宦官干政的局面。

之后的唐王朝，是中国历史上一个辉煌的朝代，同时也是宦官干政的第二次高潮期。

从唐初高祖到高宗朝，统治者对宦官的约束还是较为成功的。这一时期的宦官人数大为减少，宦官的职权被限定在内廷杂役之中，再无充使外职之事。宦官的品级被限定在四品之内，同时限制宦官不得有养子。

唐初治宦甚严。唐太宗初立的太子李承乾被废除太子之位，其中一个原因就是他亲昵宦官。唐高宗时候，司农少卿韦机杖责了犯法的宦官之后，再上奏，反而得到了高宗的赏赐。唐初七十年间，宦官的职守被严格限制在了宫廷之内，他们没有形成什么气候。

武则天至唐睿宗之时，宫廷政变频繁，正是在此历史背景下，宦官的势力开始抬头。唐中宗之时，宦官人数达到了三千多人，其中七品以上的有一千多人。这时候宦官已经可以监军，五品之上者甚至可以有养子一人。这为宦官在政治斗争中培植党羽和掌管兵权开了先河。唐初的各项限制性制度规定已经成为具文。有的宦官已经突破了最高四品官的限制，有的拜为三品，进入了高级官员的行列。

按照史学大家司马光的说法，唐代“宦官之祸，始于明皇，盛于肃代，成于德宗，极于昭宗”。

唐明皇李隆基继位之初，励精图治，他听从姚崇提出的“宦竖不与政”等十条建议，限制宦官势力。在此背景之下，他开创了开元盛世。李隆基当政日久，开元末图治之心渐不如前，以高力士为首的宦官群体开始走上政治前台，干预朝政。

随着安史之乱的爆发，唐王朝全面陷入了统治危机。宦官在这一时期全面登上了历史舞台。宦官可以说从此之后到唐亡的一百五十多年间，全面主导了唐中后期的政治。之所以出现这样的局面，跟唐代政治统治危机的发展是密不可分的。

从李林甫、杨国忠到元载、杨炎等，权相辈出；同时，各地节度使权势不断增长。唐代皇帝为强化皇权，只能依靠文臣和武将之外的第三种势力，也就是宦官。通过他们，来达到抑制过度膨胀的相权和控制中央禁军的目的。

唐肃宗到唐代宗父子两代帝王时期，先后有李辅国、程元振、鱼朝恩三个权阉专权。

这一时期，由于宦官典领禁军尚未形成制度。皇帝尚有能力除去专权的宦官，他们还没有完全受制于家奴。

但是从唐德宗开始，宦官典领禁军已经成为一项制度。从此宦官权势日益坐大，如脱缰的野马，几乎不受控制。

唐代专权的宦官如第五守亮、孙荣义、吐突承璀、马存亮、王守澄、仇士良、鱼弘志、田令孜、杨复恭、刘季述、王奉先等人，都先后出任过神策中尉之职位。神策军成了宦官干政的一把利器。他们口含天宪，掌控禁军，成为中晚唐政坛上举足轻重的一股势力。

唐德宗下诏允许五品以上宦官收养一人作为养子，而且养子不再局限为宫中宦官，这就为宦官家族势力的壮大奠定了基础。唐末杨复恭养子数百，显赫于朝野，即得力于此项政策。

为了监视飞扬跋扈的藩镇，唐德宗又将宦官监军制形成定制，天下军镇节度使皆有宦官做监军。

三项政策一出，唐德宗朝宦官干政有了制度上的保障。从此以后，他们更加有恃无恐，从中央到地方，全方位涉足政治之中。

顺宗朝永贞革新过程中就遇到了以宦官俱文珍守旧势力的阻挠，导致了革新最终失败。顺宗退位，唐宪宗李纯继位。

唐宪宗为了统一藩镇，曾经重用大宦官吐突承璀涉足军事。元和年间的宦官势力又得以进一步增长，跟唐宪宗的一项政策是分不开的。那就是宪宗为了让宦官更好地参与国家决策，确定了从代宗朝以来就存在宦官为枢密之事，从国家制度层面规定枢密使官职由宦官担任。二枢密使得以参与中枢机要、国家大政方针的讨论，他们与丞相同议国政，而且可以参与对丞相的任命。两枢密使和两神策中尉并称为“四贵”，成为唐王朝专权宦官的重要职务。

唐宪宗末年，吐突承璀和宦官王守澄、李克明一派因为拥立不同的继承人问题，闹得势同水火。最终，王守澄、陈弘志等宦官弑杀宪宗，又诛杀吐突承璀等人，拥立唐穆宗继位。

从唐穆宗到昭宗共八帝，除去唐敬宗以太子身份继位之外，其他七个皇帝均为宦官所拥立。唐敬宗死于宦官刘克明等人之手。唐文宗期间，南衙北司矛盾加剧，终于酿成了“甘露之变”。

唐文宗谋诛宦官仇士良等人不成，反而为之所制。事变失败，仇士良指着唐文宗的鼻子数落皇帝，家奴和天子此刻身份仿佛调换了。

唐僖宗、昭宗朝，大宦官田令孜、杨复恭、刘季述先后专权。唐昭宗有一次体会到了先帝唐文宗的心情，刘季述率领禁军把昭宗抓拿，以手中所持手杖画地，边画边历数皇帝之罪过，至数十罪不止。之后，唐昭宗被监禁，形同囚徒。

随着朱全忠、崔胤对宦官集团最后的致命一击，在唐朝政治舞台上活跃了近二百年的宦官寿终正寝了，而他们效忠的唐王朝也随之走向了终点。

唐代宦官政治是一把双刃剑，宦官贪污受贿、败坏吏治、构陷忠臣良将、敲诈欺压百姓，他们对唐王朝的衰亡必然要负相当责任。同时，不容忽视的一点是，作为皇权忠仆的宦官集团被彻底剪除之后，唐王朝也随之灰飞烟灭。历史的教训悲惨而深刻。

历史的车轮滚滚向前，永不停息。震撼世界的大唐帝国轰然倒塌之后，中国进入五代十国乱世纷争时代。

后梁太祖朱温亲手终结了大唐宦官集团。他深知宦官之害，对之防范甚严，所以后梁一朝未发生宦官干政之事。

宦官张承业为后唐基业的创立立下了赫赫功劳，并作为贤宦的榜样流芳后世。后唐庄宗时代，宦官担任内诸司使和诸道监军，他们不可避免地涉足政治和军事领域。后唐明宗时，宦官孟汉琼做到了宣慰使、大将军等高级职位。

十国之中，前蜀和南汉宦官干政现象比较明显。尤其是南汉，可以称为宦官王国。南汉偏居一隅，人口总数不过百万，宦官数量顶峰之时却达到了两万，全国每五十人中即有一人是宦官，这数字和比率确实令人咂舌。

南汉自高祖建国之后，便有宠信宦官、排斥士人的传统。继位诸帝多为贪残昏暴之辈，到后主刘𬬮之时，以外臣有家室，顾及子孙，不能尽忠于皇室为由，把政事完全委托给宦官龚澄枢、陈延寿等人。宦官权势滔天，最高可以做到正一品的太师；他们直接出任统帅之职，对外战争中他们屡屡有所表现。

宦官干政加剧了南汉政局的腐败，加速了南汉的灭亡。北宋大军兵临广州城下，他们竟然建议后主烧毁宫殿和府库，带着珠宝逃跑。

五代十国终结，宋王朝拉开了帷幕。鉴于中晚唐宦官的肆虐，两宋历代皇帝采取了一系列抑制宦官势力的措施。他们通过颁布限制宦官干政的法令制度，限制宦官人数和死后恤典，延迟宦官升迁速度，强化台谏对宦官的监督等方法来遏制宦官势力。

应该说，北宋建国到南宋灭亡三百二十年来看，这些措施取得了明显的效果。

一方面，由于制度的限制、皇帝的防范、士大夫的抵制，宦官集团势力未出现如东汉与唐代那种操控中枢、废立君主的情况。

可另一方面，宦官在宋朝政治舞台上又是异常活跃的。他们广泛地参与到政治、军事、经济等各个领域，并且产生了重要影响。

出现这样看似矛盾的情形其实并不奇怪。宋代皇帝猜忌文臣武将，有时候，他们宁愿把权力交给身边值得信任的宦官们。北宋先后出现四位临朝称制的太后，她们当政期间，为宦官在政治舞台上的活跃提供了绝佳的契机。

北宋宦官主要来源于宦官养子荫补和开封京畿地区的自宫者。北宋宦官广泛地参与到军事战争之中。宋太祖、太宗朝宦官李神佑、王继恩、窦神宝等人在统一全国的战争中就亲自带兵上阵，发挥了重要作用。真宗朝宦官秦翰多次击败契丹军队，而张崇贵则在宋夏议和过程中发挥了重要作用。宋仁宗时候，宦官石全斌、卢守勤、黄德和等人也参与到宋夏之战过程中。宋神宗朝，宦官李宪多次主持对夏战争。直到宋徽宗时，宦官童贯成为统兵一方的大帅，对当时的政治军事产生了深刻影响。宋钦宗面临亡国危机之时，命令宦官梁方平守卫黄河北岸，金兵刚至，他未加抵抗便仓皇逃窜，事后被军法处置。

除了军事之外，北宋宦官还广泛参与到宫廷纷争、朋党之争、特务侦察、司法和人事任命等政治领域。

宦官王继恩就曾经参与到了太宗、真宗两朝继位之争中，并在其中发挥了重要作用。真宗朝宦官周怀政、仁宗朝宦官任守忠参与宫廷内斗，最终丢掉性命。仁宗时宦官阎文应与丞相吕夷简共同唆使皇帝废掉了郭皇后。权阉童贯更是参与到了动摇赵桓储君之位的活动之中。

宋真宗时，寇准和丁谓政争，阎文应和雷允恭分别依附于二人参与其中。在王安石新党与司马光旧党之争中，宦官黄怀信、程昉等因为参与变法活动后来被旧党清算；宦官陈衍、张茂则、梁惟简则参与旧党，积极反对变法。

宦官探查活动开始于宋太祖。北宋皇帝命宦官广泛探查天下灾荒情况了解各地民俗风情、巡察边境、监察官员。

北宋宦官还参与到审查皇室和朝臣的重大案件之中。值得注意的一点是，他们审案是与相关司法官员一起，并没有独立的司法权。北宋宦官还时常参与到官员的任命和荐举过程中，并在其中发挥一定的作用。

北宋宦官乱政的恶劣影响突出表现在宋徽宗一朝，童贯、梁师成、杨戬、李彦等人对于这一时期的政治腐败、军事失败都要承担重要责任。正是他们的乱政，加速了北宋的衰亡。

靖康之难后，宋室南渡。南宋政权初建之际，宦官人数不敷使用。他们大多数来自康王藩邸时的内侍。这一时期，这些跟随赵构起家的宦官活跃一时。

宦官邵成章上疏弹劾力主议和的黄潜善、汪伯彦，弹劾他们打压抗战派李纲、宗泽等人，并且擅自封锁了金兵侵略陕西等地的消息。结果被二人反咬一口，借机驱逐出宫。

建炎年间，高宗赵构宠信宦官蓝珪、康履等人。他们擅作威福，援引官员；并且依仗皇帝信任，欺压凌辱下层将校。终于在建炎三年（1129），武将苗傅、刘正彦等人利用将士们对宦官的不满情绪，发动了一场旨在诛杀宦官并逼迫赵构退位的兵变。面对叛军，高宗无奈将康履、曾择等宦官交给叛军诛杀，蓝珪、高邈等则被流放。兵变过后，高宗赵构身边只有十五名宦官服侍左右。此次兵变也称作“明受之变”。

“明受之变”被平定之后，宦官的势力受到极大的打击。此后高宗虽然仍然宠信宦官张去为，却能听从文臣们的建议，拒绝了他逃亡蜀地的建议，并勒令其离任。

受到兵变的教训，加之士大夫集团的极力主张，南宋统治者开始采取一系列行之有效的措施来限制宦官权势。

第一，裁减宦官数额。高宗撤销了内侍省，将其归入了内内侍省。宋孝宗在乾道三年（1167）正月，将宦官数额确定为二百五十人。同时，为了限制宦官数额增加，南宋朝廷规定严禁私自阉割儿童、限制宦官进献养子、恢复宦官的考试录取制度，不合格者不能担任宦官。

第二，限制宦官升迁。

第三，宦官不得掌军监军。

第四，宦官不许干政。具体来说宦官不许议政、不许拟诏、不许推荐官员。

南宋宦官权势和参与政治的力度总体不如北宋，但是凡事没有绝对。宦官在南宋一朝的政治舞台上，仍然没有彻底消失。究其原因，还是皇帝信任宦官、防范外臣。

孝宗朝有宦官甘昪、陈源用事；光宗朝失势的陈源“东山再起”；宁宗朝宦官王德谦贪赃枉法；理宗朝董宋臣与宰相丁大全等人狼狈为奸，祸乱朝政。

总之，南宋宦官虽然活跃在政治舞台之上，但是受到强势文官集团的限制，加之各项制度的规定，他们并不能形成集团干政，只有个别受宠的宦官兴风作浪。较之北宋，他们对政治的影响大大减小了。

与两宋并立的辽金两朝，也沿袭了中原王朝使用阉人的传统，在宫廷中广泛使用宦官。辽太宗从开封掳掠的后晋宦官，可能是辽朝宦官的最初来源。之后，辽代宦官似乎也多来自被抢掠而来的中原之人。辽圣宗宠幸的宦官王继恩和赵安仁皆参与政治，赵安仁还参与了兴宗朝的宫廷政变。

金朝初期的宦官，主要来自北宋和辽朝的俘虏之中。海陵王完颜亮时期，宦官开始参与金朝政治。海陵王南下侵宋，也有宠宦梁珫等人的挑唆因素。之后，宦官屡屡参与宫廷政变。金章宗病危之际，元妃欲召宦官李新喜商量新君人选。卫绍王时期，宦官奉大将胡沙虎之命进入宫内夺取玉玺，卫绍王也死在了宦官李思中手里。

当然，金朝宦官在政治上所起的不都是负面作用。宦官潘守恒劝阻元妃打算跟李新喜议立新君的想法，并建议跟大臣们一起商议此事。在金哀宗逃亡途中，居住民房，潘守恒又谏言皇帝不要忘记危难之时，励精图治。宦官宋珪协助金哀宗诛杀权臣蒲察宫奴，因为犯言直谏，宋珪曾受到金宣宗、金哀宗多次杖责。金朝灭亡之际，他与金哀宗一起自缢而亡。

元朝建国之后，受到汉民族文化影响，亦使用宦官充任宫廷职务。蒙古灭金灭南宋之际，很多宦官也成为俘虏，在蒙古宫廷中服务新主。除此之外，高丽进贡的阉人也成为元朝宫廷宦官的重要来源。

有元一代保留着不用宫刑的法律传统，加之有抨击宦官干政的舆论环境，另外元代独特的怯薛制度，贵族子弟充任内侍，从而客观上起到了排斥和防止宦官干政的作用。

宦官对政治的参与在元朝并未根绝。从元世祖到元仁宗历四朝，深受宠信的宦官李邦宁就是一个典型。当然此人能谏言君主，辅政而不为乱，不失为“贤宦”。

元文宗皇后卜答失里与宦官拜住合谋杀死明宗皇后八不沙；元顺帝打算放弃大都北逃之际，曾经有宦官赵伯颜不花极力劝阻。

元顺帝时候的高丽宦官朴不花与奇皇后、搠思监、脱懽等人专权乱政，加速了元朝的灭亡。朴不花死于乱军之中，三年之后，元朝覆灭。

总体来说，辽金元三朝宦官势力受到了有效的制约，未形成把持朝政的政治集团。

可见，从春秋战国一直到元朝，两千多年间，宦官参政之事从未根绝。当然，也不能根绝。

明代宦官干政的必然与受制

明代的历史记忆中，提到宦官基本是将其视作洪水猛兽，从实录到个人文集、笔记，莫不如此。实录编纂作为明朝国家正史，它意图留给后世的是明代君臣的正面形象。而重用宦官参政无疑是对这种正面形象的"污损"，加之士大夫集团与宦官集团之间的制衡，对宦官群体的歧视与贬损便不可避免了。

正如《剑桥中国明代史》提到的："作为一个不同阶级的成员，所有的官员都有对宦官的偏见。尽管有些宦官出身于上等人家，尽管有许多官员甚至于大多数官员同宦官合作，利用宦官达到自己的目的，但他们总是热心于为他们的干下坏事的同僚在宦官中找替罪羊。虽然某些宦官被认为是'好太监'，但总的来说，几乎在一切历史著作中，不论是官修的还是私修的，对宦官的强烈偏见是明显的，因为作者几乎无一例外是官员，或至少也是绅士阶级的成员。"

观诸近三百年的明史，我们看到这样一个怪现象：一方面，文人士大夫集团在自己的文集乃至墓志中，记录了自己如何与宦官集团作英勇的斗争，以此为荣传诸后世。而另一方面，很多传统历史中被视为与宦官斗争的"英勇斗士"的文官，他们也曾为宦官书写墓志或者诗词唱和，于此可见，私交似乎不错。明代政治中这种二元悖论随处可见，一方面文官士大夫们与宦官斗得不可开交，甚至"你死我活"；另一方面，文官们想做成一些大事，又离不开与宦官的和谐相处，这在明朝中后期尤其显著。这也是明史的魅力之所在，纷繁复杂的历史现象背后有其必然性规律存在。

如果我们仅仅看《明实录》《明史》这些正史，或者浩如烟海的文集笔记，多半会得出一个结论：明代宦官专权，作恶多端，他们要为明朝覆灭负责。可这些传世文献史料真的就如此公正真实吗？

诚然，明代宦官在政治中枢、军事、经济、文化等各个领域的表现是异常抢眼的，他们干涉政治的力度和广度也确实前所未有。不过很有趣的一个历史现象是：尽管明代宦官看似猖獗，可是皇帝片纸可以夺取他们的权力财富，乃至性命。所谓明代四大权阉中的王振、汪直、刘瑾、魏忠贤莫不如此。汉唐宦官废立皇帝的那种极端现象在明朝却难觅踪迹。而明朝宦官无论权势多大，他们对皇帝的忠诚也是一以贯之。历史的谜底何在？我想，从明代宦官参政的政治体制分析，我们也许会找到宦官集团参政的必然性和受制性的答案。

明中叶成化年间，礼部尚书姚夔曾经当面称司礼监掌印太监怀恩为内相。晚明才子沈德符在他的著作《万历野获编》中提出司礼监是内官十二监中的第一署，掌司礼监者权势视同外廷的内阁首辅；而司礼监秉笔太监及掌文书房太监，职权则如同内阁次辅。无独有偶，刘若愚在他的《酌中志》中同样将司礼监掌印太监比作内阁首辅，而掌东厂之司礼太监则被他比作次辅，司礼监秉笔、随堂太监被比作内阁其他辅臣。明史上诸多影响政治的大宦官，基本都是司礼监太监，如明宣宗朝之金英、明英宗朝之王振、明宪宗朝之怀恩、明武宗朝之刘瑾、明神宗朝之冯保、明熹宗朝之魏忠贤等都是司礼监太监。

司礼监究竟有何魔力，竟然在废除丞相的时代，被朝廷大臣堂而皇之地称为“内相”？

司礼监之起源，可以追溯到明朝建国之前的吴元年（1367）设立的“纪事奉御”一职。洪武二年（1369），明太祖朱元璋重新确定内侍官制，内使监核定奉御六十人，其中纪事奉御二人。洪武六年（1373）八月，在纪事奉御基础之上，组建了正七品的“纪事司”，此官职以记录皇帝御言文字为主。后来，纪事司职责归并于典礼纪察司，被裁撤。

而典礼纪察司的前身是洪武六年（1373）十月设置的内正司。内正司最初专掌纠察内官礼仪失范以及所为不法者。该司之后改名为典礼纪察司。典礼纪察司掌管礼仪和御前文字，还继承内正司纠察内官不法行为的职责，制造笔墨、裱背匠也归该司掌管。

洪武十七年（1384）四月，明太祖又在典礼纪察司基础之上设立了司礼监。司礼监设立令一人、丞一人。洪武二十八年（1395）九月，明太祖再次更定了内府的官制，司礼监的职掌确定如下：皇室冠礼以及婚丧祭祀等礼仪，御前勘合、赏赐、笔墨书画，其他内官出门马牌等事，监督光禄寺供应筵席等事。此刻，作为内官的司礼监已经有了监督外廷官署（光禄寺）行事的权力。

随着明代政治的发展，司礼监渐渐取代内官监，成了内官第一署。它的职衔也随之发展。司礼监有提督太监、掌印太监各一人。职衔设置有秉笔太监、随堂太监、书籍名画等库掌司、内书堂掌司、六科廊掌司等。司礼监掌印并非职衔，掌司礼监印者都是秉笔太监。并不是所有司礼监太监皆可以参与重要机务，只有加“秉笔”“随堂”职衔，才可参与机务。恰如外廷之入值内阁者，加“殿阁大学士”职衔，才能参与内阁机务。明朝政治架构之精妙让人感叹。

司礼监太监并无定额，秉笔、随堂太监或八九人或四五人，皆无定制。司礼监下辖机构众多：文书房、六科廊、内书堂、经厂、皇史宬等。司礼监结构庞杂，职责众多，其最大的魔力之所在就是批红权。批红和管理奏疏是司礼监最为核心的职权。而管理奏疏是通过文书房来实现的。文书房成立于宣德年间，其职掌主要是：管理中外百司所上奏疏和出入纶命。文书房官每日都要在会极门接受中外百司所上奏疏，京城内外一切涉及公私事体的奏疏都由其收掌管理。

一个非常有趣的历史现象是文书房在隶属关系上属于司礼监下属机构，但是文书官却要借用内官监职衔。其中缘由既有司礼监取代内官监地位的历史过程，又有明代统治者权力制衡的深意所在。

文书官每日需在会极门接本，先送皇帝御览。皇帝阅后，再由文书官发到内阁。文书官送本到内阁也是有资格限定的。传送御旨纶音，由资深文书官送达内阁，以示对其事之重视。而每日例行的送本，则由一般文书官完成。

文书官不但在奏疏轮转环节中起重要联通作用，还要肩负出入纶命之职责。明中期以降，皇帝“垂拱而治”，不但内阁大学士难以一睹圣容，就是司礼监太监想见皇帝一面也实属不易。

在此情景之下，文书官便肩负着沟通司礼监和内阁两大机构的媒介作用。皇帝下传圣意，内阁大学士上达所请，皆要通过文书官实现。而司礼监太监和内阁大学士因为朝廷防止内外勾通，所以极少有机会见面，文书官凭借其特殊职责，成为二者之间沟通的媒介。

文书官以其特殊作用，被时人比为外廷的通政司和六科。文书官的出路在内则可能升转为司礼监秉笔、随堂太监，在外则担任重要地区的守备太监。

宣德皇帝朱瞻基是一个被忽视的帝王，其实他的文采风流不次于历史上任何一个皇帝，而且他在位期间多有创制，守成之中亦有革新。跟精力充沛的明太祖、明成祖等先辈相比，风流天子朱瞻基需要更多的时间来游猎、钻研书画乃至斗蛐蛐。内阁每日所上条旨，都需要皇帝亲自批朱。帝国的疆域辽阔，从北方的鞑靼、瓦剌到西南的乌思藏，从内政到外交，帝国的政务庞杂而繁多，仅仅靠帝王一人之力批阅奏疏，显然已经难堪重负。而太祖朱元璋废除丞相，更使得明代皇帝压力倍增。皇帝集皇权、相权于一身，自然每日要面临繁杂的奏疏。在此情况下，宣德帝只象征性地批阅数本，其他皆交给司礼监太监批红。

批红是明代皇帝文书形成的重要一环。所谓“红”，指的是书写诏旨文书的墨色为红色。传统帝制社会的诏旨文书中，红色为皇帝所独享。批红就是帝制国家中枢系统将臣子代言的皇帝文书，用朱笔抄写后下发，表明这是以皇帝名义下发的文书。批红就是对文书的签署，代表了皇帝的意旨，是皇权的集中体现。

宣德帝之后，正统帝年龄幼冲，当时实际主政的张太皇太后不能跟内阁成员面议取旨，于是让内阁条旨，从此内阁就有了正式的票拟权。与此同时，批红就成为司礼监的主要职掌。司礼监秉笔、随堂太监参与机务，逐渐集中和扩张自身权力。

批红是司礼监每日的日常工作，太监需要按照内阁的票拟来批。对于内阁票拟的内容，司礼监太监不具备修改的权力，但是对于文字错讹，可做具体修改。批红本是皇帝行使的权力，后来渐渐为司礼监代使。由此可见，司礼监只是代行皇权，而非攫取相权。

另外，司礼监对普通票拟，基本依照阁票批红；但是涉及宦官群体以及自身利害关系时，也存在不照票拟而批红的情况。这集中发生在刘瑾、魏忠贤等个别“权势滔天”的权阉当权之时。宦官在批红中加入自己的意愿，本身就是对皇权的冒犯和蔑视。而对这种非常规政治行为，明代政治架构中也有诸多制约。内阁中有“丝纶簿”，专门登录票拟底稿备查。宦官权势增大之后，曾经将丝纶簿暗中藏匿，到徐有贞入阁之后，启奏英宗，才按照旧规，将丝纶簿重新收藏在内阁之中。司礼监若越权乱政，内阁可用丝纶簿备查并执奏，六部、六科可以复奏。对于犯法的宦官，诸衙门皆可依法严惩。

就司礼监本身来说，也要受到来自诸多方面的制约：明代制度规定，司礼监掌印太监一般不能兼掌东厂（只有极个别时期打破常规），司礼监官若掌文书房，需要转衔到内官监，以避免司礼监太监同时掌握批红和文书出纳之权。内官政治构架中的御马监和内官监等，也时时与司礼监相抗衡，达到相互牵制的目的。

明代宦官只能为乱而不能为变，正是这种政治制衡的成功之处。

除批红权之外，司礼监在正统之后权势不断扩大。首先，与历代宦官对比，明代司礼监太监拥有与内阁成员共同承受顾命之权。英宗朝的司礼监太监牛玉、孝宗朝的司礼监太监戴义、穆宗朝的司礼太监冯保都曾经跟内阁辅臣和勋贵一起共同接受“遗诏”或同受顾命。明神宗驾崩之前，也遗诏司礼监跟内阁共同辅佐新君。其次，在军事上，司礼监与兵部官员一同协理京营军务。再次，司礼监会同三法司进行“大审”，参与到司法之中。最后，外出镇守内臣的任命和提督东厂之权也归于司礼监。

监阁二元互制的中枢行政体制

明帝国自正统朝开始，就形成了司礼监和内阁共理朝政的监阁二元互制的中枢行政体制。明代的内阁是非常具有时代特色的产物。内阁无相名，实有相职；虽有相职，实无相权；虽无相权，却有相责。起初，明太祖朱元璋沿袭元代制度，设立中书省，任用丞相辅佐朝政。此时中书省处于国家权力结构的核心地位。随着明代中央集权的强化，皇权和相权的矛盾不断加深，这一矛盾的最终激化体现在洪武十三年（1380）的胡惟庸案。

胡惟庸案之后，明太祖废除丞相之职，将皇权与相权集于一身。皇帝不仅拥有最高决策权，而且要负责监督和领导政府各个部门日常政务工作。不设丞相作为“洪武祖制”传之后世。雄才大略如朱元璋、朱棣尚可以勉强应付，但是自幼“成长于妇人之手”的后世子孙却难以应对了。

从洪武朝四辅官到永乐朝建制内阁，皇帝们也在不断探索废相之后的中枢政治重构。从永乐时的备顾问到洪熙、宣德时的“阁权日重”，内阁名称开始公开化，殿阁大学士亦成为阁臣的专属称呼，内阁权力的最重要行使方式——票拟也开始成为定制。

票拟，又被称作票旨、条旨、票本、拟票、拟旨、调旨，是自宣德年间形成的一种文书档案制度。所谓票拟，就是六部、百司的各类奏疏、政务文件不是直接送给皇帝批复，而是先送内阁。先由内阁辅臣根据国家典章制度和实际情况，拟订出初步处理意见，用墨笔在小票上书写后贴附在奏疏之上，然后跟奏请文书一起上呈皇帝。再由皇帝根据内阁意见进行批复。一般认为，票拟始于宣德朝。只不过此时票拟尚未制度化，而票拟也不属于内阁独有权责，六部尚书也间或参与其事。正统朝，因为皇帝年幼登基，缺乏独断能力，张太皇太后信任阁臣，加之她力求避免专擅之名，这样才出现了阁臣专擅票拟之事。

内阁票拟有一套程序：皇帝旨意下达，一般是由司礼监太监代笔，或者皇帝亲笔写下一道简单的意旨，由文书房宦官送到内阁或直接由宦官口传圣旨，内阁阁臣按照规定格式成文，再由司礼监秉笔太监或者随堂太监朱笔照抄，最后送六科签发。

若是诸司下情上达，这些奏疏首先由通政司封进，然后由文书房宦官将其送达内阁，内阁票拟初步意见，然后文书房宦官再送至御前，皇帝象征性地批阅一部分，这也是皇帝对阁票的审批环节。虽然明中后期多半已经流于形式，但是自始至终还是存在的。大部分由司礼监照票拟朱笔批红后，再送六科签发处理。

从票拟的环节上，我们可以看出：司礼监的批红环节是内阁票拟能否实行的根本前提。不经过批红，票拟无疑是“纸上谈兵”。批红权使得司礼监成为明代特有的监阁二元互制中枢体制不可缺少的一环。内阁作为皇权和政府各部门的权力中介，有效弥补了废相之后造成的皇权统治效能下降的缺陷。而司礼监又发挥了稳定和巩固皇权的作用。

司礼监和内阁的关系错综复杂，一方面，二者既有争斗又有合作，总体合作多于争斗，围绕权力的争夺是二者之间斗争的常态。另一方面，内阁辅臣要实现自己的政治抱负，又离不开与司礼监太监们的合作。明中后期，皇帝与大臣接近的时间和渠道较少，作为权柄中枢的内阁大学士也概莫能外。阁臣要被皇帝信任，当然需要了解皇帝的性格爱好、起居常情等，而这些信息的获得离不开与皇帝朝夕相处的宦官们。阁臣可以利用宦官间接取得皇帝的信任，以此来排挤同僚，在文臣之间的权力争斗中占得上风。内阁阁臣的入阁、晋升也离不开宦官的奥援。由此又决定了内阁和司礼监多数情况下，只有紧密合作，才能实现二者政治利益的最大化，并有效地进行政治运作。杨廷和之于张永、张居正之于冯保莫不如此。二者分别代表文官士大夫和宦官两大群体，他们之间存在着天然的排斥性。而司礼监批红权的设置本身有弥补丞相废除之后，减轻皇帝亲自处理政务过于辛劳的意义，但这又是对内阁权力的一种制衡设计。司礼监太监有对外廷一切事务的审批权，而这种审批权有很大意义的“以皇帝的名义”，是皇权的一种体现，因此具备极大的权威性。内阁可以独立裁决，而司礼监的批红又代表着皇帝对内阁的裁决进行再裁决。司礼监实现了明代统治者“由内制外”的初衷。不但内阁，六部百司都为其所制。当然，前文我们分析过司礼监本身也受到包括内阁在内的外廷和御马监、内官监等代表的内廷的双重制约。权力制衡始终体现在明代的政治构建之中。

司礼监太监批红需要一定的知识基础，宦官全方位参与政治更是离不开文化素质基础，这就要说到明代重要的宦官教育机构——内书堂。

宦官教育机构——内书堂

明史上有一个值得思考的现象：那些口含天宪、操控百官的大太监为何能为乱而不能为变？也许你能看到威风凛凛的王振，令人胆寒的汪直，号称“刘皇帝”的刘瑾，“九千九百岁”的魏忠贤，却看不到哪个宦官企图弑君，换人坐龙椅。

跟汉唐两朝那些飞扬跋扈的同行前辈相比，明朝这些大太监总体上表现的还是比较恪守臣职、忠于君主的。其中一个非常重要的原因，就是自永乐皇帝朱棣设立的内书堂，在培养宦官们的忠君意识方面起到了根本性的作用。

跟前代相比，明朝宦官参政作为弥补废相之后体制空缺的一种政治构架，总体呈现出可控性和理性有序的特征。这同样离不开明代知识宦官阶层的存在。而宦官的知识化，一条最重要的渠道就是接受内书堂教育，这为他们全面参政提供了前提和条件。

明太祖朱元璋在宦官问题上呈现出了两面性：一方面，他借鉴前代宦官之祸，严禁宦官读书识字；另一方面，出于皇权政治的需要，又使得他不得不打破自己的禁令，对宦官们进行文化教育。但是整个洪武朝，宦官的教育仅仅以能识文断字为限，这个时代毕竟没有实现宦官参政体制化。

历史上就有宦官接受教育之事。东汉和帝之时，邓太后下诏命中官在东观接受经书教育，以便于他们再传授给宫人。前秦苻坚挑选聪慧的阉人，教授他们经书。隋宋两代也皆有宦官受教育之事。

明代的内书堂出现于永乐年间，据大学士李贤为太监阮浪撰写的墓表中可知，阮浪在十几岁的时候便被永乐帝选入内书馆读书。当时此教育机构还不叫作内书堂，而是称作“内书馆”或者简称“内馆”。

宦官接受宫廷教育的地点，历史上有过几次变化，宣德、景泰、嘉靖初三朝曾经在文华殿东庑，而在明英宗正统之后基本固定在了皇城内的司礼监内院。

司礼监院门的西边，进门稍南边就是内书堂，院中还有十几株松树。内书堂往北，穿过两层门之后，就是司礼监的办公衙署。内书堂内南边有一室，室内供奉先师孔子牌位和像；还有一副楹联：“学未到孔圣门墙，须努力趱行几步；做不尽家庭事业，且开怀丢一边”。内书堂稍微靠北面一间，是内书堂教师也就是翰林院教官休息场所，通俗来说就是教师休息室。内书堂稍北面，另外有一堂，称作崇圣堂，内供奉孔子像，是司礼监太监们礼拜孔子之处。

内书堂在正统年间以后，绝大部分时间内隶属于司礼监。宣德年间，内书堂设在文华殿东庑。正统时候，太监王振将内书堂设置于司礼监之内。

内书堂乃皇宫内正规的宦官教育机构，类似外廷的国子监。内书堂对学生的选拔、教学的内容以及教师的配备都有一套严格的规定，毕业之后的宦官有机会进入司礼监等重要内官衙署，内书堂读书的宦官们常常自比为外廷翰林。要知道入翰林院的都必须是进士及第或进士出身，非十年苦读并获得殿试优秀成绩的人，是难以进入的。由此可见，内书堂培养出来的知识型宦官，其知识水平确实很高。

内书堂的生源，按照刘若愚《酌中志》的记载，每年都要选取十岁上下容貌俊俏、聪明伶俐而且可以造就的小宦官二三百人入学（当然入学年龄上也有特例，很典型的就是魏忠贤，留待后文交代）。内书堂招收学生的数目前后多有变化。明中期，招收四百到五百人。明中期偏晚时，在此读书的学生一度达到了八九百人。晚明时，内书堂招生规模一般限制在二三百人。入学的内书堂学生要参拜孔子牌位，类似于民间书院的入学仪式。

内书堂的学生需要缴纳一定物品作为象征性的学费，比如白蜡、手帕、龙挂香之类。这些物品很多是由大太监赞助给小宦官们的。内书堂的费用和师生伙食都是由朝廷提供，可以说是典型的公费教育。

说到内书堂所设立的课程和所用教材，跟那些埋头科考的读书人有同也有异。相同的是四书五经，还有一些儿童启蒙读物《百家姓》《千家诗》《孝经》等。相异的教材有《内令》（明太祖以来历代皇帝对宦官的戒谕）、《忠鉴录》（收集各朝代奉公守法的贤宦事迹）、《貂珰史鉴》（记载历代宦官善行）、判仿（对于具体公文的处理意见，这也是为将来那些能进入司礼监的宦官提供岗前培训，以便于他们更加熟练地“批红”）。

内书堂的课业是比较繁重的，除了这些必修课，还有种种“选修课”。有志出人头地的宦官往往会在课后业余时间翻看一些野史、笔记等杂书来丰富自己的知识，比如《大学衍义》《资治通鉴》等书，还有诸家笔记野史。

内书堂的教师是“高配”，其标准甚至超过了中央国立大学“国子监”。内书堂的学业教育由翰林院负责，翰林院素称“清要之地”，不仅是因为明中期以降“非进士不入翰林，非翰林不入内阁”，更因为翰林院的翰林们很多都有机会成为内书堂的教师，而他们培养的宦官里面说不定就有一些进入司礼监，成为司礼监掌印、秉笔或者随堂太监。这种师生人脉关系也是一种官场上的重要资源。任用翰林院翰林做内书堂教师始于景泰年间，教师数量三人到六人不等，而教学年限从三年到十年不等。

内书堂的教学是非常严格的，有着一套严格的奖惩制度。年长而且有势力的六到八人会被任命为学长，稍能写字者被任命为司房。假设有背不过书、写字不堪或者污损书仿乃至犯规有罪的学生，都要被教师记录在案，然后交给提督太监责罚。如果是其他一些小过错，轻一点的就由学长用界方责打，重一些的则需要在孔圣人像前罚跪，再重一些的就要处以扳著几炷香的处分。所谓扳著，就是犯事学生向着孔圣人像直立弯腰，用两手扳着两脚，而身体不许弯曲，一有弯曲则以界方如雨般无情责打。时间为一炷香或者半炷香，受到责罚的学生或者头昏脑涨或者昏厥倒地，重的甚至呕吐成疾。有些人常常行贿学长，用这种酷刑来责罚与自己有仇者。

内书堂每月初一、十五以及节令都会放假，每天夜幕之时，放学后的小宦官们也会有一些娱乐活动。比如排班题诗的接龙比赛，如果失误则会被众人群起而侮辱。读书好的学生会有一些物质奖励或者精神鼓励，也会有一些有权势的大太监来选择一些有前途的内书堂学生成为自己名下的宦官。

如此严格教育背景下的内书堂宦官，自然地位也与众不同。就拿出行来说，其他内官衙署的宦官看到内书堂学生排班行走之时，必须拱手端立让过，就是司礼监的老资格太监也不例外。

内书堂有严格的考试考核制度。平时的小考不断，甚至还有皇帝主持的类似科考殿试般的重大考试。崇祯元年（1628），皇帝就亲自主持了命题考试，崇祯十二年（1639），甚至还发生了一起宦官殿试作弊事件，作弊者顾三聘被杖毙。

内书堂设置的目的就是为了培养小宦官们的实际参政能力和忠君观念。

内书堂毕业后的宦官前途可谓“一片光明”，首选途径当然是进入文书房当差。这就意味着经过一段时间的磨炼，离司礼监掌印太监或者秉笔太监的位置更近了。明中期以后，内书堂学习的经历成为司礼监秉笔或者掌印太监必须具备的条件，只有极少数情况是例外。明末最有名的大太监魏忠贤也是内书堂毕业，而并不是惯常人们所说的目不识丁之辈。清修《明史·沈漼传》中有载："故事，词臣教习内书堂，所教内竖执弟子礼。李进忠、刘朝皆漼弟子。李进忠者，魏忠贤始名也。"由此可见，魏忠贤也是手握内书堂毕业学历，只不过他因为中年入学，学习能力有限，所以仅仅粗通文墨而已。据沈德符《万历野获编》记载，明代只有明穆宗时候的孟冲、明神宗时候的张明、明熹宗时候的王朝辅是不识字而成为司礼监秉笔太监的。这也是极少的特例了，况且孟冲就是因为不识字而被两宫太后排除在司礼监掌印太监的行列之外。

另外，学习极为优秀者会被选派到东宫做太子侍读。这些人往往是内书堂学生中的佼佼者，要得到皇帝和外廷大臣们的赏识才有可能获得这种待遇。而一旦成为太子侍读，就意味着可以跟太子朝夕相处，将来太子登基为帝，这些宦官自然可以水涨船高，获得高位。

更多的内书堂毕业生是进入宦官二十四衙门任职，或者在宫内为宫女们教书。这些人进入二十四衙门多是从事文牍工作，相比较那些体力劳动的下层宦官来说不啻天渊，而老成稳重者会被安排教授宫女诗书，这也是一份清要之职。

整个明代内书堂累计培训出十万多名弟子！这些内书堂毕业的学生成为明代知识型宦官群体，他们在政治、经济、军事等各个领域崭露头角，以自己的知识为明帝国政治体系的运转贡献了自己的力量。考诸近三百年明史，多有内书堂毕业背景的宦官为明朝提供了"正能量"：范弘、王振导帝以正，最后殉国土木堡（至于世人多以王振为土木堡之变的罪魁祸首，实则天大冤案，下文会有详细记叙）；来自安南的宦官阮浪、阮安，一为忠心侍奉南宫困厄的太上皇明英宗被陷害致死，另一为北京城市和宫殿建设做出了卓越贡献，死后囊中钱财不过十两；其他如稳成持重的萧敬、正直忠谨的田义、陈矩，严谨忠心的黄锦、王安，殉国自焚的高时明……他们对明朝的贡献甚至可以说不亚于文官士大夫阶层的官员。

不仅在政治领域，那些内书堂毕业的宦官在文化领域也做出了卓越贡献，吟诗作对、笔墨风流、琴棋书画这些也成为了一些知识型宦官擅长的领域。比如冯保，他就是内书堂毕业的高才生，对于琴棋书画多有研究，而且书法水平也很高，传世名画《清明上河图》上的题跋就是他亲笔所作。张雄，诗词水平极高，连皇帝都心悦诚服；鲍忠，闲暇之时，躺在巨石之上，取一落叶书写诗词，飘飘然真有深山隐士之风骨；成化朝的司礼监太监戴义，精通琴艺，他的楷书甚至可以媲美书法家沈度（沈度书法之美，被明成祖朱棣盛赞为"本朝王羲之"）。南方有一个善于琴艺的妇人，她游遍两京十三省没有遇到对手。后来她听说了戴义的大名，前去拜会。戴义弄琴一曲，恰如行云流水，又似天籁之音。妇人泪如雨下、面如死灰，佩服得五体投地，她当即就把自己携带的美琴在阶石上摔得粉碎，然后拂衣而去，此后终生再也不谈鼓琴之事。

内书堂毕业的宦官们不但接受了文化知识教育，而且忠君思想的灌输也为他们忠心君主和王朝奠定了基础。内书堂这个机构确实使得明朝宦官整体知识层次大大高于其他朝代，也成为明代宦官良性干政的一个重要保障。

有一个非常有趣的现象：明代由于经济文化发展的不平衡，在科举入仕方面，南方士子远胜过北方士子。明太祖曾经兴起南北榜案，用行政手段强行压制南方士子，但是只能取效于一时，南方教育资源的巨大优势，是北方无法望其项背的。地区教育入仕资源的不平衡性，在明中后期却在无意中得到了部分解决。这一切还要感谢宦官的内书堂教育所实现的宦官知识化。宦官多为北方人，他们中的部分人成为内书堂学生，从而接受良好的教育，最后出人头地，掌握权柄。这在一定程度上实现了南北方教育入仕资源的公平化。

以司礼监和御马监为首的二十四衙门

明代宦官机构庞杂，司礼监仅仅是宦官二十四衙门中的一个。其他诸衙门也是宦官参与政治的重要机构。明朝初年，包括十二监、四司、八局在内的宦官二十四衙门逐步建立并完善。它们依次是：

司礼监。对于该监，前文我们已经有详细表述，此处不再赘述。

内官监。设有掌印太监一名，另外有总理、管理、佥书、司掌、写字、监工等职无定员。该监掌管宫室和陵墓营造，铜、器用、冰窖等事。该监外差有建修藩王府第等。

内官监的前身是内使监。内使监草创于明朝建立之前的吴元年九月。首为监令，下设有监丞、奉御、内使、典簿等。洪武十七年四月，内官监替代内使监而设立，职掌为内官内使全部名册和内官人事差调之事。可见，直到此时，内官监仍然是掌握内官人事大权的内官第一署，而司礼监仅仅名列第六。内官监的监令品秩为正六品，高于其他各监正七品的监令。这也是内官监显赫地位的表现。

除了人事之外，内官监还掌管内外文移和宫廷礼仪之事。永乐元年（1403）正月，朱棣升任旧燕王府承奉司为北京内官监，秩为正四品，此时的内官监太监为郑和。下西洋这样震撼古今的重大事件，郑和作为内官第一署的太监，很可能参与到了决策之中。下西洋与海外邦交、选派下西洋人员部署、采办海外方物此三项，正好对应内官监宫廷礼仪、内府人事差遣、宫廷器用诸物等三项职掌。郑和作为这一时间段内的内官监太监，参与其事，也是题中应有之义了。

洪熙元年（1425），郑和被任命为南京守备太监，此位置之后也成了司礼监的外差。由此可见，内官监失去了内官第一署的地位，为司礼监所逐渐取代。郑和多次远涉海外，长时间远离皇帝所在的北京中枢权力之地，渐渐失去了近侍衙门的根本之地，不再在中枢机构起到关键作用。于此观之，内官监在郑和下西洋的过程中，已经失去了内官第一署的地位，其被取代也是必然之事了。

御用监。掌印太监一名，里外监把总二人，典簿、掌司、监工、写字等无定员。凡是御前所使用的围屏、床榻诸木器，以及紫檀、象牙等玩物，皆造办。另外有仁智殿监工，掌武英殿书籍画册等，奏进御前。

司设监。设员同御用监。掌握卤簿、仪仗、帘席、帐幔、雨具、大伞诸事，一向被认为是烦苦事，但是掌该监太监也有可能日后发达。天顺年间权阉曹吉祥曾为司设监太监。

御马监。设掌印、提督、监督太监各一人。其所辖腾骧四卫营各设有监官、掌司、典簿、写字等员。象房有掌司等员。明中后期，御马监之地位显赫。《西游记》中被演义并戏称为“弼马温”的御马监太监，实则与兵部和督抚共同执掌兵柄，为内廷“枢府”。吴元年九月设立御马司，正五品，专掌御厩马匹。

御马司即为御马监的前身，其地位虽低于内官监和御用监，却是明太祖开国之前就设置的第三个宦官衙门。洪武十七年四月，更定御马司为御马监。御马监职掌御马，自然有养马、驯马人员，并由此产生了一支由御马监统率的禁军——腾骧四卫和勇士营。

御马监统领禁兵始于永乐朝，而这支禁兵最初是来自各地卫所挑选的精壮士卒和从蒙古逃归的壮士。他们不归亲军指挥使司所管辖的上十二卫，地位却高于上十二卫，职责是担任宿卫。

宣德八年（1433），这支三千多人的禁兵被扩建成为腾骧左右卫、武骧左右卫，统称为“四卫”。四卫军应该有两万以上的士卒。景泰成化年间，四卫军士被抽调建立勇士营和四卫营。编制虽然不断变化，但统领权却一直归于御马监。

御马监统领禁军真正在军事上发挥作用，是从正统十四年的“土木堡之变”后开始的。在于谦组织的“北京保卫战”中，发生在西直门的战事异常激烈，守卫西直门者正是御马监太监刘永诚的侄子——右军都督刘聚。在彰义门应击瓦剌的正是御马监提督的四卫和勇士营军士。

御马监统领的四卫和勇士营在整个禁军系统中，都属于战斗力极强的部分。这也使得御马监成为明代宦官参与军政事务的前提，并被视作内廷中的武职衙门。这种军事职掌集中体现如下。

其一，御马监太监有扈从出征并掌管兵符火牌之职责。明代皇帝有御驾亲征的传统，明成祖朱棣五次亲征蒙古，御马监少监海寿至少参加了其中的两次，而御马监太监刘永诚参加了其中的三次。宣宗朱瞻基征讨汉王朱高煦，御马监太监刘顺跟从，并与勋贵作为前锋出发。英宗亲征瓦剌，御马监少监跛儿干扈从。明武宗朱厚照北巡南下，御前都有御马监太监张宗的身影。正德时，武宗每次调动兵马，都有御马监内使持符而行。

其二，御马监太监还有提督京营和坐营、监枪之权。永乐时的京军三大营，五军营、三千营、神机营皆有提督内臣、坐营内臣和监枪内臣的设置。这些都由宦官中地位较高的太监、少监或监丞担任。

其三，御马监还是出镇地方的镇守中官重要来源处。成化、弘治年间之后，除了南京等处守备太监为司礼监“外差”之外，其余内地和边关的镇守和监枪等内臣则多半出于御马监。

其四，监军。成化、弘治以后的提督、坐营、监枪、镇守内臣多数由御马监宦官担任，所以监军也成为御马监的重要职责。

其五，提督西厂。成化年间，明宪宗因为东厂和锦衣卫稽查不力，故命御马监太监汪直在皇城之西的灵济宫灰厂审讯人犯。跟东厂相对应，此处被称为西厂。西厂之设标志着御马监权势和地位的进一步扩张和提升。

御马监除了军事职掌之外，还有管理御马草场和皇庄、皇店等经济职能。

从某种程度上说，司礼监和御马监分别代表着内廷的文职势力和武职势力。当皇帝需要对以内阁为代表的外廷文官集团进行制约时，司礼监的地位便会上升。当国家用兵频繁之时，御马监的地位便会更加强化。

明代历史上，御马监势力最盛为正德年间。御马监的势力甚至全面压过了司礼监。明武宗命御马监太监张锐提督东厂，这标志着御马监开始侵夺司礼监已有的职权。而司礼监提督东厂或掌印太监，也多是出身于御马监，例如谷大用、魏彬等，都是以御马监太监转衔到了司礼监。

御马监和司礼监有权力的制衡和争夺，这也是最高统治者希望看到的。御马监和司礼监的双轨运行体制正是明代政治构架中权力制衡的绝妙体现。

神宫监。设有掌印太监一人，佥书、掌司、管理等无定员，专掌太庙等各庙洒扫、香灯之事。

尚膳监。设有掌印太监一人，提督光禄太监一人，总理一人，管理、佥书、掌司、写字等无定额，专掌御膳及宫内食用和筵席等事。

尚宝监。设有掌印太监一人，佥书、掌司无定员，专掌宝玺、敕符、将军印信等。如果诸司需要用宝，外廷的尚宝司用揭帖赴监请旨，至女官的尚宝处领取，尚宝监监督尚宝司用宝完毕，留存号簿。

印绶监。设员跟尚宝监相同，掌管古今通集库并铁券、诰敕、贴黄、印信、图书、勘合、符验、信符等事。

直殿监。设员如上，掌管各殿和廊芜扫除等事。该监无大厅和公署，被认为是内廷最劳苦和受冷落的部门。

尚衣监。设有掌印太监一人，佥书、掌司、监工无定员，掌御用冠冕、袍服及鞋袜之事。

都知监。设有掌印太监一人，佥书、掌司、长随、奉御无定员，原掌各监行移、关知、勘合等事，后只随驾前导警跸。该监宦官冷清寒苦，很难有上升机会，往往被看作下下衙门。

惜薪司。设有掌印太监一人，总理、佥书、掌司、写字、监工，以及外厂、北厂、南厂、新南厂、新西厂各设有佥书、监工，俱无定员。该监专掌宫中所用薪炭等事。

钟鼓司。设有掌印太监一人，佥书、司房、学艺官无定员，专掌出朝钟鼓以及内乐、传奇、过锦、打稻诸杂戏。

宝钞司。设有掌印太监一人，佥书、管理、监工无定员，专掌造粗细草纸。

混堂司。设有掌印太监一人，佥书、监工无定员，掌沐浴之事。

兵仗局。设有掌印太监一人，提督军器库太监一人，管理、佥书、掌司、写字、监工无定员。该监专掌制造军器，宫中御用铁锁、锤、钳、针、剪之类和法事用器，又被称作“小御用监”。下设火药司。

银作局。设有掌印太监一人，管理、佥书、写字、监工无定员，专掌打造金银器具、装饰。

浣衣局。这也是我们在古装剧中经常看到的一个宫廷机构。设有掌印太监一人，佥书、监工无定员。凡有年老宫人和罢退残疾者，皆发往此局居住。二十四衙门中唯有此局不在皇城之内。

巾帽局。设有掌印太监一人，管理、佥书、掌司、监工无定员。该监专掌宫内内使帽靴、驸马冠靴和藩王之国诸旗尉帽靴。

针工局。设员同巾帽局，专掌造宫中衣服。

内染织局。设员同上，掌染造御用和宫内应用缎匹。城西的蓝靛厂为此局外属。

酒醋面局。设员同上，掌宫内食用酒、醋、糖、酱、面、豆诸物。该监与御酒房不相统辖。

司苑局。设员同上，掌宫中蔬菜瓜果。

内监二十四衙门中的十二监位居首要，定制每监有太监一员，正四品；左右少监各一人，从四品；左右监丞各一员，正五品；典簿一员，正六品；长随、奉御无定员，从六品。四司略低于十二监，每司设司正一人，正五品；左右司副各一人，从五品。管理八局的人员，品秩同管理四司者，每局设有大使一人，正五品；左右副使各一人，从五品。

除了这二十四衙门之外，在京城的宦官组织还包括内府供用库、司钥库、内承运库、甲字库、乙字库、丙字库、丁字库、戊字库、承动库、广盈库、广惠库、广积库、十库、御酒房、御药房、御茶房、更鼓房、弹子房、灵台、盔甲厂、王恭厂、中府草场、天师庵草场、汉经厂、蕃经厂、道经厂、南海子、染织所、安乐堂、净乐堂、内安乐堂、宝和等店和午门、东华门、西华门、奉天门、左顺门、右顺门等皇城与京城内外诸门，分别都设有掌印太监、提督太监、掌厂太监和不同品级的中下层宦官，各门设有门正、管事。

东西厂和内行厂

除了二十四衙门之外，明朝十分有名的宦官机构还有东厂。东厂设置于永乐十五年，其外署在东安门外。设置的初衷是“靖难之役”后，取得政权的朱棣为了巩固统治，防微杜渐，侦察防范一切反对势力。东厂的设立，是宦官有组织地参与司法的开始。它有审判、复核、监察诸方面的司法功能。

东厂内设有大厅、公堂、祠堂和专门囚禁重犯的监狱。有趣的是东厂供奉的是岳飞，这也符合其设置的初意，就是精忠于皇帝，为皇家忠贞不贰。

东厂提督太监例由司礼监秉笔太监第二人或者第三人兼任，有“钦差总督东厂官校办事太监”之印，简称“提督东厂”，尊称“厂公”或者“督主”。司礼监掌印太监一般不能兼任东厂掌印太监，以避免权势过重。有趣的是，恰恰是明史上被称作“治宦甚严”的嘉靖时期，此惯例被打破。司礼监掌印太监麦福兼理东厂，其后黄锦、冯保、张诚、陈矩皆得以司礼监掌印太监兼掌东厂。

东厂有掌刑千户、百户各一人，选自锦衣卫千户、百户。还有掌班、领班、司房、管事无定员。贴刑一人，掌刺缉刑狱之事。东厂负责外勤的役长称为档头，人数百余，专门负责侦察，下辖有番役千余人，分作十二班。

东厂的侦查方式分为两种：一种是听记。各衙会审大狱，锦衣卫北镇抚司拷讯重犯，东厂都会派人听记。记录口供一本，犯人被拷打的数字一本，于当日晚间或者次日一早呈报皇帝。另一种是坐记。东厂番子稽查百司及京城皇城各门，这种侦查带有强烈的特务性质。上到各衙门办事行政情形，各官员是否合法行政、是否贪赃枉法，宫内外是否有奸人混迹，下到市井粮油价格都在他们的侦探之下。这种事无巨细、无孔不入的侦探，使得深居九重的皇帝也能悉知市井柴米油盐之事。像清朝道光皇帝不知市场上鸡蛋多少钱一个的事情，恐怕不会发生在明朝皇帝身上。

东厂之内设有监狱。东厂逮捕的人犯，直接送锦衣卫的诏狱或者关押在厂内监狱，一般是东厂自行审理完，然后再送法司拟罪。东厂并非如普通影视作品或者通俗文史作品反映的那样，只是作为君主的鹰犬而存在，只懂得迫害百姓，兴风作浪。多数时候，东厂作为监督官员的有效机构，确实在很大程度上肩负着反腐的职责。有明一代，很多贪官都是被东厂所揭发并治罪。

有趣的是，东厂不仅肩负着监控文武百官的职责，它还曾经监控不法宦官，也在一定历史时期与西厂抗衡制约，是明朝得力的统治工具。

明宪宗成化十三年（1477）正月，由御马监太监汪直提督西厂。置西厂之同年五月，即遭到群臣反对，宪宗无奈将其裁撤。仅仅一个月后，宪宗下令复设西厂，仍然命汪直提督。成化十八年（1482）三月，在文官集团反对之下，西厂复罢。宪宗时代，西厂总共存在五年之久。明武宗正德元年（1506）十月，以宦官谷大用提督西厂，西厂复设。正德五年（1510），刘瑾被凌迟处死后，西厂也随之再罢。西厂在明朝历史上总共存在了十年有余，其影响不及东厂。不过在其存在期间，也起到了反腐作用，并与东厂相互制衡。

明武宗正德元年，司礼监刘瑾改荣府旧仓地为内办事厂。京城人称为内行厂，东西厂也在它的侦查之下。内行厂仅仅在刘瑾用事时存在了四年有余。

东、西厂和内行厂对司法的干预是全方位的，同时，东厂与锦衣卫的关系也值得我们做一番探究。明史中经常“厂卫”并称，其实东厂是由司礼监宦官领导的机关，其权势超过锦衣卫。东厂可以监督锦衣卫，锦衣卫却不能监督东厂。总体来说，宦官是内臣，锦衣卫是外廷机构，锦衣卫的首领官指挥使可是“纯爷儿们”，并非宦官。对皇帝来说，宦官是更值得信任的。

厂卫在组织上是相互渗透的。锦衣卫的人员虽非宦官，但是其高级人员多半是宦官的私人亲信，其中不少高级职位为宦官弟侄所世袭。东厂中的问刑官员由锦衣卫官员担任。东厂的低级番役也是从锦衣卫中精心挑选而来，锦衣卫和东厂既相互制衡，又相互合作，他们共同拱卫皇权，为皇帝服务。

厂卫逮捕人犯，需要到刑部签发驾帖，这就是厂卫执行任务时的公文书。一开始，驾帖需要刑部批定才能生效，而且需要与司礼监印信和皇城各门关防配套使用才能生效。宦官对司法的干预，虽然产生了一系列问题，在一定程度上造成了司法紊乱，另外也是对外廷司法部门执法的监督，防止官员们徇私舞弊。从这个角度来说，它不失为一种有效的监督方式。

明代宦官干预政治的渠道有司礼监、御马监在内的二十四衙门行政行为；东厂、西厂、内行厂等干预司法领域；地方镇守中官全面干预地方政治、经济、军事、司法。这些都是宦官干预政治的主要方式，另外宦官集团还通过采办、织造、市舶、矿监等方式渗透到明代国家管理的各个领域之中。

正统朝之前的宦官政治

开启宦官干政的“潘多拉魔盒”

传统史书多以明代宦官干政为一代弊政，并将其根源上溯到明成祖朱棣。论者多归咎于朱棣违反太祖朱元璋之严禁宦官干政的祖制，从而开启了有明一代宦官乱政的“潘多拉魔盒”。事实果真如此吗？

明太祖朱元璋出身于赤贫农家，从小沙弥到乞丐，从红巾军普通一兵到统率千军万马的元帅；他下建康、战鄱阳，困平江、平东南，直到横扫大都，一统河山；复汉官之威仪，把万千黎庶从民族压迫的桎梏下解放出来。可以说，明朝的建立有着民族革命的意义，是震铄古今的一件大事件。

一刀一枪打出锦绣江山的朱元璋，出身于社会的最底层，打江山的不易，加之对元末败政的深刻反思，史书记载，他多次发表过对宦官参政的看法。明朝开国第一年，也就是洪武元年（1368）四月的一天，明太祖朱元璋语重心长地跟身边近侍大臣谈起：“我看到史书里面记载，汉唐末代之世，都有宦官乱政，以至于国运不可挽回，真令人扼腕长叹。宦官日夜侍奉在君主身边，逐渐被君主信任，办事小心勤劳的像吕强、张承业这样的，怎么可能没有？但是开国承家，不用小人，这是圣人的深刻教诲。宦官在宫禁之中，只能让他们负责打扫宫廷、传达命令而已，岂能让他们干预政事，掌管军队？汉唐之祸患，虽然说是宦官的罪过，也是做君主的太宠爱他们导致的。如果宦官不能掌管军队、干预政治，他们即使想作乱，怎么可能成功呢？”这样类似的话语，朱元璋多次跟群臣提起过。

明太祖朱元璋虽然幼年在民间只读过几个月的私塾，但他在戎马倥偬之际，奋发自学，手不释卷，以史为鉴，深谙历代史事。对于汉唐宦官乱政的故事，他常引以为戒；加之他亲历元末时代，元顺帝宠信宦官朴不花乱政的故事，他也耳熟能详。所有这一切，也使得作为开国皇帝的朱元璋，在各种场合不停地强调严驭宦官的重要性。

明太祖定下了严格的宦官禁令，宦官相互辱骂、斗殴之事，都要根据情况处以杖责之刑，如果有宦官敢于出言不逊，心怀不满，更是要处以凌迟之酷刑。

对于宦官，有一个流传已广的事例，每每被人用来说明太祖严禁宦官干政的事：洪武十年（1377）五月，有一个在内廷有老资格的宦官，从容地谈起了政事。明太祖大怒，当日就斥责了他，并将其遣归乡里，终身不得回朝。接下来，朱元璋故调重提，又谈到宦官这些人不能让他们干预政事，以免为乱。这位老宦官虽然侍奉自己很久了，也有功劳苦劳一大堆，但是为了防止将来为祸，还是不能姑息，忍痛割爱，将他驱逐。

到此为止，从史官记载的史书中，我们无疑看到了一个处处小心防范宦官干政并严格制约宦官的明太祖。这是事实的全部吗？很可惜，我们只是看到了事情的 A 面，让我们深吸一口气，静静地来看事情的 B 面吧！

洪武二十年（1387）十月，明太祖颁布《礼仪定制》，对内外官员相见的礼仪做了详细规定：品级不同的官员遇到上级或者同级的官员应该有怎样的礼仪。有意思的是，内官也就是有品级的宦官，他们享受的是朝廷官员三品、四品的礼仪待遇。按照规制，他们路遇朝廷三品、四品的官员，只需要分路而行即可。斯时，宦官的品级最高不过六品而已。

如果这还不够直观，我们再来看看洪武朝宦官制度的发展。洪武二年八月，朱元璋命吏部制定宦官组织的官制。规制里面有品有职的宦官就达到了一百三十人，这还不包括负责祭祀的内臣和一般没有品职的内使。清修《明史》说明太祖开基之初，宦者不及百人，是明显的谬误。洪武年间宦官组织不断发展壮大，至洪武三十一年（1398），已经发展成了十二监、二司、七局的规模，后世所谓“二十四衙门”已经基本构建完成。洪武二十八年的改制，内官监跟其他监一起，升为正四品，除去参与典礼、掌握内外文移等事权之外，又参加了掌握内官“贴黄”的权力。贴黄，即为宦官、内使迁转的履历和原因的原始记录文件。正因为内官监掌握了宦官们的人事大权，外廷视为内官的“吏部”。就地位而言，明初的内官监是宦官组织的第一署。

宦官在礼仪上享受外廷官员三品、四品的待遇，以内官监为首的各宦官衙门更是广泛参与到了朝廷礼仪、文移、使令等政治活动之中。其实，宦官参与政事，从明朝建立之前就已经开始了。早在公元1360年，陈友谅进攻集庆的龙湾之战时，马氏（当时朱元璋未称帝，马氏即后来的马皇后）就命宦官将王宫中的金帛衣服等物，送到军前赏赐有功战士。后来，朱元璋还派出内使佛保到和州调查参军郭景祥之子悖逆之事。1366年，内使李顺奉命到军前向徐达、常遇春传达朱元璋之军令。可见，明朝建立之前，宦官内使就以各种方式参与到了军政活动之中。洪武元年十一月，洪武帝命文官兰以权和奉御马仲良一起诏谕广西当地少数民族部众，这正是明朝建国之后宦官初次奉使外出。

不但如此，在朱元璋冷如寒霜的酷烈政治之下，依然有宦官敢于肆意妄为。洪武初年，曾经有鲁姓内官奉旨外出办事，经过广信弋阳时，也不知这位老兄是一时兴起，还是胯下马受惊，这匹马一下子冲进了田地之中，将庄稼践踏毁坏了一片。旁边的种地人不干了，心想：“你没读过唐诗呀，‘汗滴禾下土’你都不懂，让老子教训一下你！”这位佃农奋起反抗，将鲁内使所乘之马的马脚击伤。鲁内使大怒，问候了几句佃农的父母，然后又大喊着：“你敢说出你姓甚名谁吗？你主人是谁？”佃农憨厚质朴，大大方方地说出了自己的主人是周姓富人，这片庄稼地也是周富人的。鲁内使心想，这哑巴亏我可不能白吃。于是他派人找到周富人，将事情告知了他。周富人大吃一惊，急忙赔偿了马匹的医药费，还拿出自己的积蓄贿赂鲁内使，恳求他放自己一马。鲁内使收了钱回去了，这个消息不知道怎么就传到了太祖朱元璋耳中。一向有仇富心理的朱元璋，眼见得周富人这么拿"天使"不当根葱，这不是摆明了瞧不起他这个朱皇帝吗？一怒之下抄没了周富人的家产，并将他发配铜陵卫。

B面讲完了，这跟A面比，完全是两个画风啊！到底哪个是真实的朱元璋？为何对待宦官方面，呈现出来的是如此矛盾的两个方面？一方面严格约束宦官，不让他们干政；另一方面，又让宦官广泛参与军政活动，甚至有时候还会偏袒宦官。

后世总结明亡教训时，有一点会被着重指出，那就是宦官乱政。乾隆皇帝更是尖锐地提出：明朝不是亡于流寇，而是亡灭于宦官之手。且不论这些观点正确与否，大部分人提到宦官政治的始作俑者，都会提到那位英明神武的"马上天子"朱棣。可是事实又一再告诉我们，明太祖朱元璋才是开启宦官政治这个"潘多拉魔盒"的第一人。

《明实录》中确实收录了太祖朱元璋关于严禁宦官干政的言论，可是作为家法的明朝祖训，就没有只言片语关于严禁宦官涉政的证据。非但如此，祖训中还记载了关于宦官组织的职掌和权限，很多权责已经涉及了政治。于是有人推测，是否是宦官篡改了祖训？因为司礼监掌握着刻版印刷之事呀！但是清朝人曾经对比过《永乐大典》里面的原始档案，证明宦官篡改一说并不成立。

今天我们所见的《明太祖实录》是三修之后的产物，文官集团笔下的历史自然跟当时的现实政治有千丝万缕的关联。作为文官对立面存在的宦官，眼见永乐一朝，宦官权力日益增强，全面涉足到了政治、军事、经济、文化、外交诸多领域，大有尾大不掉之势。文官集团忧心忡忡，也许会在实录中加以润色，借明太祖之圣谕，说出文官们的心声。

而作为公开刊行的祖训，具备国家法律的地位。祖训明确记载了宦官组织的机构和职掌，实则表示宦官既是皇家奴仆，又是国家官员。这实际以祖宗之法的形式确定了宦官在明朝政治体制中的合法地位。

英明苛察如明太祖朱元璋，为何又任用宦官干政？其实答案依然可以从两个方面来分析。

其一，洪武朝政治形势的变化。洪武开基建国之后，朱元璋针对开国功臣的跋扈专横，实施了“蓝玉案”；针对以丞相为首的文官集团的权势失范，又实施了“胡惟庸案”；针对文官贪腐和行政规范问题，分别开展“郭桓案”和“空印案”。四大案之后，功臣集团基本被肃清一空，武将的势力得到了极大遏制，文官的势力也得到约束，外戚、后妃也受到了严格制约。权力的规范此时达到了一个新的高度，权势集中在明太祖朱元璋一人之手。

但是国家的运转又离不开文武官员，为了监控、制衡他们的权力，朱元璋需要一股独立于文武官员和外戚后妃之外的势力，无可选择，作为忠实奴仆的宦官进入了他的视线之中。此辈虽然在历史上有为乱之事，但是不让他们掌握兵权就不能掀起滔天巨浪。以明太祖之雄才大略，自觉完全有把握驾驭、控制宦官势力。用他们来监控文武，从而把控朝廷大权于股掌之中。宦官们正是在他授意之下，广泛参与到了政治活动之中，宦官已经成了明代政治体制一个不可或缺的组成部分。

其二，宦官本身的政治忠诚度。洪武年间大案迭出，胡惟庸、蓝玉皆有谋反之心，甚至意图弑君，兼之功臣集团飞扬跋扈，渐渐不受约束。朱元璋面对这一切忧心忡忡，他用严霜政治冷酷处理文武官员，实则有很多无奈之处。而作为无根之人的宦官，本身无家室后嗣的牵绊，自从入宫之时，便忠心耿耿侍奉君主，从心理上来说，他们更值得朱元璋信赖。于是我们就不难理解下面的一件事情了：作为朱元璋的外甥，李文忠有开创王朝之功，他喜欢结交儒生，礼贤下士，家中有众多门客。有一次，李文忠对朱元璋说起：“宫中内臣太多，应该裁减。”朱元璋大怒，斥责他说：“你想减弱我的羽翼吗？！这肯定是你的门客教你的。”于是，他杀了李文忠的门客。李文忠因此受到惊吓得病。

事情已经非常明白，朱元璋是将宦官作为自己的羽翼视之的。文武官员、外戚贵胄都不可靠，只有忠诚的宦官才能令人信任。

虽然如此，明太祖也深知历史上宦官乱政的历史教训，在信用宦官之际，他也注意严格约束宦官，例如不使宦官典掌兵权、以严刑峻法治理违法宦官、严厉禁止宦官和外官相互勾通串联，等。

如前所述，我们已经得知洪武大帝朱元璋才是开启宦官政治的第一人。出于复杂的心理，明代文官文人们不想也不能承认这个事实。他们努力想塑造这样一个事实：明太祖朱元璋祖训不能使宦官干政，为此还立了一个宦官不能干政的铁牌。前一事我们已经分析过纯属子虚乌有，后一事，很可惜，也纯属文人们的臆想而已。

明朝文官文人们反对宦官干政，往往会搬出一块铁牌来说事。在他们心目中，这不是一块普通的铁牌。他们如是说：洪武十七年，明太祖朱元璋铸造了一块铁牌，竖立在宫门口，上面镌刻宦官严禁干政。此说渊源是明代著名大学士李贤的《古穰集》，李贤先生绘声绘色地描述道："太祖朱元璋鉴于前朝宦官乱政的教训，在宫门口设置了一个三尺高的铁牌，上面铸造'内臣不得干预政事'八个大字。这个牌子宣德年间还有，可是到了明英宗时，大太监王振专权，这个牌子就神秘失踪了。"

此说一出，不亚于一场暴风雨，文官士大夫们仿佛抓住了一根救命稻草，拼命加足马力来大宣特宣：看看太祖爷，对宦官干政有明文规定的呀，只不过后来权阉专横，把这块牌子毁掉了。那架势，整个是拿祖训来说事的态度。

很不幸，这块铁牌李贤先生无缘看到，他的消息从哪里得来的也无从可考。可是，明清以来甚至现今，还有很多人奉为圭臬，一提到宦官问题，都要拿出来作为明太祖不许宦官干政的铁证呢！

仔细想想，此说漏洞颇多：明太祖朱元璋喜欢倒腾铁牌铁券什么的，他之前给功臣、后妃都曾经发过红牌，告诫他们老老实实做人，规规矩矩办事。如果说有严禁宦官干政的铁牌存在，文官纂修的《明太祖实录》岂能放过？正好可以堂而皇之地写入具备国史性质的实录之中，让后世皇帝们都好好看看：你们老祖宗都禁止宦官参政的，你们可不要违反祖制哦。

再者说了，如果真有这么一块铁牌，也应该是在南京。明太祖一朝首都一直在南京的，在王振专权时，大明的首都已经北迁到了北京。那铁牌怎么就跟着去了北京，这种时空挪移的神话也是不值一噱了。

看看明太祖一朝对宦官的信用，就知道这块铁牌压根就是子虚乌有，它只存在于文官们的大脑之中，是他们用来对付宦官的精神武器呢。李贤老先生眼见得从王振到曹吉祥，各路宦官不停地在政治舞台上折腾，也许老人家一心焦，编造了这样一个铁牌故事，聊以自慰，同时，也给了文官集团们一个强大的武器来对抗宦官集团。

从乞丐到开国皇帝，一生传奇的朱元璋终于在洪武三十一年五月，带着万分不舍和对后继之君的殷切嘱托，抛下了他一手创立的大明帝国，去往了另一个世界。

朱允炆与朱棣之间的博弈较量

老皇帝眼中的仁孝之孙朱允炆继承了大明皇位。面对偌大一个帝国，年轻的朱允炆有些惶恐，他的目光投向了北方，那里有一个最让他放心不下的人。这位就是他的皇四叔——燕王朱棣。

在太子朱标、秦王朱樉、晋王朱棡相继离世之后，原先排序第四的朱棣晋升为了“皇长子”。明太祖朱元璋晚年屠戮跋扈功臣，在北方边关与蒙古残余势力作战的武将很多被牵连其中。朱元璋以皇子守边代替功臣武将，这些封地在北方边疆的亲王被称作“塞王”。诸多塞王之中，又以皇四子朱棣军事才能最为卓越。

燕王朱棣封地北平，他的燕王府就是在原先元朝大都宫殿基础上建成的。朱棣军功卓著，多次得到父皇嘉奖。据守如此重要的北边重镇，加之太祖进入晚年，他的心中不可能平静如水。大哥朱标死后，其子朱允炆晋身为皇太孙。

朱允炆在朱棣眼中，只不过是一个仁柔的“黄口小儿”，此时的他已经对皇位产生了觊觎之心。而朱允炆也深知，如果不除掉这位能力卓越的皇四叔，他这个皇位迟早也坐不稳。

一场博弈开始了。在江南出身的文臣齐泰、黄子澄、方孝孺等人的支持下，建文帝开始了轰轰烈烈的改革。这既是对洪武严霜政治的纠正，也是为了获取江南地主士绅阶层的支持，同时，对建文帝来说，改革也能使得他获取士气民心，提高自己的政治威望。

看似仁柔的建文帝，做出了一件出乎朱棣意料的事情。建文元年（1399）八月，朝廷派出了一批宦官来到北平，他们此行的目的就是配合北平当地官员，捉拿燕王府护卫官属。可是很不幸，朱棣的眼线遍布朝廷内外，在他们行动之前，朱棣就已经提前得知了消息，并有所防范。

这些人被朱棣一网打尽，成了为建文朝廷殉难的第一批牺牲者。与我们传统的认知相反，厉行改革的朱允炆一开始并没有动宦官们的“奶酪”，相反，作为大明帝国政治体系中必不可少的一环，宦官们在建文朝初期还是相当得势的。

建文帝朱允炆重用宦官，他派出宦官到各个亲王辖区之内，往来于都城南京和各地之间，负责监视这些皇叔的一举一动。各地军队中也充斥着宦官们忙碌的身影，他们负责监督军队，传递朝廷的使命。

一道诏书引发的建文迷踪

在很多重要城镇里，宦官与地方官员一起负责保卫地方，监督军队作战。“靖难之役”打响之后，朱棣在多次战役中俘获朝廷派驻地方的宦官。建文三年（1401）的“真定之战”，朝廷的南军被燕军击溃，南军监军宦官长寿被俘虏。翌年的“灵璧之战”，朱棣一举攻下城池，俘虏了四名朝廷派驻此地防守的宦官。

建文帝信用宦官，甚至还成为朱棣造反的口实。在造反诏书中，朱棣指责自己的这位侄子：派遣宦官四处寻找美女，充斥后宫备其淫乐；不仅如此，朱允炆还信任宦官，跟他们商量军国大事；他放任宦官欺凌善类，作为朝廷言官的御史们都被宦官凌辱捶打！

欲加之罪，何患无辞？不过抛开这些罪名中的夸大成分，有一点朱棣倒是说得很对：侄子朱允炆确实很信任宦官。

不过，这种信任在朝廷军队节节败退之后，发生了动摇。燕军在靖难战场上节节胜利，凯歌猛进，朝廷上下开始反思战败原因。于是，被派往各地监军和出使的宦官们，被推上了风口浪尖。

建文帝朱允炆毕竟还是太年轻了，面对军事上的失败，他开始方寸大乱。文官们口口声声要惩办限制宦官，朱允炆开始病急乱投医了。建文三年十二月，他下了一道诏书：如果有出使地方的宦官放纵不法的，地方官员可以就地拿下送往京城治罪。

这个旨意一颁布，宦官们极度不满。从被信任到严加约束，这种心理落差是巨大的：没想到为主子出生入死，到头来主子如此不信任我们！很多心怀不满的宦官开始为自己另谋出路了。于是有宦官暗中勾结燕王朱棣，告之京城防卫空虚，自己愿意为内应，请燕王大军绕道直捣南京，一举推翻建文朝廷。

这稍纵即逝的战机，朱棣岂能放过？建文朝廷那些勋贵和内官做了“内鬼”，在燕军兵临南京城下之时，谷王朱橞和曹国公李景隆打开金川门，任敌军入城。

建文朝廷早已经人心离散。燕军到临南京之际，有宦官公然劝说建文帝退位，还有的宦官盗窃了宝符去投奔朱棣。燕军入城，宫中火起，建文帝从此人间蒸发。

得罪了宦官的建文帝吃了大亏。从某种程度上来说，他对宦官的严加治理不是不可以，但是时机却不对。在国家危亡之际，团结拉拢一切可以团结的力量才是重点，而他的那道诏书实则将众多宦官推向了燕王的阵营。

当然宦官也不都是叛徒，镇守山东的宦官胡伯颜同铁铉一起英勇抗击燕军。燕王朱棣称帝之后，他还在兖州一带打游击，截击朱棣派出的来往使者，甚至将朱棣派往迎接宁王朱权的使者也截获了。最终，胡伯颜还是死在了燕军手中。不仅胡伯颜，在南京被燕军攻陷之时，建文宫廷内的宦官有半数自杀殉国！后人记载建文帝失踪时，建文帝身边也有宦官相随其逃亡。只不过，历史在记录下那些建文忠臣事迹的时候，又曾用多少笔墨来刻画这些有名无名的宦官英雄呢！

朱允炆到底去了哪里？人们争论了六百多年，众说纷纭。有人说他去了湖南湘潭，有人说他去了湖南九嶷，还有人说他去了海外，在东南亚甚至非洲！在新证据出来之前，我们不能妄下结论，但是笔者更倾向于建文帝并没有死于那场大火，他有足够的时间来实行逃亡计划。也许他真的逃亡到了民间，最终安度晚年，也未尝不可能。

有一种流传甚广的说法，说郑和下西洋是为了找寻流亡海外的建文帝。当然历史的真相并非如此，郑和下西洋更多是出于政治和经济目的，有朱棣对外交流和加强朝贡贸易的目的。

朱棣设立的特务机关

在朱棣发动“靖难之役”的过程中，有一批宦官在战场上搏杀，武艺超群。甚至在一个时期，还形成了一个群体，这就是军功宦官集团！

明代宦官来源十分广泛，除了汉族之外，还有蒙古、女真、回、苗族等民族；除了明朝境内之人外，还有来自安南、朝鲜等国的宦官。在“靖难之役”中，燕王府中的内官们奋勇作战，立下赫赫战功，例如女真人王彦（也就是狗儿）、王安、刘通和刘顺兄弟、西番人孟骥、回族人郑和、李谦、蒙古人云祥、田嘉禾等人。

世人言及明朝弊政，常常厂、卫并列，而东厂之始作俑者正是一代风云帝王朱棣。后人谈及明成祖朱棣败政，也常常会谈及东厂之设。那东厂到底是怎么一个来龙去脉，是不是弊政呢？

朱棣之篡位在极其重视礼教的明代，始终是一个挥之不去的污点。对此，朱棣也心知肚明，登基之后直到驾崩，朱棣都生活在篡位者的阴影之中，他内心敏感脆弱，总感觉喘不过气来。

为了洗刷这个罪名，他励精图治，事事以皇父为榜样，又力图超越皇父。几项大工程的开展，就是为了在历史上留下千古明君的美名。也许在朱棣后半生中，他最崇敬的还是唐太宗李世民。相似的登基境遇，让八百年之后的朱棣对其产生了惺惺相惜之情。

朱棣既然是通过篡位上台，自然有很多建文遗臣反对他，方孝孺等人誓死不归降的悲壮场景时时浮现在朱棣的脑海中。

他需要一群人监察百官，侦探反对派，他还担心文武官员哪天也效仿自己再来一次靖难革命。由此，一个特务机关应运而生了。这就是永乐中期设立的东厂。

关于东厂的设立时间，学界有诸多争论，沿袭自明代大才子王世贞的永乐十八年（1420）说有诸多可疑之处。他的依据是成化年间大学士万安为了请罢西厂而上给皇帝的一道奏疏，里面提到东厂的设立距万安上疏的这年已经五六十年了。

也不知是王世贞老眼昏花，还是一时疏忽，他竟然看成了“距今五十六年”，于是一个时间上的推算产生了，“永乐十八年东厂设置说”就此诞生。

具体东厂设立于哪一年，还有待于更多的证据，毕竟这个机构是特务机构，国史不会大张旗鼓地记载，私人笔记又多有谬误。但是东厂设立于永乐中后期当无太大问题。

东厂的设立应当跟一个人的飞扬跋扈有重要关联，他就是锦衣卫指挥使纪纲。此人善于察言观色，办事能力超群，投靠朱棣之后，屡次立功。

朱棣任命其掌管锦衣卫，纪纲成了皇帝的得力鹰犬。随着权势的不断扩大，他也一步步开始走向疯狂。

他害死了大才子解缙；他伪造诏书，勒索官盐四百多万斤；他僭越，使用违制器物；他阉割无辜少年百人，作为他府中奴仆；更过分的是，他竟然敢偷偷霸占嫔妃的候选人，敢于私尝禁脔！

这些都足以构成死罪了。于是，纪纲在他的酷吏价值消失之后，死在了永乐大帝手中。作为鹰犬，他已经超越了本职，开始变得无法无天；作为替罪羊，他必然是死路一条！

纪纲时代的锦衣卫一家独大，处于无人监督的境界，缉访大权集于一身。朱棣从纪纲事件中也看到了问题所在：锦衣卫之权必须要有制衡。这符合明朝立国后各个权力机构分权制衡的原则。

东厂的诞生应该是在纪纲死后的几年之中，一方面，东厂归于宦官提督，与锦衣卫相互制衡，避免其权力膨胀，不受约束。另外，锦衣卫也制约东厂，二者相互监督，各行其事。

东厂设立，就是为了监控天下文武官员，缉访谋逆造反、大奸大恶、妖言惑众之人事。东厂直接对皇帝负责，东厂太监向皇帝奏事之时，连司礼监掌印太监都要回避。东厂在整个明朝有功有过，它在打击、整治贪污以及监控官员不法行径方面确实也发挥了重要作用。

这样一个机构恐怕不能单单以弊政视之，要知道，它在明朝更多发挥的是权力监督机制的作用，是整个权力运行体制中必不可少的一环。它的“令人胆寒”更多的是令不法官员胆寒，而非寻常百姓黎庶。

信用宦官是为了巩固皇权

在永乐一朝，为何在下西洋、征伐安南、远征蒙古、出使诸国、营造北京等军国大事中都可以看到宦官们忙碌的身影，他们全面渗透到了从中央到地方的政治、军事各个层面中。难道英明的朱棣，真的是一时昏庸，下了一着历史的臭棋，以致贻害子孙江山？！

很明显，朱棣信用宦官乃是出于当时特殊的政治环境。首先，自打明太祖朱元璋开始，对宦官的信用就是一以贯之的。这是帝制时代多数时期难以摆脱的历史魔咒。自称继承祖宗家法的朱棣，自然对父皇的宦官政策选择接受。其次，朱棣起兵靖难之时，力量薄弱，王府宦官们在战争中发挥了不可或缺的重要作用，他们忠诚勇敢，确实为朱棣打下江山立下了汗马功劳。再次，朱棣登基之后，可以信用的集团数量不多。建文遗臣强烈反对他的篡位，加之他自身起兵藩邸，对诸位兄弟亲王自然也是多加提防，至于外戚后妃，更是从太祖时代就明确不得干政。他手下的文官力量有限，只能依靠起兵靖难时的武将和宦官们为其治理国家。这是朱棣面临的实际形势，历史没有给他更多的选择。从次，明代政治体制也决定了朱棣必然重用宦官。太祖朱元璋废除丞相之举，已经在政治中枢留下了权力真空。朱棣时期设立内阁填补，但内阁初设，大学士们难以进入内廷随时听从皇帝召唤咨询。作为皇帝身边最亲近的宦官们，自然成为了参与中枢政务的依靠力量。宦官干预中枢政务在永乐朝已经成为正常现象。最后，从宦官的忠诚度和办事效率来看，任用他们又是正确的选择。通过前文的讲述，我们知道以郑和、刘通兄弟、王彦、王景弘、洪保、尹庆、侯显等人为代表的一大批宦官在政治、军事、外交等领域确实做出了卓越的贡献。这个群体朝夕侍奉在自己身边，对自己忠诚，让朱棣感觉放心。

有以上几条理由，朱棣自然会放心地信用宦官，为了巩固皇权，他何乐而不为？

当然，永乐一朝在信用宦官的同时，也对他们严加监督，宦官不法之事相对后世还是比较少的。这也使得整个永乐朝成为中国历史上的一个异数。宦官全面参与军国大事，却没有发生任何混乱，整个国家在蓬勃发展之中。

永乐一朝，宦官在军政舞台上异常活跃，国家所有重大的军事政治活动，从中央到地方，从国内到国外，都离不开他们忙碌的身影。东厂监督天下臣工、监军太监监督武将军队、宦官使者外交邦国，这一切的一切都让宦官们的权势看起来达到了一个顶峰。

只可惜，那时的宦官参政还没有制度化、常态化，更多时候是跟朱棣的个人好恶有关。而在宣德一朝，宦官们成了明代中央和地方体制不可或缺的组成部分。正是朱瞻基，从制度上让宦官切切实实成了国家的官，成了明代政治体制的重要组成部分。

宦官参政三项制度化

朱瞻基正是通过三项制度化，推动了宦官参政制度化的实现。

第一，司礼监批红制度化。永乐时代，权势最大的内官监就开始参与到中枢政务当中。内官监太监马云一度在处理朱棣驾崩的危机中，起到了主导作用。他们对中枢机务的影响不容忽视。而仁宗朱高炽时期，杨士奇、杨荣等内阁大学士被重用，国家大政方针都会召集他们商讨，有时候皇帝甚至让他们将奏疏带回拟定处理意见。这也是票拟制度的雏形了。

皇帝批阅奏疏后，会用红笔在奏疏上写下意见，这就是批红。只有批红的奏疏才能对外发布生效。

仁宗时代，皇帝尚能做到自己批阅奏疏。到了宣德皇帝即位后，形势又为之一变。朱瞻基是难得的才情皇帝，他不想每日被繁重的政务缠身，他要在他的业余爱好上花费大量时间。于是，他想到了一个处理政务的好帮手，那就是司礼监太监。

司礼监本就负责掌握御前的勘合和文册管理，又有对内的监察权。宣宗又将他们的权势进一步提高，对于政务，他会征求司礼监太监们的意见，同时将堆积如山的内阁票本交给他们审看，经过他的同意，再将内阁票拟批红。这样，本来应该是皇帝亲自审阅的内阁票拟由司礼监太监代看，本来是皇帝亲笔批红的票本由司礼监太监代批。司礼监太监成为皇帝得力的“眼”和“手”。

这也极大地解放了朱瞻基的时间，使得他有更多的时间来继续他的才情表演。

这样，司礼监的权势越来越大，渐渐超越内官监，成了内官的第一署衙门。而司礼监批红权的获得，又使得司礼监太监干预中枢政务制度化、常态化。这也逐渐形成了内阁和司礼监共同参与中枢政治的监阁体制。

第二，中官镇守地方制度化。明初地方上的基本框架是三司制，也就是布政使司主管民事，按察司主管地方司法，都指挥使司主管地方军事。同时有巡按御史负责巡察地方，监督地方政务运转情况。

自洪武朝开始，就有宦官被外派到地方参与军政之事。到了建文、永乐朝一直延续这种传统，宦官外出地方或者采办物资，或者监督军队，或者出使番邦邻国。不过，他们基本都是有事外出，事情完成就要回到京城，尚未形成太监常驻地方的制度。即使永乐朝有宦官出镇辽东，洪熙朝有宦官出镇交趾和南京，但毕竟尚属特例，而且镇守太监也没有形成继承关系。

在宣德一朝，边疆和内地地区开始普遍设立了镇守中官职务。太监、少监、监丞等职级宦官会被派驻地方镇守，并且形成了前后相继的替职惯例。前任镇守中官结束任期后，会有后任中官接任。

这种制度沿袭发展，逐渐取代了先前地方上的三司体制。到了正统朝以后，形成了地方三堂体制，也就是镇守总兵、镇守中官和巡抚都御史统领下的地方州县制度。这种制度之下，中官可不是随派随走的临时差遣了，而是有长期任期、全面参与地方军政民事的守土之官了。这也使得宦官参与地方政治有了制度保障。

第三，内书堂教授小宦官制度化。明代文书制度发达，参与政治中枢运行，必然要具备深厚的文化素质修养和公文处理能力。不怕宦官有文化，就怕宦官没文化，总体来看明代的宦官政治，在文化素质修养极高的宦官参政时期，总体政治运行平稳，没有太多动荡。

而宦官的识文断字，就是从明太祖朱元璋开始的。就是从他开始，宦官被委任为文职事务。明成祖朱棣即位后，开始令教官教习宦官。当时已经出现了内书堂的前身，称作“内馆”或者“内书馆”。而宣宗时期，宦官教育专门学校——内书堂正式设立，各项规章制度趋于规范，教师、学生、学规、教授地点、教材等都有了规定。

也正是内书堂的成立，使得宦官教育开始趋于规范化、制度化。跟外廷的科举取士相对应、相类似，经过内书堂教育毕业出来的学生，走进司礼监这样显赫部门的机会大大增加。同时，明廷也正是通过内书堂教育，为选拔优秀宦官参与中枢政治提供了“正途”。

内书堂的教师以翰林词臣充任，他们与内书堂弟子之间往往结成师生之谊。他们之间的关系互动对明代政治也产生了深刻影响。

内书堂教育意义深远，通过这种方式培养了大批知识型宦官，他们获得比较高的政治地位，跟士大夫平起平坐，有时候甚至还超越位高权重的高级文官。

制度化的实现都在宣德一朝，可以说这十年是明代宦官政治发展的黄金时期。明代中后期宦官政治的主调已经在这一时期正式奠定。

当然，朱瞻基信用宦官的同时，又能严厉打击不法宦官，这一张一弛被他玩得炉火纯青。所以，在宣德一朝没有出现什么有名的专权大太监。

疯狂泛滥的自宫风潮

我们知道，自古入宫为宦者，都需要经过一道惨无人道的手术流程，这项手术的死亡率极高，而且即使成功，男人也不再是完整的男人。那为何还有那么多人自愿当宦官？说自愿，其实在很大程度上，穷苦人家的孩子多半是不心甘情愿的，而战争中的俘虏就更没有选择了。

但是在明朝却出现了一个令人匪夷所思的现象，那就是自宫大军的泛滥。其实，洪武五年（1372），朱元璋曾经有过严格的禁令：如果有人敢于阉割他人之子，犯罪之人也要被处以阉割之刑，而且要没入官府为奴。这是针对两广、福建一带富豪之家，他们喜欢阉割他人之子，作为自己府上的奴仆使用。

洪武二十八年六月，太祖朱元璋下诏禁止阉割之刑。《大明律》更有明确规定：敢于阉割他人者，处以杖责一百，流放三千里。

法律不可谓不严，明初自宫现象仅属于偶发事件，不过随着局势的变化，新的社会现象也出现了。

明初宦官多有来自外国者，安南在永乐间并入大明国土，在多次征伐安南的战役中，很多俘虏的幼童被阉割成为宫廷奴仆。而朝鲜在明初也经常为明廷提供阉人以供使用。

宣德帝放弃交趾，独立后的安南不再提供阉人给明朝；而此后朝鲜也跟风停止向朝廷进贡宦者。

明宪宗之后，宫廷的外国籍贯宦官就基本销声匿迹了。而作为另一个宦官重要来源的少数民族地区，此刻情况又为之大变。

少数民族宦官很多来自战争中，例如天顺朝，镇守湖广、贵州一带的太监阮让一次性就阉割俘虏的苗民幼童一千五百多人，因为手术感染，死亡者超过五分之一。这样的事被朝廷默许，恰恰说明了宫廷中确实需要大量的阉人服务。

不过之后随着战争频次的减少，少数民族宦官也越来越少。宫廷以及各个衙门还有各地王府和官员家中都需要新鲜血液，以满足他们对阉人的需求。

社会对阉人的需求持续增长，但是，明初阉人的两大主要来源即外国和少数民族宦官，却面临枯竭危险。这也导致民间出现了一股自宫风潮。

永乐十九年（1421）七月，明廷第一次下诏严禁自宫。可见，此时的自宫风潮已经很严重了。

继位的仁宗皇帝对自宫是深恶痛绝的。长沙有老百姓自宫后上疏给他，要求成为内官。朱高炽勃然大怒：“这等懒惰不孝的人，忍心跟父母断绝，这种人怎么能留他在左右？”

一名叫徐翊的卫所军人，他儿子在宫中做宦官，他上疏皇帝请求免除他的军籍。朱高炽知道了其子是自宫入宫的，于是大怒：“你为人父亲，应该教育儿子成才，而你却不能教子，让他忍心自伤身体。都是因为你，才导致儿子背弃亲恩、灭绝人道、败坏教化。”

愤怒的朱高炽将徐翊之子驱赶出宫，让其代父服军役。这下可好，徐氏父子两人竹篮打水一场空，还损失巨大。

针对自宫之事，仁宗多次下诏谕禁止，并特别强调自宫要以不孝论处。可是诏令没有下达多久，宣德皇帝刚即位，就有数人自宫求进。朱瞻基震怒，下令将他们送到交趾前线去当炮灰。

宣德三年六月，一个叫傅广的指挥同知竟然“不爱武装爱宦服”，他自宫后表示要入宫为皇帝服务！这次皇帝倒也见怪不怪了，按照规定自宫者应该充边，这次皇帝网开一面，依然让他担任原先的职务。只是不知道，这位傅广若有妻室，当如何自处？！

宣宗皇帝严禁自宫，可是自己玩性上来后，也阉割别人让其成为宦官。执法者自己尚且不能严格遵守，尚能指望民间遵守？

此后的明英宗时代倒是严格打击自宫，到了景泰年间，皇帝朱祁钰下旨今后若还有敢于自宫求进宫廷和王府之人，以不孝之罪处死！如果里甲邻居知道有人自宫而不告发的，也一并治罪。

法令不可谓不严酷，可是景泰皇帝自己却录取自宫者入宫为宦，严格的法令成了摆设。这也开了一个很坏的头，民间自宫者从此后再也无所顾忌，自宫现象愈演愈烈。

接下来的成化皇帝、弘治皇帝加强法令，规定自宫者处死，全家还要充军。可是法令并没有得到严格的执行，因为社会对阉人的大批量需求，统治者本身也隔几年就会录取一批自宫者。万历元年（1573）到六年（1578），两次就录用了阉人近七千人！而崇祯帝时期，三次录用自宫者，数量达到了万人之多。

明代中后期的自宫风潮已经达到了疯狂的程度。有一个村子几百人自宫，有成千上万的自宫者涌入京城，请求录用。这已经成了明代中后期一大痼疾。

明代自宫者主要集中在京城和河北地区。

明代中后期为何会形成自宫风潮？在严酷法令之下，又为何屡禁不止？

首先，明代宦官机构庞大，而且在持续膨胀发展之中，这就需要大量阉人充任。而除罪犯和通过宦官机构投充宦官者之外，自宫者成了阉人的主要供应人群。

其次，在明代做宦官，在很多人眼中是炙手可热之事。为宦官，虽然丧失了做男人的尊严，却极有可能获取富贵和权势，从而恩泽家人。对于一些走投无路者或者希图富贵者，这是一个不错的选择。当然也有的是出于激愤，想出人头地而自宫者。万历时大太监陈矩本是农家子弟，他父亲在服役期间负责迎接来巡察的宦官，因为没有及时提供供应物资，被责打。陈父愤懑不已，回去之后，竟然阉割了自己的长子，也就是陈矩，送他入宫服侍。陈矩父亲是看到宦官权势滔天，羡慕并希望将来自己的儿子也能成为权宦，才做出如此不近人情之举。希图富贵者自宫和阉割自己子弟，成为自宫者的主流人群。

再次，有些地区形成自宫风气，比如八闽之地就是唐宋时期的宦官产地，这种风气沿至明代不变。而明代北京、河北更有“淹九”风俗，这一日乡间无赖会趁机阉割幼童为戏。

最后，明廷对于自宫者一方面频频下严令禁止，另一方面又纵容这种风气。朝廷会不定期录用自宫者入宫，对于违反禁令的王公贵族又不能给予严厉惩治，这种情况下，上行下效，自然自宫风潮屡禁不止了。

自宫风潮造成了严重的社会问题。首先，这种现象严重影响了社会风气，造成一定程度上的社会动荡。自宫求进者不可能全部如愿入宫，没有被录取者在社会上游荡，成为社会不稳定因素。万历时才子沈德符就目睹过河间、任丘一带有数十个阉人，他们遇到行人，或者乞讨，或者勒住人家的马，强行索取钱财。这种现象京城之外也可以看到，人们把这类人称作“阉丐”。其次，阉人的增加也造成了一些劳动力脱离社会生产。

自宫现象折射出的是明代社会中宦官的重要地位。宦官也是官，而且作为科举之外的求官之路，宦官在明代国家机构中起到了不可替代的重要作用，它已经成了国家机器中不可或缺的组成部分，与整个明王朝相始终。

我们对宦官制度和宦官政治做了一个大概梳理之后，再来看看明朝第一位专权的大太监王振的故事，就能有很多新体会了。

最可靠的还是“王先生”

王振出身之谜

王振，山西蔚州人（今河北蔚县）。王振其人，身上谜团甚多，第一个就是他的出身。

明中叶有位叫作黄溥的文人，他写了一部书《闲中今古录》，书中就提到了王振的出身情况。说是永乐末年，朝廷下诏，如果地方上学校学官九年考满成绩不佳者，若已经生有儿子，并且本人自愿，就可以入宫为宦官，教导宫廷中的女官读书识字。王振就是响应了宫廷号召，自愿挨那一刀，成为了宦官大军中的一员。古往今来，很多书籍谈及王振出身，都沿用此说。尤其是随着一本专门讲述明史的畅销书横空出世，大街小巷凡有井水处皆有此书，此书中沿用了王振出身教官自宫入宫说，普通读者也就信以为真。

可是《闲中今古录》问题太多，单看书名，类似于今天地摊儿上几元钱一本的《闲话古今中外》《闲谈古代秘闻》《闲话历史之谜》这样的书，大家想想可信度有多少？

更何况明初并没有听说学官如果考核成绩不佳，就要净身入宫之事。若是这样，哪位仁兄还会冒着致死致残的危险，去教书育人？

再说了，若是依照黄溥所说，王振要想入宫也得是有子女才行。但是翻遍明朝官私史书，也根本找不到王振有子女的任何记载，明明白白记录下来的是他有两个侄子，名曰王山、王林。

明代私人修史，一大特色就是相互抄录。黄溥先生的这段王振逸事，被晚明的黄景昉原封不动地抄录下来。之后，此说渐渐被更多的人引用，李诩《戒庵老人漫笔》、赵世显《赵氏连城》、严从简《殊域周咨录》、查继佐《罪惟录》等书都沿用了王振出身学官说。

当然也有不少人反对此说，明后期大才子王世贞就在他的《弇山堂别集》中明确提出王振是少年时候就被选入了司礼监读书，后来成为东宫局郎，这些实录都记载得很详细，教官阉割之说不确。

作为研究明史的权威史料，《明英宗实录》中就记载了正统十一年（1446）正月，明英宗朱祁镇写了一份敕书，将王振大肆夸奖了一番，其中就提到了王振是在永乐皇帝时候，被选拔成为内臣，永乐帝见他聪慧，非常喜爱。之后他又侍奉明仁宗朱高炽，朱高炽也非常眷爱他，于是命人教授诗书给他，希望他能成器成材。

对于出身，王振自己也有话说。他在北京智化寺内立碑，碑文中就提到了他的出身：幼年时进入宫廷，得到了皇帝朱棣的喜爱，于是让他学习文化知识。

笔者为了验证此说，专门在北京市区的一个不起眼的小胡同找到了智化寺，寺中至今可见一座《敕赐智化禅寺报恩之碑》，碑文为王振自撰。碑文全文如下：臣窃唯一介微躬，生逢盛世，爰自早岁，获入禁庭，列官内秩，受太宗文皇帝眷爱，得遂问学，日承诲谕。既而俾侍仁宗皇帝于青宫，复蒙念臣小心敬慎，委以心腹之任，暨登大宝，屡加显庸。宣宗皇帝临御，猥以久在侍从，眷顾有加。龙驭上升之日，遂荷付托之重。

可见，尽信书则不如无书，读万卷书行千里路，此言不谬。

还有一处记载可以证实王振的出身，清朝雍正年间所修《江南通志》中有一篇高迁的传记中提到：永乐朝时，高迁担任行人司行人，他曾经出使日本。回国后，高迁被擢升为翰林院编修，奉命在东安门教授小宦官，而王振就是他众多弟子中的一员。

这样看来，王振出身的线索就很明确了。他本是穷苦人出身（不是穷苦人家一般不会送子弟入宫为宦），幼年被送入宫中为宦官，因为得到了朱棣的喜爱，他侍奉朱高炽，得到主子认可，朱高炽打算好好培养他，于是让人教他读书。

由此可见，王振出身教官并自宫入宫说，明显是错谬。

王振确实在众多宦官中表现非常卓越，之后他又得到宣德帝朱瞻基的器重，并让他侍奉太子朱祁镇。宣德帝给了他一个东宫典玺局郎的职务，换句话说，也就是太子东宫内的宦官首领。他受命辅导太子的学业，并照顾其生活。

宣德年间，王振就已经得宠。宣德元年，他奉命传谕左都御史刘观。宣德五年（1430），王振再一次出现在史书中，已经做到了司礼监太监。宣德九年九月，宣宗朱瞻基巡边，在离开京城之前，命令留守京城的文武官员遇到紧要大事，需要同太监杨瑛协商施行，皇城之事则由太监杨瑛、李德、王振、僧保、李和五人全权负责。

虽然此时王振的排名还不是最靠前的，但是他已经参与到中枢政治之中，对政治的影响也不容小觑。

娃娃皇帝的烦恼

当然，王振一生中最辉煌也是最失败的时刻，都是在正统一朝。

我们再说小皇帝朱祁镇，除了经筵的烦恼之外，还面临着上朝的烦恼。大明自开国以来，朱元璋、朱允炆、朱棣都是勤政的“劳模”，早朝、晚朝，他们进行得有滋有味，朝堂上也确实能亲决政事，乾坤独断。就是朱高炽，虽然是守成天子，也能按时上朝处理政务。

但是对于娃娃皇帝朱祁镇，上朝却成了一个大问题。那么小的孩子要面临殿下一帮子赳赳武夫或者皓首白头的老臣，他们上奏的烦琐政事，七岁的小皇帝哪里能全部听懂？！更何况，北京的冬天奇冷无比，大冷天的让小皇帝天不亮就上朝听政，冻病了谁负责？换作你是臣子或者太后，你忍心？

上朝毕竟是祖制，谁也不敢公然提出废除。权宜之计还是有的，大臣们开动自己聪明的脑袋，终于想出了一个办法：每日上朝，大臣所奏之事不能超过八件，而且上奏之事尽量都要挑选简单易懂的；皇帝呢，也不必说太多话，只需要简单地答复“是”“某部知道”等即可。

司礼监太监的批红权

这样的折中办法倒是让小皇帝上朝不再成为难事，只不过谁也没有意识到，从明初以来的朝政处理方式正在发生着潜移默化的巨变。

洪武朝以降，都是皇帝亲自在朝堂上处理政事，这就要求皇帝有极高的政务处理能力和经验，还需要头脑极其清醒灵活，才能将政务当场处理得透析明白。

而且这种在朝堂上处理政务的方式对君臣都是极大的考验，且不说频繁地上朝需要耗费皇帝多少脑细胞和体力，就是那每日里天不亮，几千文武官员都要从暖和的被窝里起床，然后踏上夜路赶往皇宫，这天长日久，也着实令人难以忍受。于是，明朝的大臣们开始学会“翘班”了，官员们想尽办法逃避这又苦又累又无聊的上朝。经常有上百甚至一千多官员不参加朝会的事情发生，对此，皇帝除了罚俸禄，似乎也没有太好的办法。

朝会已经渐渐失去了它处理政务的价值，礼仪性和象征意义渐渐居于主导地位。而随着明英宗朱祁镇幼年登基这一特殊情况，朝政的处理方式更是发生了巨大改变。

虽然朝会已经成为一纸具文，但朝政总是要处理的。从仁宣时代开始的奏疏票拟制度渐渐成为处理朝政的主要方式。

奏疏处理有一套渐渐制度化的流程：外廷所上奏疏，如果是京城官员所上，要通过左顺门投进，负责接本的宦官在此接受；京城之外地方官民所上奏疏，由通政司奏进，收本宦官收进。

奏疏收进之后，文书房宦官发到内阁，内阁大臣初步提出处理意见，然后下发六部，六部官员根据奏疏内容，提出该部处理意见，这称作“部复”。

部复奏本由内阁大臣票拟提出批示意见，然后用墨笔书写在纸票之上，粘贴附在奏疏之中，再由收本宦官上奏皇帝。

皇帝本人或者委托司礼监太监，参照内阁票拟的意见，用朱笔在奏疏上写下最终批示，这也就是批红，然后下发各部门执行。

可见，在这种公文处理政事的制度中，内阁的意见也就是票拟在很大程度上会影响皇帝的最终决策。而皇帝只是在堆积如山的奏疏中挑选部分象征性批红，其他都交给司礼监太监代笔批红。这样批红就成了决策的最关键一步。

正是拥有了批红权，才使得司礼监对皇帝决策的影响力大于内阁阁臣。当然皇帝只是授权司礼监批红，这并不代表司礼监太监可以为所欲为，批红的内容必须要皇帝首肯才行，而且大部分情况下，都是依照内阁票拟的处理意见照抄一遍，依葫芦画瓢。更何况，内阁中还藏有丝纶簿，专门用于防止宦官随意批红，用来核对原始文稿的副本。所以，从这个意义来说，司礼监太监又是做着抄写秘书的工作。

之前，宣宗朱瞻基要忙于他的娱乐事业，会放手让太监批红，这时候已经形成了司礼监批红的制度化。而到了英宗朱祁镇时，这种公文处理方式已经成为朝政处理的最重要方式。这也标志着司礼监太监的权力空前增长，全面超过之前的内官第一署内官监。

检阅禁军

还说王振和朱祁镇的故事。十岁的天子朱祁镇表现出了对军事的喜爱，正统元年秋十月，他兴致勃勃地登上了朝阳门外的将台，来检阅京城禁军。

很多小孩子尤其是男孩子小时候都喜欢玩打仗的游戏。只不过，作为皇帝，朱祁镇见到的是真刀真枪、全身披挂的大明精锐将士。

今天的重头节目是考核禁军将士们的骑射功夫。将士们各显神通，拿出看家本领，都想在皇帝面前展示一下自己。经过一番精彩的比试，最优秀的胜出者产生了。

只不过略微让人有些惊讶——成绩没有问题，三箭三中，都是十环！但身份让人有点想不到，他就是驸马都尉井源。英宗也非常兴奋，他下令将金樽赏赐给了井源。美酒赐英雄，这也是题中应有之义。教军场上众将士一片欢腾，纷纷为之鼓掌喝彩。

故事的主角明明是朱祁镇，事后朝野上下却产生了一种声音：很多人为井源鸣不平。因为就在几个月前，太监王振会同文武大臣也曾经检阅将士们比武，那次获胜的纪广被连升四级，成了都督。有人说，纪广是走了王振的门路，才得以超擢。不仅如此，在人们的口中，尤其是那些文官口中，王振导引皇帝沉迷武事，这才是最大的罪过。好好的一个孩子，本来应该苦读四书五经等圣贤之书，死太监却让他去观武，舞刀弄枪，岂有此理？

文官们开始对权势越来越大的王振不满，一场权力的博弈正在悄悄展开。

文官领袖内阁“三杨”

应该说，宣宗朱瞻基留给儿子朱祁镇的顾命大臣班底是非常不错的。文有内阁“三杨”，所谓“三杨”就是杨士奇、杨荣、杨溥三位杨姓名臣。杨士奇，本名寓，以字闻名于世。后来人们干脆忘记了他的本名，直接以他的字“士奇”称呼他了。他的幼年经历过一些困难，少年丧父的杨士奇跟随母亲改嫁到了罗姓人家，遂改姓罗。之后他返祖归宗，恢复了本姓。虽然家境贫苦，杨士奇自幼立志向学，读书十分用功。到了建文初年，因王叔英的保举，进入了翰林院，充任编纂官。永乐初年他被授予编修，到内阁入值，充任东宫官。他在担任辅佐皇太子朱高炽的东宫官员时，多次在争储之战中力挺朱高炽，为皇太子地位的稳固立下了大功。洪熙初年，他被朱高炽提拔为礼部侍郎兼任华盖殿大学士，不久升任兵部尚书。到了正统三年（1438）进位少师，仍然以尚书掌管内阁之事。

杨士奇识大体、懂得大局，擅长行政事务，性格直率而有容人之量，被时人誉为“贤相”。更为难得的是，杨士奇十分重视人才，他推荐的人才如于谦、周忱、况钟等人都十分有才，成为留名青史的千古名臣。

杨荣，字勉仁，他初名子荣，建文二年（1400）的进士，被授予编修官职。靖难之役，朱棣带兵长驱直入杀到了南京城内。杨荣迎着朱棣的马头拜谒，说了一句很关键的话：“殿下是先拜谒太祖陵呢，还是先即位？”先后顺序对于朱棣即位的正统性意义是十分重大的。朱棣也正是听了他的话，才恍然大悟，连忙赶赴皇父朱元璋的陵寝孝陵去拜谒。杨荣也因为此事被朱棣所重用。在永乐初年设置内阁时，他被提拔进入文渊阁，被朱棣改名为杨荣。朱高炽即位后，他进职为太常卿。不久之后，杨荣进位太子少傅和谨身殿大学士、工部尚书。杨荣曾经跟随朱棣五征漠北，扈从朱瞻基亲征乐安，他在军中运筹帷幄，以善于决断而著称。不仅如此，杨荣为人十分豪爽，喜欢结交朋友，虽然地位很高但是不拘小节，士人对他赞誉有加。有人说杨荣处置国家大事，类似唐朝名相姚崇，而且性格也很类似。

杨溥，字弘济，和杨荣是同一科进士，建文朝官至编修。永乐初年被任命为太子洗马也就是东宫太子的侍从。他与黄淮等人一起辅导皇太子朱高炽读书。永乐十二年（1414），因为朱棣打算更换储君，就以皇太子迎驾来迟开罪于东宫官员，杨溥被关入监狱十年之久。杨溥在监牢之中读书不辍。一直到了朱棣驾崩，皇太子朱高炽即位，他才被放出。杨溥一被放出，就被洪熙帝任命为翰林学士。宣德九年杨溥被任命为礼部尚书，仍然兼任内阁大学士。杨溥为人正派，性格内向，十分淡泊名利。他处事十分公正，大臣们都十分敬佩他。

因为杨士奇、杨荣、杨溥都姓杨，人们为了加以区别，就在他们各自姓氏前面加上出生地名，杨士奇被称作“泰和杨”（他出生地是江西泰和县），杨荣被称作“建安杨”（他出生于江西建安县），杨溥被称作“石首杨”（他出生于湖北石首县）。人们觉得这样称呼还是不方便，于是就以他们居住的府邸方向来加以区别，在北京城内，杨士奇府邸在西边，人们称他为“西杨”；杨荣府邸在东边，人们称他为“东杨”；而杨溥经常将自己的郡望写成“南郡”，因此人们称他为“南杨”。“三杨”是永乐、洪熙、宣德、正统四朝名臣，他们各有所长，杨士奇有学行，杨荣有才识，而杨溥有雅量操守，天下人对他们赞誉不已。

三位名臣得到了仁宣两代皇帝的极大信任，正是在他们的辅弼之下，仁宣父子两代励精图治，终于实现了仁宣之治。

三人以其卓越表现，成为外廷文官们的领袖。张太皇太后就曾经跟英宗说过：“三杨”和英国公张辅、礼部尚书胡濙是先帝留下的辅佐大臣，皇帝有事必须要跟他们商量，他们赞成的事情，不能不施行。

张太皇太后有事情，也必会派内官去内阁咨询“三杨”，然后裁决与否。

作为文官领袖，“三杨”也想用圣学经典辅佐小皇帝，使其成为他们心目中的一代圣君。从洪武到永乐朝，文官地位基本上处于被压制的地位，到了仁宣时代，文官地位又有了一定程度的强力反弹。“三杨”之良苦用心就是通过控制小皇帝，使得正统王朝向着他们设定的方向发展，从而实现文官利益最大化，最好能达到宋代文官士大夫和皇帝共治天下的境界。

小皇帝的教育争夺战

为了培养小皇帝，“三杨”煞费苦心，他们通过经筵、日讲来给皇帝灌输儒家为君之道。小皇帝朱祁镇就是在这种半懂不懂的懵懂中被迫接受着帝王教育。

另外，王振对小皇帝的教育也在有条不紊地进行着。可以说，王振和“三杨”在教育领域展开了第一场博弈。表面上看来，张太皇太后对“三杨”推心置腹，信任无比，宦官有事到内阁去，也必然要问杨士奇先生在不在，如果说不在，立刻回去。宦官们跟内阁议事，态度十分谦逊。正统初年内廷外廷虽然处在一片和谐合作的气氛下，却暗流涌动。

王振被仁宣两代皇帝赏识。宣宗朱瞻基认为王振有才识，善于使用人，于是将其拨付到太子朱祁镇身边侍奉。除了照料太子的日常起居，王振还担负着给太子教书授字的职责。可以说，王振是朱祁镇的启蒙老师。

王振没有辜负宣德帝的嘱托，悉心教导太子。王振对朱祁镇的教育是严厉的，而朱祁镇对他也很敬畏。

朱祁镇登基之后，有一次经筵讲课之时，小皇帝去西海子游玩逃课了。王振就在张太皇太后面前告了一状，张太皇太后连忙将小皇帝召回并狠狠训斥了一番，还将扈从皇帝游玩的内侍们下狱治罪。

从此皇帝的一切起居行止，都要先行咨询王振，甚至朱祁镇临幸哪个后妃，王振都要求皇帝身边侍奉之人报知于他。若是小皇帝偏宠后宫哪位女子，跟她腻歪的时间稍微长久一些，王振都要劝说皇帝，说是雨露均沾，不可专宠某人。

王振总领内廷，对侍奉小皇帝的宦官们要求同样严厉。有一次，王振吃过饭后去侍奉朱祁镇，远远地，王振就听到了皇帝住所传来箫声。原来是小皇帝闲来无事，召一名小宦官吹箫解闷。那个小宦官看到王振来了，赶紧转身离开，想躲避起来。王振追上他，呵斥道：“你们这些人侍奉皇帝，应当进谏正言，谈论正事，以辅佐圣德，怎么能用这些淫靡之声迷惑皇上呢？”说完，王振下令将这名小宦官杖责二十以示惩戒。

他鼓励宦官们以正能量影响皇帝，而不是引导皇帝安逸玩乐。这一刻，王振跟外廷那些口口声声导君以正的儒臣似乎并无分别。

除了生活方面，王振还在用人方面给皇帝以正面引导。有一次，有一个内侍因为侍奉朱祁镇起居日久有功，他便向皇帝乞求恩典。朱祁镇想授给他奉御职位，传谕给王振。哪里想到，王振并不买单，他对小皇帝说："官职是给有功者的。这是微小的侍奉之功，只需要赏赐金银布帛即可。"最终，王振也没有给那名内侍奉御之职。在用人行政上，王振给朱祁镇上了记忆深刻的一课。

对于皇帝的玩乐，王振可不像一些心怀叵测的宦官，一味鼓励纵容。一日，朱祁镇跟小内侍们击球，玩得热火朝天之时，王振来了，玩得正在兴头上的小皇帝一看，立刻喊停。王振也比较讲究方式方法。当时考虑到皇上的面子问题，当着众人，他没有说什么。第二天天蒙蒙亮，朱祁镇准备上朝了，王振突然"扑通"一声跪倒，脸色庄重地说道："先帝为了击球这个爱好，差点误了天下大事。如果陛下您也这样，那社稷江山怎么办呢？！"小皇帝一听，心中愧疚，久久不能言语。

这件事传到了外廷"三杨"的耳朵中，三位老爷子不约而同地感叹道："宦官中还有这样的人哪！"可以说，在劝谏君王上，王振做得不比必任何一个文官逊色。

王振善于劝谏，也讲究方式方法，有时候能巧妙地解决一些棘手问题。张太皇太后信佛且十分虔诚，她经常去寺庙上香，有时候就在那里过夜，不当天返回宫中。那时候的朱祁镇也是孩童，经常陪同皇祖母一起在此游玩。王振认为后妃到寺庙游玩并不是盛典，更何况明初洪武爷还规定妇女不能到寺庙进香礼佛。可是张太皇太后是宫中女主，王振又不能犯颜直谏，但是这难不住他。他秘密下令在宫中铸造了一座极其精美的佛像，然后让小皇帝跟张太皇太后进言："您的大恩大德，我无以为报。我已经命人将佛像一尊请到功德寺后宫，以报答您的恩德。"张太皇太后非常高兴，就答应了，命人书写佛经置于东西二房之内。因为房内放置佛经，为了表示敬重之意，不能在此就寝。从此之后，张太皇太后再也不出宫了。

后世文人对这个故事大发感叹。当时以"三杨"为首的名臣众多，却没有一人能想到如此精妙的主意来劝谏张太皇太后，反而是一个宦官做成此事，真令人叹息！

其实也没有什么好叹息的，宦官也是官，也肩负着国家朝廷的使命，更何况，王振确实在这方面做得不错。跟那位一门心思劝导皇帝吃喝玩乐、不读书的唐代权宦仇士良相比，真可谓判若云泥了！

王振面对先帝的嘱托，能全心全意辅导皇帝为正，能以灵活的、为人所接受的方式劝导皇帝，同时以正确的治国理念影响皇帝，这一切都为英宗朱祁镇日后的成长打下了坚实基础。英宗皇帝在明史上能成为一位还不错的皇帝，跟王振的启蒙教导是密不可分的。

相比之下，“三杨”那些老夫子板起面孔，满口大道理的方式，却让小皇帝“敬而远之”。第一个回合的较量，王振已经胜过“三杨”一筹。

其实，在教育小皇帝的争夺方面，“三杨”更多的是偏向于小皇帝继承仁宣之治的文治道路，辅弼“正统之治”，他们希望小皇帝成为符合儒家规范的儒雅帝王，而王振在引导皇帝学习儒家之学的同时，能不忘武备，继承先帝们的武功。

对于王振，小皇帝朱祁镇十分尊重他，常常以“王先生”称呼他而不是直呼其名，在小皇帝的心目中，还是王先生最可靠和最值得信赖。

第二章

并不太平的“盛世”

麓川之役与“三杨”沉沦

麓川大乱　起兵判明

王振和“三杨”第二回合的较量，更多体现在朝政的处理上。正统五年（1440）关于西南边疆战事的一场争论，让王振与“三杨”为首的文官集团之间裂痕逐渐增大。

事情的原委是这样的。元朝时，西南存在一个实力强大的傣族地方割据政权，名曰麓川，它是由思氏家族统治的。势力范围鼎盛时候囊括了今云南西部、缅甸北部和印度东北部。元朝时，麓川政权就已经叛服无常，兵力最盛时候达到了三十多万人！

后来随着元朝的灭亡，大明洪武十四年（1381）九月，朱元璋派兵攻打残元势力盘踞的云南。明军在白石江之战中大败云南元军主力，并在当年十二月进入了中庆。洪武十五年（1382）闰二月，接到云南捷报的朱元璋欣喜不已，他下诏给云南明军征南将军颍川侯傅友德、左副将军永昌侯蓝玉、右副将军西平侯沐英说，云南自汉朝一直为中国所有，只有在宋朝时没有降服自立为大理政权。元朝已经灭亡，只有云南的梁王屡次欺辱朝廷使者，应该立刻讨平。但是云南地处蛮荒，各位将军不能鲁莽从事，轻易进军，一定要认真制订作战计划。最好能出奇制胜，速战速决。

随着明军深入云南腹地，与麓川政权发生了正面接触。洪武十五年，麓川首领思瓦发进犯金齿、者阑、南甸等地。鉴于明朝北边局势紧张，朱元璋采取招抚政策，在麓川设置平缅宣慰司，以麓川新首领思伦发为宣慰使。

只是这种平静没能维持多久。到了洪武十八年（1385），麓川首领思伦发再度攻击景东。此处原是麓川的辖地，后来却收归国家，思伦发想要恢复旧地，遂起兵骚扰。明军首战失利，洪武二十一年（1388），朱元璋派遣沐英大举出兵讨伐麓川，麓川大败，只得再次归降明朝。洪武三十一年，思伦发手下头目刀干孟又作乱，思伦发狼狈出逃，到南京向太祖请兵求援。朱元璋遂派沐春、何福等将领讨平刀干孟，送思伦发还于旧地。至此，经过内外双重的打击，麓川的势力已大不如前了。

永乐初，朱棣采取了“析麓川地”的做法，将当时思氏领地瓜分，分出木邦、孟养、孟定三府，隶云南，又设潞江、干崖、大侯、湾甸四长官司，隶金齿卫。明朝此举看似分散了麓川的实力，其实却导致了整个明朝时代麓川和周边木邦、孟养等地区相互仇杀不歇。思伦发死后，他的次子思任发继承了宣慰使之位。此人比起他的父亲来更为狡诈贪婪，他一面向中央政府称臣纳贡，一面暗中攻占周边南甸、腾冲等地。只因当时在位的朱瞻基正在向交趾用兵，腾不出手来对付他，只得暂且用缓兵之计对他好言抚慰。到了正统元年，思任发又上疏说，因为本地屡被木邦侵扰，无力承办历年所欠朝廷的“发差银”（一种赋税）两千五百两，希望朝廷一概蠲免。户部锱铢必较，不肯同意，倒是少年皇帝朱祁镇颇为大方，将这些逋赋一笔勾销。

思任发见朝廷对他客气，便越发志得意满起来，表面依旧恭顺，暗地里行事却越发无所顾忌了，继续拥兵自重，攻打周边地方，扩充地盘。由于朝廷多年来一直对云南、缅甸一带采取息事宁人的绥靖政策，当地的蛮人无所顾忌，于是滇西渐渐成了一团乱象。

在这样的混战中，麓川又壮大了起来，成为附近土司中的佼佼者。他们企图收复被明朝强行划分出去的土地，遂不断地对周围土司进行侵扰。思任发的这番动作，终于引起了当地明朝官方的注意。正统三年六月，镇守云南的总兵官、开国功臣沐英之子黔国公沐晟向朝廷报告：“麓川宣慰使思任发，多次侵入南甸、干崖、腾冲、潞江、金齿等处。”而英宗朱祁镇也收到了周边宣慰司的求援信。只是开始朱祁镇对此事并不在意，只是命令沐晟见机行事，并敕谕麓川思任发释放掠夺的人口、归还侵占的土地，仍旧安分度日。

此时明朝所行，仍旧是息事宁人的安抚手段。谁知思任发丝毫不将朝廷的敕书放在眼里，依旧我行我素，还亲自带领部众，来侵犯金齿，十分猖獗。金齿（今保山市）是云南永昌府的治所，也是明军控扼滇西的咽喉。

思任发自立为“法”，起兵叛明，麓川的局势不断恶化。这时候，镇守云南的黔国公沐晟上疏朝廷，要求派兵剿灭。麓川和战问题摆在了朱祁镇面前。

面对挑战，“三杨”内阁依然援引永乐、仁宣故事，主张招抚思任发，然后以利诱之，同时以兴兵为由恫吓对方。可是思任发丝毫不为所动，仍然攻城夺寨，西南局势大乱。

面对此困境，王振等人主张发兵征讨。

于是，朱祁镇立刻下旨，命推选将领，派官兵讨伐思任发。当时，朝廷选出的主将是右都督方政和署都督佥事张荣。尤其是方政，乃是北部边疆的一员老将，多年镇守西北要塞大同。只是此人并无多少高明本领，兵部尚书魏源曾称他为“号令不行，心无定见”，在去年七月时已被撤了大同总兵之职。此刻不但起复，而且被赋予了如此重任，他自然是感激涕零，发誓要报国恩。

发兵讨伐　明和暗战

这是三征麓川的前奏曲，方政、张荣两员战将，加上吴诚、曹吉祥两个监军宦官，一路南下，在十一月间到达云南金齿，和沐晟的云南地方部队会师，与思任发的军队隔潞江（今怒江）相峙。

在这小半年的时间里，滇西的形势又发生了变化。思任发看见明朝大军出动，心中一面是忐忑，另一面也存着试探之心，因此他向明军请和，借以作为缓兵之计。云南总兵黔国公沐晟见状，自以为可以兵不血刃抚平夷狄，自然高兴，愿意受抚。

沐晟是明朝开国功臣沐英的次子，永乐年间因配合张辅扫平交趾，得封黔国公，自是西南独当一面的大将。他不苟言笑，喜欢读书，在官场上也很会做人，因此在当地名声甚好，很得当地少数民族的信赖。他久在云南，深知夷情，据说连思任发小时候都是在他家长大的。他自认为和思任发关系良好，在他眼中思任发的这些所谓“反叛”举动，不过是寻常土司部族间的抢掠争斗，用剿不如用抚。如今思任发主动求和，他自然应允。

当时沐晟手下有个义子，叫作刀宾玉，是思任发手下头目。沐晟便通过此人和思任发接洽，商议投降事宜。一来二去，沐晟便认定思任发是真心投降，遂按兵不动。思任发见沐晟中计，心中大喜，一面继续与他虚与委蛇，暗中却发兵万余，在潞江沿岸设立木栅封锁江面，又侵袭瓦甸、顺江、江东（均在今腾冲北部）等处，将当地驻军杀得干干净净。

思任发表面和谈通贡、暗地里杀掠地方的行为很快为朝廷所知，小皇帝朱祁镇大为震怒，严厉斥责沐晟玩寇养患，而沐晟却仍然抱着安抚的心态，在作战之事上很不积极。此时方政、张荣等人也已会师金齿，他们秉承皇帝“扫平麓川”的旨意而来，看到沐晟满口招降之词，心中自然很是不平。当时军中有一位号称“机警多才能”的刑部主事杨宁便劝说沐晟，要他不可相信思任发的投降。沐晟刚愎自用，不听杨宁之言，将他派到后方去转运粮草了。

只是对付文官，他犹可以随便摆弄，面对武官，他便毫无对策。当时明朝派出的主将方政，便对沐晟的行为大为不满，强烈要求出战，沐晟不许。方政又独自造了六十艘大船，要求独自渡过潞江作战，沐晟又不许。方政在名义上和沐晟并无主副将之分，因此也不听沐晟指挥，半夜点起自己的大军，乘船浩浩荡荡渡过潞江。

这条潞江，在当时被视作天险。顾祖禹《读史方舆纪要》称其“两岸陡绝，瘴疠甚毒，夏秋之间，人不敢渡”。思任发恃此为屏障，压根就想不到明朝将领竟敢打过江来，先锋大将缅简被打得大败，只得退守潞江安抚司（今保山市潞江镇），又退守上游景罕寨（今潞江镇西北）。方政乘胜而进，带着手下将领唐清、儿子方瑛，又大破景罕寨。思军继续向西退却至高黎共山（今高黎贡山），又被明军将领高远大败，斩首三千余人。

见死不救　军队衰败

捷报传来，纵然沐晟先前是不同意方政出兵的，此刻也不得不为他请功。只是他心中却对方政越发不服。因此在他的奏捷疏中，不但丝毫不提之前二人的不合，还将这次大捷伪装成二人共同取得。方政毕竟是粗人，对此毫无防范意识，首战告捷后，情绪激昂，乘胜深入，直冲思任发设在潞江沿岸的重镇上江寨（今保山市境内怒江上游地区）进攻。只是方政的大军远道而来，又经历大战，到此已是强弩之末，孤军深入犯了军中大忌。方政这才害怕，忙向沐晟大军求援。

沐晟得知方政向他低头，心中得意万分，只想出一口恶气，冷笑着说：“我不曾教他去。”手下官员屡屡苦谏，他才派出小股军队应援。领兵的指挥体察上意，军队到夹象石（今腾冲县境内）一带便故意拖延不进。方政久等援军不至，麓川军则派出象阵冲击，四周弓弩齐发，方军大败。方政知道沐晟不会来救自己了，终于绝望。他对自己的儿子方瑛说：“你赶紧突围逃走，我战死是本分。”最终策马突阵战死。

此时已是正统四年（1439）二月，天气渐暖，滇西瘴气渐生。沐晟全军大败后，不得不焚烧所有战略物资，暂时退回潞江东岸，并战战兢兢地向皇帝请求增兵。朱祁镇前几日才收到捷报，不料如今居然情势大逆转，自然是怒不可遏，立刻下旨命令选调湖广官军三万多人，贵州官军一万人，四川官军八千多人，共五万人开往云南助战。

战争进行到此时，已过去了近一年，云南政府军开始露出粮草不足、转运艰难的迹象。在这样军事失利、粮饷不足的情况下，沐晟心力交瘁，加之之前不救方政，又为他带来了强烈的道德负担，这年三月间，沐晟在军中病死。也有史料说，沐晟乃是服毒自杀。

总之才过一年，出师麓川的两大主帅便双双死去，战局前途顿时一片灰暗。沐晟死后，黔国公、云南总兵官的官职由他弟弟沐昂承袭。这位沐昂也无多少本领，刚一上任不是想着如何扫平动乱、为兄报仇，倒是先开了一张八千三百多人的请功名单，为前次潞江大捷请功。朱祁镇也要奖励士气，大笔一挥，全部批准。沐昂得了封赏，却越发惧战，拖延日久，不敢前进。

在朱祁镇的一再催促下，沐昂带领大军，在正统五年（1440）初春勉强前进到陇把（今属陇川县），这里离思氏的老巢麓川城（今瑞丽市）已经很近，沐昂却不敢再上前一步，只派右参将张荣一军前去试探。思任发见明军逼上前来，立刻派兵进攻。张荣只命令指挥卢钺迎战，自己躲在后方，结果卢钺寡不敌众，被杀得大败。思任发乘胜追击，将张荣所部冲得四散，张荣本人则夺命而逃。而近在陇把的沐昂，却未能出一兵一卒策应救援。沐昂所部不但畏敌如虎，见死不救，而且谎报战功，希图功勋。

大战进行到此，已经能够充分展现出明军的特征：主帅号令不一、心胸狭窄、应变无能，军风怯懦颓败、军纪涣散，私心自用。开国不过五六十年，军队已涣散到这种程度，可见衰败之速。

求贡请和　百官廷议

战争在正统五年下半年逐渐进入状态，沐昂率大军退回金齿，不敢擅动，思任发也想暂时休战，赢得时间。因此他又开始玩弄起先前“明和暗战”的手腕，派人向沐昂进贡大象、锦缎等物，表示愿意臣服和谈，并送上一封请罪书信，送到沐昂军中。

朱祁镇看了沐昂转交的信，原来信中所写，乃是思任发自陈叛乱原因，并非他自己贪图土地，而是有人诬告他，他迫不得已起兵自卫，现在已经悔过，并派人来京纳贡。只是朱祁镇年少气盛，哪里压得下先前大败的愤怒，一心要找回面子来。

当时思任发的陶孟忙怕（“陶孟”是傣文“官员”之意，“忙怕”才是名字）等人来贡，礼部考虑到双方正在开战中，其礼节、赏赐不好安排，向皇帝请示。

朱祁镇便故作宽宏地道：“他们来是缓兵之计，但是朕却不怕他们。”他要求一切礼仪都按照正常标准来。这话虽然说得轻松，但实则却认定了思任发的求贡请和乃是缓兵之计。他向思任发下敕说，若是真心归顺，要么亲自来朝，要么就派子侄心腹来朝，否则大军进讨，玉石俱焚。

但实际上思任发作为一方的土皇帝，怎么可能亲自来京请罪？又怎么可能派遣子侄心腹前来京师做变相的人质？朱祁镇如此表态，自然是明白思任发不会就范，他不过是借此为口实，好向思任发继续开战而已。很快，云南总兵沐昂便领会了圣意，请求大举增兵。

增兵的请求，立刻在朝野引起了轰动。朱祁镇命百官廷议，讨论对麓川用兵问题。

会议上，朝臣们讨论得热火朝天，基本分为主和派和主战派。主和派以内阁大学士杨士奇、刑部右侍郎何文渊和翰林院侍讲刘球为首，主战派以英国公张辅、兵部尚书王骥、司礼监太监王振为主。何文渊认为麓川国穷民弱，只需要明军固守，打一场消耗战，时间一久麓川自然支撑不住。不过何文渊的说法未免自欺欺人，麓川军的扩张野心不断增长，从洪武到正统朝，明军一直立足于防守。招抚和怀柔政策已经失效，不通过军事打击，麓川不可能俯首称臣。而有些主和派大臣提到的军队不能轻易出征，以免骚扰地方，还有什么即使征服了麓川，也没有什么可以夸耀的说法更是等而下之了。

主战派提到若不剿灭思伦发，外邦也会小瞧大明，边患从此难免，贻害后世。明英宗同意主战派主张，毅然派出兵部尚书王骥、定西伯蒋贵、太监曹吉祥等人率兵征伐麓川。

捷报频传　覆灭贼巢

正统六年（1441）二月王骥、蒋贵出师，王骥传乘五月即到云南。思任发还以为这回来的将领又如之前沐家兄弟那般脓包，毫不在意，点起十二员大将、三万兵马、八十头战象，进攻景东、威远（今景谷一带）等处。在王骥的指挥下，兵部郎中侯琎带领军队打败了思氏，斩首三百五十多人。首战告捷，在气势上重重打压了思氏。

思任发见明军来势汹汹，似乎不像以前那般疲软，于是便又故技重演，派人前去王骥军中讲和。王骥假意允之，暗中却布置两路大军，打算直取思氏老巢麓川城。东路军由右参将冉保、勋卫陈仪率领，领兵五千，往攻细甸、湾甸水寨，入镇康，直取孟定，会木邦、车里夷兵夹攻。基本上是走今天施甸、昌宁、镇康、耿马，经今缅甸境内，到达瑞丽东面。

中路军由王骥和蒋贵率领，领兵两万，由中路至上江、腾冲，直捣贼巢。这路军中，包括刘聚、宫聚、曹吉祥、萧保等部，则是从今日的保山、腾冲、梁河、陇把，到达瑞丽西北。

这中、东二路军队，显然东路军是偏师，而王骥、蒋贵自率的中路军是主力。对于中路军来说，首先要攻克的，仍是潞江上游思氏的要塞上江。

十一月初一，王骥、蒋贵率军两万，进攻上江。初五，大军渡过潞江，思军伏兵四起，连同原本的水寨守军，一同反击。官军奋勇激战，斩首千余级，思军不敌，退入寨中死守。王骥遂率兵合围上江寨，随后刘聚、曹吉祥一军先至，宫聚、萧保一军亦从下江夹象石方向攻到。只是思军仍然悍勇守城，城上矢石交飞如雨，城下官军难以靠近一步。如此围城五日，到十一月初十，老天相助，刮起南风，王骥顺势运用火攻，点燃思军设在江面、寨堡外围的排栅，风助火势，彻夜不熄，熊熊亘天。王骥喝令全军齐攻，亲自擂鼓督阵，一时枪林箭雨，如火如荼。思军终于不敌明军强大的攻势，被迫从水门突围。王骥早已在水门外设下伏兵，将突围兵将一网打尽，骑步并进，思军被杀的、掉入潞江淹死的、自相踩踏而死的不计其数，前后斩首五万余级，江上、岸上、林中、寨中，一时横尸遍野、血溢满地。寨中贼酋，有的被杀，有的自杀，有的被俘。上江寨这个思氏前线的第一据点，终于被拔掉了。

打下上江，全军气势大振。王骥立刻带领全军从下江夹象石渡江，疏通高黎贡山道，于闰十一月初到达腾冲。至此，明军已将入滇西的要道牢牢锁住。王骥命李安镇守腾冲，自己和蒋贵继续率军前进，经南甸宣抚司到达罗卜思庄（今属梁河县），从此向前，乃是麓川军的重要据点杉木笼山（亦在梁河县境内）。

王骥先派手下将领江洪率八千人前往哨探，得知此处共有敌军两万余人，在山顶结下营寨，左右相连，共有七营，首尾相应，占尽地势。王骥无法取巧，只得命令宫聚、刘聚二人从左右两翼的原始森林中攀缘而上，猛攻山顶大寨。只是麓川军熟悉地形，防守严密，久攻不下。王骥遂亲自率领中军前进猛攻，再加上左右两翼的配合，终于攻下关隘，斩首数百级，并杀守将。

于是全军乘胜前进，过戛赖、陇把、马安山（今瑞丽市户兰山），于十二月初到达贼巢麓川城。这里东、南两方背靠龙川江，其余两面俱是高山深堑，易守难攻，地势极为险要。王骥先令三千前锋掠阵，思军于泥沟箐伏兵，设下象阵，但为明军所败。思任发首战失利，于是派出人马绕到马安山，妄图从后夹击明军。王骥遇事不慌，命令中军不得擅动，只令方瑛率六千人马迎战。方瑛即方政之子，为父报仇心切，一路悍勇杀敌，大破马安山，杀贼酋，斩首数百级，其余兵丁坠崖的、践踏而死的，不知凡几。

思任发见两阵皆败，震怒之下，派出八十多头战象组成象阵冲击明军。王骥见敌军来势汹汹，不得不稍事退却，但很快又组织起新的进攻，大败象阵。这时，先前派出的冉保、陈仪的东路军也已会师。他们会合了木邦宣慰司的兵马并沿途招来的夷民十二寨，贾勇而来。元江府同知杜凯等亦报，率领车里、大侯等宣慰司兵马五万，攻破乌木弄、戛邦等寨，斩首两千余级。王骥立刻命其从东面扼守住麓川通向木邦的要道以及龙川江上的西峨渡口，防止思任发从此逃入木邦。

布置完毕后，王骥便向思任发下了最后通牒。思任发负隅顽抗，决心死守。于是，最后的总攻开始：蒋贵攻西中门，王骥攻西北门，都指挥李信、内官曹吉祥攻西南门，宫聚攻西南江上二门，萧保、刘聚攻东北门，冉保攻东北出象门，少卿李賮、郎中侯琎等往来督战。

这时西风大起，王骥立刻命人布下柴薪草料，一时随风举火，烟焰涨天，麓川城转眼成了一片火海。城中老幼数万人在火势逼迫之下，纷纷跳龙川江逃生。等到第二日一早火势渐弱，明军才发现，整条龙川江上，密密麻麻，全是浮尸。

此时，王骥才带领手下进入麓川城中搜寻思任发及其子侄心腹的下落。他们抓住了一个思任发的亲信，一问才知，思任发带着两个儿子和若干女眷，及象马数十，向西边突围，渡过大金沙江（今缅甸伊洛瓦底江）逃往孟养去了。王骥千算万算，只当思任发会逃往东南的木邦，因此特意命人守住西峨渡口，却未曾想到他会向西去，是以未在大金沙江附近设防。好一场惨烈的大战，最终功亏一篑。

然而不论怎么说，覆灭了贼巢麓川城，缴获了敌人先前从明朝各处官府掳掠的印信符敕，也算是大胜了。这一场大战，可以说几乎场场是硬仗，其中几次重大战役，如上江之战、杉木笼山之战、马安山之战和最后的麓川城之战，几乎都是在敌人占尽地理优势的情况下硬碰硬打下的。王骥以近六十岁高龄，深入瘴疠之地，居中调度，激励将士，奋勇杀敌，功不可没。

朱祁镇接到捷报，大喜过望，连忙祭告天地祖宗，下诏大军班师，并下旨将蒋贵晋定西侯、王骥封靖远伯，其余大将也各有封赏。

封赏完毕，剩下最大的事情便是将思任发父子剿捕归案。朱祁镇总以为思任发穷途末路，流窜他邦，哪里是堂堂大明全胜之师的对手。相对于之前的大仗，抓个光杆司令思任发，那不是太容易了吗？可没有想到，事实给他开了个大玩笑。只因这次一时不慎走脱了思任发父子，竟使得这场麓川之役变得旷日持久，师老无功。

正统七年（1442）三月，云南方面给朱祁镇发来奏疏，说在木邦宣慰司的帮助下，又攻下了麓川思氏余孽占据的板罕、贡章（今缅甸杰沙）等村寨，而缅甸的卜剌浪马哈省以速剌（“卜剌浪”是缅王的称号，“马哈省以速剌”是名字）也出兵夹攻，原本被思氏胁迫造反的孟通、芒市地区的夷民都纷纷投降，局势一片大好。

三征麓川　追剿残寇

王师回朝，麓川看似平静了，但实际上内里汹涌沸腾，又演变出新的局面。思任发的儿子思机发因见麓川已无大股官军驻守，静极思动，便潜回麓川重新占据旧都者蓝城（今缅甸姐兰，与瑞丽隔龙川江相望）；同时在孟养布置兵力，打造思氏的另一个老巢。此时王骥已经回京，云南战事由黔国公沐昂全权负责。沐昂利用周边土司的相互仇杀，企图调动芒市、干崖、南甸（此二地均为今德宏傣族景颇族自治州盈江县）等地土司擒拿思机发兄弟。但费了好一番工夫，却始终无多大成效。朱祁镇大怒，于是在班师半年后的正统七年八月，命令王骥点起大军，二征麓川，要求剿灭残寇，永绝边患。

思机发占据麓川、孟养，见明廷再次大军压境，于是再次祭起他老爹的两面派手段：一面不放弃武力作乱，继续攻打周边的土司，一面派出自己的弟弟招赛亲自前往北京纳贡请降。朱祁镇对此并不满意，只命人将招赛遣送往云南军中安置，仍旧命令王骥加紧用兵。

这时，云南方面又传来一个爆炸性消息：之前一直下落不明的思任发，终于找到了！原来他当时从孟养逃入缅甸境内，竟被缅人所擒。缅王觊觎麓川土地，便上疏朱祁镇，要明朝兑现先前的诺言，不但索要麓川的土地，还想要思机发割据的孟养，才肯交人。朱祁镇大怒，自然不愿受他要挟，反过来命令缅方，要交出人才给土地。恼羞成怒下，在正统八年（1443）五月，朱祁镇给王骥下了一道措辞严厉的敕书：要求务必剿灭麓川势力。

天子一怒，伏尸百万，流血千里。朱祁镇竟然要把枪头转向得寸进尺的缅甸了！他再次向云南增兵五万，仍派遣蒋贵为大将，前往云南配合王骥作战。在朱祁镇看来，缅甸不过就是自己手下的一个土司部落，连个正经的国家都算不上。既然他胆敢要挟自己，那就一并灭掉好了。八月，王骥从云南向朱祁镇上了一份作战计划书，说：缅甸方面曾和他约好，今年冬天在缅甸贡章送交思任发。他已经先期派人疏通从南牙山（今德宏傣族景颇族自治州西部与缅甸交界处）到贡章的路程，如果缅甸老实交人便罢，否则就要会合木邦人马，四面夹攻，殄灭夷寇。

思机发闻变大惊，立刻向王骥请降，并同意交出自己的儿子哀准作为人质，上京求贡，只求仍守旧地。王骥秉承圣意，只将哀准扣留在云南，仍决定要于霜降后进军。其实，当时并不是没有清醒之人。王骥派往者蓝查探思机发敌情的通译董义便回报说：“贼势窘迫，闻知大军再举，必将奔遁金沙江、戛里、大古剌藏（均在今缅甸）之地。”董义担心的是思机发在大军压境之下，再次逃入缅甸的高山密林之中，便难以擒拿了。董义只是个不起眼的小人物，可他的这一番话，到底还是应验了。

正统八年底到第二年初，王骥向缅甸进行了第二次大举征伐，在腾冲设立五营，并联合了木邦等土司，一起过南牙山入缅甸，来到大金沙江畔。

之后，明军又经历了两次征战麓川，终于迫使麓川投降，麓川首领思禄发发誓再也不过金沙江。明军四次征伐麓川，终于一举解决了困扰西南边疆多年的痼疾，西南边境得以安宁。

和战之争　欲加之罪

关于征伐麓川，有些史学家认为前后耗时十年，发兵五十多万，耗费无数粮饷，从而导致了国库空虚，也使得朝廷重兵困于西南，使瓦剌实力乘机坐大，进而导致了“土木堡之变”。

于是征伐麓川在文人笔杆子下，就作为王振的一宗罪郑重其事地写入了历史之中。可是，这是真相吗？

首先，关于是否用兵麓川，正统六年的廷议开了整整五天，朝臣们广泛参与，大部分朝臣都主张用兵麓川。反对的只是杨士奇、何文渊、刘球等少数迂腐的文臣。事实证明，他们的招抚政策只是一厢情愿，只能让西南局势进一步糜烂而已。王振以一种振兴祖宗武功的使命感和洞悉西南局势的眼界，与朝廷大部分人的正确意见一致，力主用兵，这本身并没有什么问题。明英宗朱祁镇登基之初，在王振支持下，两次阅兵将台，就已经预示了新政府会以一种振兴祖宗武功的姿态执掌帝国之舟。

其次，征伐麓川最终解决了西南危机。试想，如果朝廷在经历了“土木堡之变”这样的巨变之后，西南仍然还要面临麓川威胁，那时的明朝必将顾首不顾尾，能否确保北京的万无一失都是问题了。

再次，四征麓川之役诚然使得天下骚动，但并未造成北方空虚。从将领上说，真正从西北抽调的只有蒋贵和李安。方政是早就撤职在京的，刘聚来自南京，宫聚来自贵州，张轨来自北京，田礼来自大宁（大宁卫的驻地在保定）。即便调走了蒋贵，当时甘肃尚有任礼、大同有石亨、宣府有杨洪，综合实力并不弱。从军队上说，当时征调的除了云南本地军队，主要以贵州、湖广、四川、南京为主，这些军队和北部边防并无多大关系。从粮饷财政上说，北部边防的粮饷转运基本依靠北方各省（主要是北直隶、河南、山西、陕西府县），南方的转运对北方影响也有限。

而且朱祁镇对于北方也并非毫不关心，正统九年（1444）年初二征麓川未完全结束时，朱祁镇已在北边组织了一次对兀良哈部的大型围剿，因收效不大，朱祁镇又立即将刚从云南回来的王骥调到宁夏坐镇。王骥是朱祁镇的第一爱将，将他放到北方，足以说明他对北部边防的重视。麓川之役诚然对整个国家的整体国势造成了削弱，但要说造成了北方空虚，却是言过其实了。

最后，退一步讲，即使不征伐麓川，王骥那十几万兵力一并用于对付瓦剌，就一定能避免“土木堡之变”吗？我看，未必！

很明显，文官们这是秉承着痛打落水狗的姿态，用妙笔生花的史笔，将王振这宗罪给坐实了。反正在他们眼中，王振主张的一切都是罪恶的！

关于麓川的和战争议中，“三杨”站在主和派一边，以仁宣朝故事力主招抚，而王振希望英宗借此建立边功，从而振兴祖宗朝武功，最终英宗选择了支持王振。这一回合中，“三杨”又落了下风。也是这次和战之争后，王振和“三杨”的裂痕进一步扩大。

杨士奇在张太皇太后面前提出为皇上谨慎选择左右侍奉之人，若是心术不正的，立刻要斥退。这明里暗里将矛头指向了王振。

明争暗斗　胜败已分

既然三杨已经劝诫英宗和张太皇太后疏远王振，王振也不能坐以待毙，他抓住“三杨”本身的把柄加以打击，又一次占得上风。

正统五年，广西桂林的靖江王朱佐敬派遣千户刘顺进京奏事，除了将奏本投入了通政司之外，还有一份奏稿的抄本，连同一些金银，嘱托刘顺暗中找到杨荣。原来，他有私事嘱杨荣助其完成。

王振控制下的厂卫可不是摆设，他们有着敏锐的嗅觉，很快，此事就被密报给了王振和明英宗。朱祁镇写了一封信斥责靖江王，大意说朝廷之事并不都是臣下主导，朝廷赏罚都应该由皇帝裁决，而不是臣下决定。

杨荣其人一向并非廉洁之臣，早在永乐朝就因为收受贿赂，受到过朱棣的训诫。这一次又被王振抓住把柄，当时杨荣正在老家省墓，得报之后，连忙星夜赶回北京。不料中途，杨荣病逝在杭州。三杨内阁已缺一人。

而前一年，也就是正统四年，发生了一起廖谟案。廖谟是福建按察佥事，也不知因为何故，他将驿丞杖死。驿丞官职虽小，但也是一条人命，更何况他还是朝廷官吏。

被打死的驿丞是杨荣的福建老乡，而杀人者廖谟是杨士奇的老乡。二杨因为此事发生了争执，杨荣认为杀人者要偿命，杨士奇则说廖谟打死人是出于公事，应该从轻判决。二杨争执不下，最后闹到宫里。他们请张太皇太后来裁决此事。

王振发表自己的意见：“两位阁臣都有私心，都是为各自乡亲说话。杀人抵命判罚太重，因公判罚又太轻，应该对品降调。”张太皇太后觉得王振所言有理，于是将廖谟降职为同知。王振这番分析入情入理，判罚得当，得到了张太皇太后的赏识，而他也借助此事，将二杨处事不公的印象嵌入了张太皇太后心目中。

“三杨”节节败退，王振占据上风。继杨荣病逝之后，杨士奇也致仕回乡了。

其实，“三杨”之中以杨士奇名声最大，也是私心最重的一位。他溺爱儿子杨稷，同乡曹鼐以典史参加科举，他在杨士奇面前称赞杨稷为人谨慎，杨士奇十分高兴，在廷试之前竟然预先泄露了题目给曹鼐，使得他一举夺得状元。而王直则因为揭露杨稷之罪行而被杨士奇阻止入内阁。用人行政皆是出于私心，杨士奇之过可见一斑。

另有一事，杨士奇的女婿客居北京时，有一个知府因为贪腐被入狱治罪，就用钱找到了杨士奇女婿的门路，请他为自己在杨士奇面前求情。杨士奇就想了一个办法，在这个知府被审问之前，他命人出面请知府饮酒吃饭。审讯的法司官员看到内阁大学士如此厚待知府，知道知府与他必然不是一般关系，也就乐得卖个人情，停止审讯知府。这个知府最终竟然被无罪释放，进而官复原职了！

杨士奇的儿子杨稷为非作歹，恶贯满盈，而杨士奇对其却不闻不问，这就更加助长了杨稷的气焰，使得他对地方的危害更甚。正统七年（1442），江西泰和百姓上奏朝廷杨稷不法之事百余条，状告他的竟然有几千人！在王振的建议下，朱祁镇将杨稷和他手下恶棍三百多人捉拿归案，经过审讯，发现了杨稷的一系列惊人罪行。原来杨稷依仗父亲的权势，在故乡所为不法之事甚多，竟然挖掘别人的坟墓来改葬自己的祖父，家里蓄养一大批地痞无赖作为奴仆和帮凶，而且抢男霸女，竟然抢夺有夫之妇供自己享乐，还擅自设置关卡对往来商人收税，屡次杀害同乡无罪的百姓。

被下狱之后，杨稷在正统九年（1444）九月死在了锦衣卫监牢之中。当杨稷被下狱判处死罪后，杨士奇不但不反省自己教子之过，还打算利用仁宗朱高炽曾经给他的子孙免死特权来救自己的儿子，其溺子之心可见一斑。不过，英宗朱祁镇并不打算给杨士奇这个面子，他颁布诏书给杨士奇："卿家历仕祖宗几代，辅佐朕继位，功劳很大，但是卿家之子触犯国法，朕不敢有所私心，希望卿家能以礼自处，不要辜负朕的倚任。"接到诏书的杨士奇悲戚不已，在致仕后不久，杨士奇就病故了。

至此，曾经叱咤风云的三杨内阁仅剩下杨溥一人。新补的阁臣马愉、高穀、曹鼐资历尚浅，威望也轻，缺少治国理政经验，加之与英宗关系不及王振亲密。此刻，杨溥在内阁孤立无援，随着杨溥在正统十一年离世，内阁已经无力与王振抗衡。

三杨期望正统政治沿着仁宣两朝的轨迹继续前进，但是王振却察觉到仁宣政治有其历史弊端，正统政治需要有一番振作和革新，必然不能沿着前朝旧路前行。政治主张的差异导致了以王振为首的司礼监和以“三杨”为首的内阁之间的博弈。

同时，英宗朱祁镇在文官势力日益坐大的情况下，希望通过王振制衡他们，通过振兴祖宗武功，从而加强皇权集中，慢慢夺回三杨内阁手中的权力。与其说是王振在与三杨博弈，不如说是英宗为加强皇权，与文官士大夫集团发生的一场权力争夺。

皇权阁权　地位之变

我们再说下明代内阁在正统年间地位的变化。明代内阁的出现，是明代高度专制的中央集权下的产物。洪武十三年，胡惟庸案发后，朱元璋罢丞相，废中书省，对国家政治体制进行了重大的改革。自此之后，朱元璋总揽朝纲，大小事务都要亲自决断，皇权兼并了相权。皇帝不仅握有最高决策权，而且要负责领导和监督政府各部门的日常政务工作，其负担之重是可想而知的。

“劳模”朱元璋平均每天须处理政事四百二十多件，负担如此沉重的工作，尽管朱元璋每天起得比鸡早，干得比牛多，但是政务处置仍难免有失当之处，以致他经常自责自己的不完美。因此，废除丞相制度虽然达到了集权于君主一人的目的，但同时也带来了中枢机构行政效能下降的问题。雄才大略如朱元璋、朱棣等尚可勉强应付，而自幼生长在深宫的子孙显然是无能为力了。

这一点朱元璋本人也很清楚，他说：“自古创业之君，多有历练，通达世事人情，所以处事都很得当。而后世的守成之君，生长在富贵环境下，如果不是平时做事练达，很少有不出错的。”

为达到辅政要求，朱元璋首先设置了四辅官，但这些老夫子满腹诗书，实际政务能力却令人担忧，朱元璋只好将此制度废弃不用。其后，朱元璋将中书省的议政权移入翰林院，于洪武十四年命翰林院、给事中及春坊官会议平允以闻，自此翰林院有了平章政事之任。洪武十五年，朱元璋又设置了殿阁大学士备顾问。殿阁大学士人选皆来自翰林院，形成了比普通翰林官员议政机制更为高级的一种议政咨询机制。这标志着明代内阁制度开始萌发。而内阁制度则是在明永乐年间基本形成的，永乐阁臣朝夕在君左右，参与机务，形成一个比较稳定、初步完备的议政咨询机构。其后，内阁辅政力度和权威在洪熙、宣德二朝有了进一步的提高，阁臣受加封，得到“三孤”“太子三师”以及兼六部尚书荣誉头衔的称号，品秩和政治地位较前有了大幅提高，内阁权力日重。

内阁制度正是明代政治中强化君主集权与行政效能下降之间矛盾运动的产物。这一新型中枢权力机构是明朝统治者的一个创造。内阁与以往中枢权力机构之间的最大差别是，内阁大学士通过参与议政和中枢决策过程，可以大大提高皇权的统治效能，但阁权的运作机制又制约和规定其不能游离于皇权控制之外。这也是内阁制度的一个基本特点。

在正统初年，“三杨”辅政，政事平稳，内阁地位逐步提高凌驾于六部之上，“三杨”地位极崇。这一时期，内阁制度已然完备。正统前期内阁地位的尊崇表现在如下几个方面。

首先，票拟定为定制。英宗朱祁镇即位后，开始专命内阁条旨，从此内阁在法定权力上可以代皇帝批阅奏章并作出主张。

内阁大学士掌握的票拟之权，乃内阁最主要的职权。所谓票拟，即外廷朝臣的奏疏先经皇帝御览，皇帝阅后发交内阁，由内阁大学士以皇帝名义草拟批复文字，提出对政事的初步处理意见，然后用小票墨书贴附于奏疏之上，随同封进，皇帝如同意则内阁票拟，则亲自或交司礼监太监以朱笔照票拟发各衙门执行，称为批红。孝宗朝的大学士刘健曾经说过：“朝廷有命令，必先传给太监，太监再传给管文书官，管文书官才传给我们这些大臣。内阁如果有陈奏，必会传达给管文书官，管文书官再传达给太监，太监再传达到御前。”

由上可知，票拟制度在权力运作机制上完全受制于皇权。奏疏由皇帝先批阅后再下发内阁票拟，实际上就规定了票拟的内容情节必须完全符合皇帝意旨，否则皇帝可采取两种方法予以限制或使之就范。

第一，将奏疏不下发内阁，也不做处理，称为留中。

第二，通过宦官传示口谕，规定票拟的内容；或者在票拟上批红时，加以删改，这称为改票；或者干脆直接从宫内批出，称为中旨。

其次，内阁权力得到了扩大。宣德十年十二月，在礼部尚书胡濙的奏请下，“三杨”可以参与六部、通政使司、都察院、大理寺等部门的会议，这标志着内阁拥有了能与各个衙门进行会议的权力。而在宣德朝以前，每有政事为皇帝与群臣面议而定。

在正统元年，杨士奇等人请开经筵，得到张太皇太后的同意，“三杨”与英国公张辅共同主持小皇帝的讲读。经筵从此成为各朝定制。

正统三年四月，升杨士奇和杨荣为少师，升杨溥为少保，“三杨”都获得了三孤的名号，这是明代内阁大学士在此之前从未有过的殊荣。而在正统七年，朱祁镇称杨士奇与杨溥为“辅相元老”，这是皇帝称阁臣为辅相的开始。

此外，正统七年，翰林院迁出大内，不再与内阁共处文渊阁，其官员不得再出入文渊阁。这表明内阁独立性相对得到了增强，地位也相应得到了提高。

但是，这里需要注意的是，内阁在此时期地位的提高，是因为有三杨这样具有三孤殊荣的四朝老臣在位，是张太皇太后维持朝局稳定的需要。从本质上来说，内阁始终处在一种被动的地位。君主的需要，决定了内阁和朝局的走向。

考察明代阁权与皇权的关系，主要应从三个方面来加以把握和理解。

第一，阁权就其权力性质而言，完全依附于皇权。阁权只有通过皇权的批准或与皇权相结合才会具有政治功能。票拟如果不经皇帝批红就不称其为权力。换言之，阁权不过是皇权的外延和扩张而已。这种权力属性决定了内阁大学士对皇帝的政治依附关系，而完全不同于此前汉、唐、宋、元诸朝大权在握的宰相。

第二，内阁大学士通过票拟、当面奏对、秘密奏疏等形式，参与中枢决策，因而阁权在国家权力体制运作机制中体现了一定程度的决策权。当这种决策权在取得皇权的支持后，就可以影响甚至左右政局的发展。如万历初年，明神宗朱翊钧专心委任张居正，宫府成为一体，阁权与皇权融为一体，张居正得以充分发挥元辅作用，推行其改革大计。因此阁权的主要政治功能是提高和强化专制主义皇权的统治效能。这就是内阁之所以被视为明王朝重要的中枢权力机构的原因。

第三，从内阁的职任、权限及其所发挥的政治作用来看，应是一种新形式的中枢权力机构，是明统治者在政治实践中根据统治需要而创立的，并逐渐加以发展、完备。由于阁权只有通过皇权的作用才能实现其政治功能，阁权的轻与重及其参与中枢决策的广度与深度都取决于它同皇权的关系，换言之，即取决于皇帝对阁臣的信任程度及使用方式。正因为如此，在明王朝各个不同的历史时期，内阁在国家政治活动中所起的作用悬殊。

史实清楚地说明，在明代的国家政治生活中，内阁制度具有重要的政治意义，并发挥了举足轻重的政治影响。洪熙、宣德两朝，皇帝与阁臣相处和谐，君臣一体，最终共同达到了仁宣之治的盛世。到了万历中期以后，内阁权力日渐式微，由于得不到皇权的信任和支持，失去了其辅政的基本政治功能，那时候距离大明王朝的灭亡也很快了。

我们再说正统朝内阁地位的下降。尽管内阁制度日趋完善，阁臣地位日高，然而就在正统七年的十月，朱祁镇的祖母张太皇太后去世，朱祁镇开始亲政后，内阁地位开始急转直下。

随着三杨的沉沦和内阁地位的不断下降，大明王朝迎来了一个全新的“王振时代”。这一时期，我们也可以称为王振改革时代。

王振改革

重典治官

王振在英宗皇帝朱祁镇的支持下，主持了一场局部革新。这场革新是以效法太祖朝严以治官的精神为主线，开展的一场朝政改革。只不过，这场改革也夹杂了王振的个人情感，并把其与文官集团的对立表现出来，这在很大程度上成为这场改革被人忽视的原因之一。

明初确定的《大明律》的主旨精神就是宽以治民，严以治官。文官集团之所以在明初洪武朝战战兢兢，正是因为太祖皇帝朱元璋的这种法制精神。但建文朝文官地位有所提升，文官犯罪轻罚的传统渐渐形成。延至仁宣两朝，文官士大夫们的春天来临，社会上轻罚的惯例大行其道。

英宗皇帝朱祁镇以冲龄即位，军政大事一决于内阁。随着英宗年龄渐渐增长，其独掌国家控制权的愿望愈加强烈。

为了防止大臣欺蔽，同时也为了改革前朝积弊，英宗朝在王振主导下，开展了一场重典治官的运动。

正统元年，兵部奉旨奏议边事，比规定回复时间超越了五天，依然没有回音，朱祁镇大怒，将兵部尚书王骥和邝埜双双下狱治罪。这种因循办事的态度在前朝也许收不到任何惩戒作用，在英宗一朝，却治以下狱之罪，这无疑是英宗小皇帝和王振给了文官集团一个下马威。

正统三年，因为办事不力，礼部尚书胡濙和户部尚书刘中敷先后下狱，这对朝臣的震慑是巨大的。胡濙可是从永乐朝就被皇帝信用的老臣，他也是宣宗留下的顾命大臣之一。连他都可以被下狱，其他人可想而知。

说起这位胡濙，其人乃是武进人，生下来就是白发，过了一个月头发才变黑。他与杨荣和杨溥乃是同科进士，因为历仕四朝，受到朱棣和朱高炽的信赖，在正统初年也成为顾命大臣。虽然朝廷对其极其信任，但是胡濙其人却没有什么太多政绩，庸庸碌碌没有大臣之风，某些方面反而像一个江湖骗子。他在担任礼部尚书期间，曾经三次丢失过礼部大印，足可见其人之昏聩无能。

正统六年四月旱灾频繁，胡濙上疏建议文武百官斋浴反省，在京城各寺庙和道观上香祈祷，说不定可以感动上天，收回灾异。小皇帝朱祁镇的见识都比他高不少，小皇帝看到这个奏疏批示道："现在上天降灾，应该君臣修德来避难，岂是祈祷所能避免的。不必实行这些。"这才避免了一场劳民伤财而且徒劳无功的闹剧上演。

胡濙用人也极其令人无言。他推荐的道士仰弥高通晓阴阳之术，就命他防守边关，被世人所笑。胡濙推荐的钦天监天文生龚益之多次冒用胡濙的名义，到处招摇撞骗，骗取钱财，结果东窗事发，被充军到铁岭卫，但是在胡濙的庇护下，龚益之仍然往来于胡濙府邸，京城舆论一片哗然。

胡濙担任礼部尚书期间，所上奏的建议无非是些禁止军民穿戴胡俗服饰之类的琐事，并没有有益国家的建设性意见。这种人被任命为顾命大臣，也难怪英宗和王振对其瞧不上，多次打压。

随后的正统六年，户部尚书刘中敷和左右侍郎吴玺、陈瑺又因为御马分牧民间之事有违祖制被下狱论罪。刑部主事魏源多次因为贪腐和决狱不当等罪名被下狱。正统十一年，代理刑部尚书金濂因为推诿之罪，又被下狱。作为文官品级最高的六部尚书频频落马下狱，这也颠覆了仁宣两朝以来宽和刑狱的办事作风。

伸张皇权

对于英宗朝重典治官，传统史家认为这是王振借助皇权欺凌百官的摄权之举。其实背后隐藏的却是王振借助重典震慑百官，从而加强皇权的良苦用心。

正统初期，在“三杨”强势内阁的统摄之下，六部官员唯“三杨”马首是瞻，已经成为内阁势力的辅佐力量。英宗的皇权受到进一步压制。为了伸张皇权，王振和英宗一方面压制内阁势力，另一方面对六部恩威并用。在对六部尚书下狱论罪的同时，又能很快让他们官复原职。通过这种又拉又打的方式，来让内阁和六部势力分裂，最终实现六部权力为自己所用的目的。

值得注意的是，这一时期，通过王振的努力，言官系统依然为英宗完全控制。言官秉承王振和英宗旨意，寻找大臣们的过失，英国公张辅以下公、侯、驸马、伯和六部尚书、都御史以下官员无不被弹劾或者下狱或者荷校示众，一时间，官员处在了人人自危的地步，仿佛大家又集体穿越到了洪武时代。

拉打结合

在王振的强力打压之下，文官集团中也有不少人依然采取不合作和抗拒的态度。李时勉在当时，可谓名声在外。在洪熙朝，他就因在朝堂上顶撞皇帝，被仁宗打断了几根肋骨，差点送了命。不过，仁宗皇帝也因为这一气，加上积病复发，导致了驾崩。

宣宗皇帝朱瞻基登基之后，听别人说是李时勉气死了父皇，他一气之下，要亲手杀了李时勉报仇。没有想到李时勉运用他的如簧巧舌，生生感动了宣宗，就此保住了性命和官位。

就这样一个老倔头儿，在正统朝又不买王振的账，得罪了王太监。王振那一次来国子监视察时，身为祭酒的李时勉丝毫不给王振面子，以奴婢视之，并未以礼相待。结果王振记恨在心，就借助一事打压李时勉。正统八年（1443）七月，李时勉在国子监讲学，有一棵古树妨碍到了学生们列班听课，于是老李这次忘却了保护树木人人有责，竟然命人将古树砍伐。

王振正好借助此事大做文章，说他砍伐树木，为私人所用。于是李时勉被判罚带着大枷跪在国子监门口示众。这是一种羞辱。不得不说，王振在这件事上做得确实过分了，激起了国子监学生的众怒，最后惊动了张太皇太后，最后在老人家的干涉下，李时勉才得以释放。

薛瑄是明初著名理学家，他讲学地方，声名大噪，人们尊称他为“薛夫子”。王振曾经问“三杨”：“我老家乡亲里面有没有能做京官的？”“三杨”就推荐了薛瑄老夫子。于是在王振的引荐下，英宗任命薛老夫子为大理寺少卿。

“三杨”觉得薛瑄被破格任用，是出于王振的引荐，至少出于礼貌，他也应该去拜谢一下王振。李贤受“三杨”委托，将此意传达给薛夫子，没有料到却吃了闭门羹，被老夫子一口回绝。

不去拜谢，王振倒也不是太在意。廷臣议事东阁，大家见到王振无不趋拜，只有一人岿然不动。王振得知此人就是大名鼎鼎的山西老乡薛瑄，他并没有发火，而是主动上前作揖示好。孰料，薛老夫子只是冷冰冰回了一个揖，并无其他言语回敬。在众目睽睽之下，王振感觉脸面尽失，自己热脸贴上了别人的冷屁股。而薛瑄老夫子不明白的是，文武官员跪拜的其实不是王振，而是他背后的英宗皇帝。以传统观点看王振这一权宦，自然是不合时宜了。

而王振本来是希望拉拢结好薛瑄，哪知道他好歹不分，只好作罢，而且暗中记恨上了老夫子。

正统八年，王振侄子王山看中了京城一名指挥的小妾。指挥病死，小妾贪图王山家的权势，想攀龙附凤，无奈指挥之妻不松口，搅扰了小妾的鸳鸯富贵梦。小妾一怒之下，就诬告指挥妻子毒杀亲夫。严刑拷打之下，指挥之妻被迫承认这莫须有的罪名。

人命案到了大理寺复核环节，薛瑄觉得案情蹊跷，必有冤情，要求重审。王振偏袒他侄子王山，又想借此打击一下薛老夫子，于是指使言官弹劾薛瑄收受犯人贿赂，老夫子被下狱论死。

眼看临刑的日子越来越近，王振这一日经过厨房，看到他的老厨子在房内偷偷哭泣。王振好奇，问他为何，这位厨子哭得更加伤心了：“我听说薛老夫子要被行刑处死，忍不住难过而流泪。”

薛老夫子魅力不小，竟然能让一个老厨子为之伤心落泪！王振内心也深受触动，觉得薛瑄罪不至死。再后来，有人上奏申救，王振也乐得做个好人，将薛瑄改判，罢官为民。

王振打击报复的目的达到了，薛瑄也保住了性命。薛老夫子从此名声更大，专心研究学问，终成为一代理学大师。

南京的国子监祭酒陈敬宗文采过人，王振希望其为之所用，于是通过周忱表达自己的心意。陈敬宗却以“为人师表岂能拜谒宦官”为名严词拒绝。王振不罢休，又以求书为名向他示好，陈敬宗无奈答应其求书请求，却退还了礼金。这种不合作的态度令王振十分无奈。

王振对待外廷群臣的态度是打拉结合。一方面，对于敢于直接冒犯他权威的人，王振坚决打击，毫不留情；另一方面，又尽量寻求拉拢外廷可以合作之人，为自己所用。

杀鸡骇猴

当然，得罪或者反对王振的人，不是每个人都有薛瑄那样的好运气，很多时候是以送掉性命为代价的。

正统十三年（1448），因为公事，南京刑部侍郎齐韶杖死了指挥佥事贾福，齐韶被下锦衣卫大狱。

锦衣卫指挥马顺经过审问，跟王振汇报说，齐韶以前曾经自称是王振的乡亲，而且还说王振的侄子王山、王林二人也是他的侄子。这位冒充王振近亲的齐韶，在南京刑部任职期间，屡屡兴起大狱，导致一百二十多人冤死。另外，经过审问，齐韶还有诸多僭越之罪。

一个堂堂三品官员就此被押赴西市处死！其实，齐韶最大的过错就是不该冒充王振乡亲，由此得罪了王太监，人头不保！

而翰林院侍讲刘球之死，则更具有神秘色彩。

前面我们讲到，正统六年关于是否出兵麓川的廷议中，刘球就站在王和派一边，表示大力反对。正统八年，刘球应诏上疏，提出了朝廷之过失，一共提出了十件事，需要朝廷上下一起反省。

刘球的上疏中提到了谨慎选择太常寺官员。翰林院修撰董璘听说这事，就毛遂自荐，想做太常寺官。言官们把这两件事联系在一起，说董璘和刘球二人勾结，为了谋求太常寺官职。

于是，二人皆被下狱论罪。清修《明史》中记录下了刘球被害的场景：马顺深夜携刀来到关押刘球和董璘的监狱，马顺手起刀落砍下了刘球的人头。马顺将其肢解，碎尸埋在了诏狱大门之下。董璘眼见得刘球惨死，偷偷将沾满鲜血的衣服一角藏在了自己身上。后来，刘球之子又找到父亲的一只手臂装殓入葬。

可惜，关于刘球神秘之死的这条记载漏洞却是很多。马顺如果要杀刘球，可以下毒甚至带出监狱暗中处决，有的是办法，何必当着董璘的面杀掉，事后还能让董璘安然无恙出去保留现场目击人的证据？如果真当着董璘的面杀人，还留下衣服一角和一条胳膊？

刘球死在了监狱是事实，可是到底怎么死的确实成了一个谜。毕竟清修《明史》中关于这段监狱惨案的记载多是出于臆断。

事实上，刘球是死于得罪了王振。他在奏疏上劝导英宗万万不可权力下移。恰好，刘球曾经得罪过王振的心腹——钦天监监正彭德清。彭德清正好借助此事，告诉王振，刘球的这句话正是暗指王振专权，劝说皇帝千万不能放权给王振。

权力之事，可是触动了王振最大的忌讳，刘球正是死在了这上面。

总体来看，朝廷上下对王振不满的，大有人在。

正统八年十月，内使张环、顾忠写了一封匿名信揭露王振的不法罪行，事发后，二人被下锦衣卫诏狱。最终王振将二人在市曹凌迟处死，并且命令所有宦官都要去刑场观刑。这才是真正的杀鸡吓猴！

正统十年（1445）正月，一封揭发王振罪行的匿名信贴满了京城大街小巷。东厂和锦衣卫不敢怠慢，连夜查访，最终揪出了这封匿名信的主人原来是锦衣卫卒王永。这是灯下黑啊！

王永的下场当然不会太妙，被以妖言惑众之罪斩杀。

两起匿名信事件，一个主谋是宦官，另一个主谋是锦衣卫，可见王振的权势也引起了部分宦官和锦衣卫的不满。

治宦之严

其实想想也不奇怪，王振对自己的同类，也就是宦官群体，同样治理严格，毫不留情。

正统八年，王振传达英宗旨意，严令禁止宦官与外廷官员相互勾通结交，或假公济私，或徇私舞弊，或滥用刑罚等不法行为。

其实，从英宗即位之后，王振就着力于大力惩治宦官的不法行为。正统元年二月，王振传达皇帝敕谕给太监李德：“命尔与通政使提督京城太仓，巡视通州、临清、徐州、淮安等处仓粮。尔等用心办事，不能放纵下人惹是生非，虐待纳粮百姓！”接下来发生的事情证明，英宗和王振可不是说说看的。

五月间，司礼监的内使范听奉命到广东负责进贡方物，索取百姓的白金、线绸等物，事情传到朝廷耳朵里，其赃物被没收入官，范听被锦衣卫囚禁。

六月，内官监火者宋义养逃亡军人为奴，宋义在一次暴怒之后，杀死了这个逃亡军人。王振传达皇帝旨意将其送都察院审问，然后按罪斩杀，并且出榜文再次重申朝廷对内官的禁令。

正统二年（1437）四月间，太监僧保、金英等人私自创设屯放货物的塌店十一处，指使手下无赖子弟强行囤积商人货物，一时间，成为市面一害。英宗和王振命锦衣卫协同监察御史去处置此事。

十月，监察御史李在修等人弹劾南京守备太监罗智、袁诚纵使手下奴仆杀人以及贩卖私货，过关还不交税，结果这些恶奴被御史韩阳抓获。罗智等人应该承担纵容之罪，皇上下令依法治罪。

正统五年十二月，司礼监火者贾麦儿以私人之事嘱托吏部尚书郭琎和户部尚书刘中敷，二人也答应了贾麦儿。没有想到事机不密，竟然被朝廷发觉。英宗告诫郭、刘二人不准再犯，而贾麦儿则在司礼监新房，被戴上大枷示众。

正统六年三月，内使范好、火者福安负责管理司设监外厂，私下役使匠人五十多人，给司设监太监吴亮种菜。你说吴亮喜欢吃个绿色有机无污染的蔬菜就罢了，他和两位拍马屁的小伙伴还听任这些匠人搞野炊，结果炊火不慎，导致了厂房内竹木、白藤、车辆等价值一百五十多万两的物料都被烧毁。锦衣卫当然不是吃素的，很快调查清楚情况，上报王振和英宗。

上面做出最高指示，把总内官福安监管不严，而吴亮不能承担责任，还托词说是厂房自己起火，这二人都应该治罪。吴亮虽然最终逃脱一死，但是活罪难免。英宗命王振给吴亮记下死罪，案底留在司礼监备案，而福安、范好和一帮工匠被关进锦衣卫诏狱杖责，并且还要赔偿厂房损失。

另一场火灾中的内官，可不是关押追偿这么简单了，而是直接断送了性命。正统七年正月，南京皇宫的西安门内失火，火势凶猛，烧毁了廊房六十多间，所储存的物料器皿七十二万五千五百件以及钱粮账簿、军士衣服盔甲等物全部化为灰烬。第一责任人南京尚膳监内使郭敬被治罪诛杀。实录没有交代火灾的原因，但是以尚膳监内使被诛杀来看，应该又是一起内官生火做饭不慎导致的火灾。

正统七年二月，尚膳监内使王彰、章叁等人也不知道是嘴馋还是怎的，竟然盗用监内花椒果蔬，事发，二人被戴枷在光禄寺门口示众。

正统八年九月，清平伯吴英、宦官吴亮、范弘、金英、阮让等人私自在南海子放牧，强夺百姓的草料，被锦衣卫侦之，皇帝和王振将他们五人全部下锦衣卫诏狱监禁。一个勋贵和四名太监，就因为强夺了老百姓一点草料就被下狱治罪，足可见英宗和王振治宦之严。要知道范弘和金英在宣德朝就已经担任了司礼监太监，并且被宣宗赐给了免死诏。

面对权贵宦官等人屡屡触犯法令的情况，在王振主张下，朝廷颁布了两道敕谕。其中一道是给宦官、内使等人，再次严禁内官、内使与外廷衙门私自交结、透露内廷机密；或假借公务营私舞弊、徇私枉法等不法之事。并且告诫他们，既往不咎，如果今后再有触犯，必然按照祖宗法度，严厉治罪，不再宽容。

事实证明，王振和英宗是这么说的，也是这么做的。正统九年十二月，景陵神宫监右少监阮菊因为擅自砍伐陵树百余株被诛杀。

正统十年十一月，火者董留乞、栾通收人贿赂，将受贿人冒认为自己的义子，从而使其人假充为勇士营士兵。法司拟治以绞刑，可以役赎刑。英宗和王振不允赎刑，将董、栾二人处斩。

正统十一年五月，内官云保山、黄义擅自役使军士，在清河开窑取土，被下狱治罪。

六月，内使陆恺开了宝藏库大锁，欲盗取库藏，结果被诛杀在西市。

一桩桩案件表明，跟我们传统认知不同。王振虽然是宦官，在他治下，那些宦官可不是无法无天的，在严法打击之下，很多宦官战战兢兢，夹起尾巴做人。

震慑勋贵

在勋贵外戚面前，王振也并不落下风。宣宗留给英宗朱祁镇的五名顾命大臣之中，地位最尊崇的就是英国公张辅。这位老将建功安南，又协助宣德帝平定汉王朱高煦之乱。对这位功勋卓著的勋贵，王振表面上示以尊重，告诫自己的侄子一定要敬重于他。但对于宦官喜宁明里暗里挑衅张辅家族的行为，却置之不理，可以想见，王振也想打压张辅，从而实现震慑勋贵的目的。

对于驸马都尉，王振可是借助一些小事“小题大做”，故意整治他们。正统九年七月，驸马都尉石璟被下锦衣卫诏狱，理由很奇葩。就是因为石驸马府中的阉人吕宝偷盗，被驸马发现，一顿臭骂。骂人的话当然不可能好听，无外乎是什么阉贼之类的话。史书上说王振听了这话，觉得物伤其类，因此生气治了石驸马的罪。其实，王振的目的也是通过此，告诫那些瞧不起宦官阉人的权贵，宦官们的时代已经来临了，不要小瞧任何阉宦背后的王大太监！

通过这些明里暗里的打压，勋贵们各个都知道了王太监的厉害，大家一口一个“翁父”“国老”地叫着，其实心里明镜似的：小皇帝朱祁镇不好惹，王振杀伐果断，就是小皇帝手中的一杆枪，敬重王振就是服从皇权，总没有亏吃！

当然，王振可不是只会铁血杀戮的莽夫，他也会拉拢朝臣协助自己。吏科给事中张睿因为当道给王振下跪，被他表奏英宗，授予户部侍郎一职，从正七品到正三品，连升八级，这个下跪还真值了。

其实王振又何尝不明白张睿是谄媚小人，给他升职，无非是向群臣表明一个态度，顺从王振的人就是顺从皇权，为皇帝所用之人，就能得到高官美职。

在这种示范效应之下，很多官员纷纷来拍王振马屁。结好王振的官员当中，当然也有很多是干吏能员。比如石璞，他曾经担任江西按察使，处理案件公正严明，地方妇孺都知道石廉使大名。不久，石璞因为政绩卓著，升迁为山西布政使。

王振老家在山西蔚州，他有一次回乡省亲，石璞抓住机会，极力讨好奉承王太监。王太监马屁被拍得舒服，一高兴，回朝后，在英宗小皇帝面前荐举，石璞被升任为工部尚书。

王振对很多有才干的文官也是发自内心的推荐。比如前面我们讲的薛瑄薛老夫子，被王振引荐，而且王振想主动结好薛老夫子，只不过薛老夫子“不解风情”，一副冷面孔拒绝，从而导致差点人头落地。当然最后一刻，老夫子保得项上人头，跟王振对他发自内心的崇敬也是分不开的。

吏部尚书魏骥为官坚持原则，维持大体，因为他卓越的办事能力，被王振所赏识，以“先生”称呼他。要知道，在满朝文武战战兢兢，甚至见之都要下跪的情况下，王振独能对魏骥如此敬重，也让人称奇。

耿九畴在做盐运司同知时，改革弊政，两淮盐政在他治理下，卓有成效。后来，耿九畴因母亲离世要离职丁忧，数千名百姓来到京城乞求皇帝挽留耿九畴继续任职盐政。王振跟英宗说：“此人廉洁耿介，众所周知。可以同意挽留他继续任职。”英宗同意了众人所请，复起用他为盐使司都转运使。

王文在英宗朝担任右都御史期间，巡察延绥、宁夏时，弹劾处置不法的武官王祯、黄真等人的罪行，边境吏治得以澄清。王文在陕西镇守五年期间，地方上安定不乱。他虽然以阿附王振为世人不齿，但是却不能否定他的能臣之才。

治理江南的名臣周忱跟王振也有交结。当时朝廷正在修缮宫殿，需要一万多斤牛胶，于是下令江南当地立刻筹集。巡抚江南的周忱因为公事要进京，途中巧遇传旨江南的使者。使者请周忱立刻返回江南，置办牛胶。周忱心知肚明，此时再回江南置办必然耽误时日，而且会给江南地方造成骚扰。

周忱来到京城，求见王振，跟他说：“京城库房中储藏的牛皮已有多年，其中多半腐朽，不如清理出来煮炼牛胶，等下官回到江南，立刻再买新牛皮归还府库。”就京城库房来说是以旧换新，而就周忱而言是节省时间，节约人力物力，可谓一举两得。周忱的办事能力得到了王振的赏识。从此周忱向朝廷的奏请无所不允，这后面当然都离不开王振的相助。

当然，周忱也大力讨好王振，以便自己能在江南大展拳脚，有一番作为，毕竟，朝中有人好办事嘛。周忱听说王振正在修建一座府邸，便用重金买通了王振身边的一个小宦官，得知了新府邸的尺寸。然后，周忱让松江府连夜赶制地毯，等到府邸竣工，地毯也完工了。然后派人将地毯送给王振，作为新宅落成的贺礼。地毯往新府邸里面一铺，跟长在里面一样，尺寸分毫不差，乐得王振拍手称赞。

在朝廷征伐麓川时，周忱及时供应钱粮，确保了最终的胜利，这也让王振非常满意。

可以说，王振和周忱的关系，很像后来万历朝张居正和冯保的关系，能臣加太监，这种内外结合不一定都是坏事。

针砭时弊

讲了这么久，王振其人对正统初年的政治清明到底起到了什么作用？先看明英宗朱祁镇的一道即位诏书，其中提到：先帝宣宗派往各地采办各种绸缎布匹以及纸札、铸造铜钱、烧造瓷器、铸炼铜铁、烧造器皿、买办物料等事全部停止，以上诸事外派人员全部回京，违者治罪。今后非奉朝廷明令，内外官员人等一律不许擅自骚扰百姓，违者治罪。各处捕鹰、捉拿鸟兽和采办虫鱼花草果木之类，只要即位诏书一到，全部停止。内官监等宦官衙门采办树草等物件一律停止，外出买办、采办、造办内外官员，如果有私自占有官民田地和建造房屋，或者役使军民为自己做私活者，诏书到达之日起，官民田地归还原主，私建房屋没收入官，被私自役使者各归本业，如果有违反者，治以重罪。

这道即位诏书并不是泛泛之谈，它正是朱祁镇、王振君臣意识到了宣德年间以来的诸多弊政，开出的一道针砭时弊的良药。

宣德帝朱瞻基是才情之帝，为了满足私欲，派宦官等人外出采办，造成了地方上的极大骚扰。王振正是针对此弊端，严令禁止宦官人等外出采办，避免了再度骚扰地方，民间也得以休养生息。

“三杨”内阁的治国理政方法不离窠臼，延续仁宣政治显然也不能适合新形势的发展。正是在王振的辅佐下，英宗朱祁镇针对因循守旧之风，欲有一番振作，开展了大力整治。

而放眼当时的群臣，“三杨”、胡濙、张辅等重臣已然老迈，他们思想上的因循守旧也无法承担改革重任。英宗放手支持王振改革时弊，也取得了一些成效。

惩治因循守旧的朝臣，严厉约束不法宦官，力主出兵麓川，任用治国能臣干吏，可以说，在英宗和王振的锐意进取之下，大明帝国重新焕发了生机，在正统朝有了振作气息。

平定民乱

别的不说，在正统末期东南邓茂七、叶宗留、黄萧养起事，东南浙江、福建、两广震动，半个东南陷入了战火之中。（此事我们后文还要详细介绍）

这三人起事造反，原因各不相同，却不能简单地以农民起义视之。起事民军中，鱼龙混杂，夹杂了土匪、强盗、流氓等亡命之徒。起事者更像汪洋大盗，所过之处，百姓被杀戮，财产被抢劫，东南经济受到了极大打击。

面对严峻局势，朝廷官员应对不利，造成了局势进一步恶化。很典型的，如巡按御史柳华、柴文显、汪澄三人都因为在平定民乱过程中或昏聩无能或贪生怕死，最终导致了官军失利。

王振对柳华等三人的过错极为震怒，请示英宗皇帝，将三人处以斩首极刑，以儆效尤。正是在这种杀伐果断的严厉作风高压下，内外官员引以为戒，齐心协力，最终将三处民乱一一平定。

平定东南三处起事都是在正统十四年春夏间。这个时间节点可真的很悬，因为就在八月间发生了震惊中外的“土木堡之变”。

想一下就让人后怕，如果不是东南平定，明朝就要泥足深陷，腾不出手来全力对付北方瓦剌的威胁了。

而东南方民乱的平定，从某种程度上来说，离不开王振的严厉措施。

无限荣光

可以说，英宗皇帝对王振是极其信任和尊重的。在英宗眼中，王振可不是普通的一个奴仆，他每每以“先生”称呼王振以示尊重。

正统十一年正月，英宗赠给王振及各宫太监白金、彩币等财物，并命王振侄子王林为锦衣卫千户，世袭指挥佥事。不仅如此，朱祁镇还向天下发布敕文大力称赞王振。敕文中提到，王振前后二十年间兢兢业业辅佐侍奉历代皇帝，忠心耿耿，对朝廷政治贡献良多。这种高度评价也昭示着王振在英宗心目中无可替代的地位。

王振的权势和声望也在这一刻达到了顶峰，照此发展下去，王振很可能会荣光一生，最后混个光荣退休。只不过历史的进程谁也说不清楚，谁也预料不到四年之后，王振和他忠心守护的大明王朝将遇到一场塌天大祸！在讲“土木堡之变”之前，我们再来说说王振的三个故事吧。

招黑体质

关于王振，身上谜团实在太多，其实很多是人为制造的，故意造成混乱，混淆视听，以达到抹黑“明代四大权宦”之首的目的。

例如谷应泰在《明史纪事本末》中记载的这则故事：正统六年十月，北京紫禁城奉天、华盖、谨身三大殿落成完工。英宗皇帝为了表示庆祝，大宴群臣。按照惯例，宦官虽然尊崇，但是不能参加皇宫盛宴。英宗看不到他的“王先生”，总觉得缺了点什么。他又担心王振不能参会，心中会有失落或者生气，于是派人看看王振此刻在干什么。

果然，王振很不开心，正在大发脾气：“我有周公辅成王的功绩，为何不能去筵席坐一下？”

老师生气了，学生自然坐不住了。朱祁镇连忙派人打开东华门大门，请王振由此进入。文武官员郑重列队欢迎。王振还对他们不理不睬，昂首挺胸，旁若无人地大摇大摆进入。

很可惜，这个故事漏洞太多。

首先，宦官在洪武朝就可以参与朝班，下朝后会被赏赐茶饭，和文武官员一起进食。朝廷典礼，司礼监一般要侍立在皇帝身旁，怎么在谷应泰先生这里就成了按照惯例，宦官不能参加皇宫筵席了呢？

其次，王振再狂妄，他岂敢自比周公。要知道，王莽、曹操这种权臣都不敢轻易比拟周公，一个宦官，即使权势再大，敢于说出这种狂言？如果他真说了，英宗还能信任他？

最后，王振不与席事，不见诸实录正史，反而是私人史乘。若王振有如此骄狂之事，文人士大夫们何不在实录中大书特书，让其遗臭万年？要知道，《明英宗实录》中关于王振的黑段子可真不少，尤其是土木堡那段，简直就是王振的罪行全记录。若王振争席真有其事，文人必然捕风捉影，不肯放过如此一个好好控诉王振的机会。

第二个故事，张太皇太后诛杀王振未遂事件。

英宗以冲龄即位，宣宗曾有遗诏，要求国家重要事务必要禀奏张太后。英宗朝，张太后升级为太皇太后，女主秉政，免不了要通过宦官们传达政事于外廷。王振呢，因为办事能力超群，与张太皇太后接触较多。

成弘年代的何孟春就在他的《余冬序录》中记录了一件关于张太皇太后和王振的故事：说是有一天，张太皇太后突然召集了英国公张辅、杨士奇、杨荣、杨溥、胡濙五人到便殿议事。五人来到后，见英宗皇帝侍立在张太皇太后身边。张太皇太后嘱咐小皇帝：“这五位大臣都是先帝安排辅佐你的。你有任何事情都要跟他们商议，如果不是他们赞成的，断不可行。”英宗点头应诺。

随后，王振也被宣召进入便殿。张太皇太后脸色突然由晴转阴，怒斥王振：“你侍奉皇帝起居多有不法，今天应当赐你死罪！”话音未落，两旁女官拔刀出鞘，压在了王振脖颈之上。

眼看王振人头不保，朱祁镇大惊失色，连忙跪地为其求情。五大臣见此情况，一起跪下附和皇帝乞求张太皇太后刀下留人。

张太皇太后说："皇帝年幼，不知道这种人会祸害国家。既然大家都求情，我就暂且留他一命。但是今后不准他再干预国事！"

何孟春像极了一位宫斗剧的编剧，这个故事剧情跌宕起伏，令人发出一声叹息。只可惜，故事虽然精彩，却不是真实历史。

读者各君仔细思考一番，就会发现其中破绽。

其一，如果张太皇太后有意要杀王振，何必要把英宗小皇帝请来，既然知道皇帝跟他情深意重，必然会为他求情，还请他来给王振留一条活路？

其二，如果张太皇太后不是真心杀王振，只是吓唬他一下，达到震慑的目的，为何不将他从司礼监赶走，而是明知道他是祸害的情况下，还留他在司礼监继续掌权？

其三，张太皇太后释放王振的条件是，王振从此不许干政。这就很奇怪了，司礼监参政是从洪武朝就开始的事情，祖宗旧法，就凭她一介女流一句话就推翻啦？更何况，透过史籍，张太皇太后对王振的能力是赏识的，她对王振的忠心是看在眼里的。更何况，以往年份里，王振往来张太皇太后和外廷官员之间，也没见张太皇太后对其有什么不满之处，怎么就突然发难，要处死他？

其四，若真有此事，杨荣、杨士奇等人的墓志和笔记为何不予记载？张太皇太后确实召见过三杨等大臣，不过那还是宣德朝，这件事情也被杨士奇郑重其事地记载在了他的文集《东里别集》当中，这也是张太皇太后唯一一次召见外臣。

更何况，若张太皇太后真的有杀王振之意，作为王振罪行总汇的《明英宗实录》早就大书特书，让后世广为流传了。

可见，这个故事着实反应了文人们的阿 Q 心理，若是当初张太皇太后杀了王振，除了这个祸害，也许就不会有“土木堡之变”了。只可惜，如此精彩的故事，只是后世文人的臆想而已。

第三个故事，王佑认王振为干爹之事。

王振专权，文武官员对其阿谀奉承，各种令人作呕的手段无所不用其极。这一日，工部侍郎王佑遇到了王振。王振见他帅气，又无胡须，就好奇地问他为何不长胡子。王佑一脸谄媚，笑着回答：“老爷您没有的东西，儿子怎么敢有？”好一副令人作呕的场景。认宦官为爹，王佑的“子曰诗云”、锦绣文章都读到狗肚子里去啦？

这个故事被堂而皇之地记载到了史籍之中，只可惜，细细分析，又发现问题不少。

其一，王佑当时已经五十多岁，跟王振年龄相差无几，此人若是如此厚颜无耻，为何之前的仕途不能平步青云，而是颇多坎坷？

其二，王佑早年在广西治绩斐然，其人不似只会谄媚之人。

其三，王佑若是真的称呼王振为爹，当不至于在大庭广众之下。要知道，当时不是魏忠贤时代，文官公然认太监为爹之事为大部分人所不齿。这种事情必然是在隐秘场合，若此，则不会有第三人在场，那这一番对话又是如何被人记载下来的？

事情的真相很可能是这样：王佑升官出自王振的传旨，不是通过吏部举荐，王佑也确实有谄媚王振之举，大家自然就会联想到他是一个无耻之人，编排出认爹这样的故事来恶心王佑，顺便再给王振添加一段黑材料。

话说回来，文人或者文臣集团编造这些王振的黑段子，以及以薛瑄、李时勉等为代表的名士对王振不合作态度的事例，其中一个重要目的就是要打压王振势力。

文官集团对王振势力的崛起深以为耻，这也是大明王朝自开创以来出现的第一个权力如此之大的太监。外廷文官集团一方面引经据典，举出历史上的成例，将王振先天定性为邪恶，并以此为基础，在道德和政治两个层面进行打压；另一方面，有些官员为了自己仕途需要，又不得不对皇权代理人的王振讨好，以求明达。而王振这方面，对于自己与外廷文官集团的冲突采取了姑息任之和严厉打压相结合的策略。一方面，王振对于直接侵犯自身尊严和地位的行为，坚决予以镇压；另一方面，他又不断与外廷寻求合作，以便于能稳定局势。

总体来看，王振这种与外廷官员政治上的较量和思想上的冲突，是基于外廷对儒家礼仪下宦官集团的整体排斥，也是王振在正统初期由于面对特殊的权力交接与外廷文官集团的对弈。

王振进行的朝政改革主要集中在政治领域，虽然取得了一定成绩，但是总体来看，对于整个大明王朝国势的发展影响有限。首先，王振由于其宦官的特殊身份，作为大明王朝建立以来第一位专权的大太监身份受到了文官集团的大力抵制；其次，他实行的改革措施损害了文官集团的利益，甚至得罪了宦官集团中一部分人，所以他树敌过多，阻力过大，改革的效果有限。最后，明朝自从永乐末期以来的各种社会弊端积重难返，并非明英宗和王振所能改变的。更何况，在正统初年，英宗和王振君臣也有一些失误导致了国家形势的不断恶化。

盛世隐忧和东南变乱

纳米赎罪制度

明史上有“仁宣之治”的说法，而且还将正统初年看作是仁宣之治的延续，从总体来看，这种说法似乎没有问题。但是，盛世之下，依然存在巨大的隐忧。自宣德年间到正统年间，社会生活各方面出现了一些重大问题。

首先，纳米赎罪导致了吏治腐败。纳米赎罪是指除了杀人、反叛和强盗等重大罪犯之外的一般罪犯在判决之后，明朝政府允许他们按照规定的额度，将粮米运到边关或者北面边疆等指定的地方，以此来减轻对罪犯的处罚，目的也在于一定程度上舒缓南粮北运带来的压力和粮食告急问题。

此项制度开始于洪武年间，到了永乐时期，纳米赎罪的目的地主要是北京和北面边疆地区。永乐大帝朱棣规定除了十恶之罪和杀伤人命、强盗等大罪不许纳米赎罪外，其他杂犯死罪允许输纳粮米六十石到北京，而相当于充军罪的流罪可以输纳粮米四十石，其他罪犯依照罪行从重到轻，可以输纳不同数量的粮米来赎罪。只要输纳的粮米完成，官府就会释放罪犯了事。

这种规定为有权有钱的特殊阶层逃脱律法制裁大开绿灯，而那些无权无钱的罪犯却只能接受法律惩罚。与此同时，还有输作赎罪，换句话说，就相当于今天的劳动改造。

对于这些规定，出于经济利益的考虑，朱瞻基在登基之后推广了有损于司法公正和严肃性的纳米赎罪法。他特意制定《纳米赎罪例》，这项条例确定了就近纳米输粮的制度，短时期内解决了边疆各地粮食缺乏的问题。

不过，从长期影响来看，纳米赎罪对于明朝的政治和司法方面的影响近似于饮鸩止渴。富人们犯罪违法，只需要花点钱就能赎罪。而权贵们一旦犯法，也可以通过花钱来继续当官，只要他犯的不是谋反或者贪污等大罪。那些被判罚纳米赎罪的官员为了缴纳粮米，有时候也往往铤而走险，成为地道的贪污犯。

所以宣德一朝官员腐败现象渐渐增多，从明初朱元璋煞费苦心才建立的清明吏治自此开始走向了败坏的深渊。

流民聚集乱象

其次，明初的流民问题并不严重，到了宣德朝，流民问题初现端倪，到了宣德后期已经成为一个严重的社会问题。

而到了正统朝，流民问题不但没有缓解，反而变得更加严重了。首先，王公贵族和皇亲国戚奏讨和夺取官民田地的事情时有发生。英宗君臣对此现象没有引起足够重视，不但没有禁止，还采取了姑息的态度。宣德十年三月，小皇帝朱祁镇赐给了永和王朱济烺交城和祁县地八十八顷，作为放牧草场。同月，朱祁镇又答应了宁化王朱济焕的请求，把山西太原县古城田地六十多顷赐给了他。正统十二年（1447）二月，御用监太监喜宁奏讨河间府青县地四百多顷，朱祁镇有些为难，经过一番斟酌考虑，最终答应了给予喜宁七十九顷。

这种向皇帝奏讨田地的做法，好歹还是有些合法性。有些宗室贵胄干脆像强盗一样直接抢夺官民的田地。正统二年四月，监察御史李彝等人发现南京的宦官和外戚共霸占了田地六万两千三百多亩，房屋达到了惊人的一千二百二十八间！朱祁镇的姑姑宁国大长公主为了营建坟墓，占了官民田地一百八十七亩，社会上一片哗然。朱祁镇对于姑姑不予追究，下令免去被占田地的租税，这等于变相承认了皇姑占地的合理性。

权贵以各种方式大规模兼并土地，而自耕农占有的田地和产业在逐渐减少，但是赋税和徭役负担却越来越重。徭役过重，赋税不均，普通百姓无法生存下去，只好抛家弃业流落他乡。没有逃走的还要代替逃走的缴纳钱粮，这些人也待不下去了，只好也选择了逃亡他乡。

权贵兼并土地，百姓徭役负担越来越重，这是自耕农破产流亡的主要原因，这是人祸。而正统年间华北、西北和山东地区频繁的自然灾害，又使得普通百姓的生计更加艰辛，这是造成此时流民大规模出现的自然因素。

一般从太阳黑子活动来看，在其活动频繁的年份，地球上的自然灾害就特别多。正统十四年间共有六次太阳黑子出没的记载，而在此之前，洪武三十一年间只有两次记载，永乐二十二年间则没有出现过，洪熙和宣德十一年间有三次记载。换句话说，在明初近八十年历史中，正统朝是太阳黑子出没最多的朝代，也是极端寒冷气候和灾害事件最为频繁的年份。

正统年间，各地水旱灾害、蝗灾、大雨雹灾害等特别多，从大江南北到黄河流域，大明王朝几乎没有几处地方是太平无灾的。特别是河南、山东、陕西和山西四省，灾情尤其严重。朱祁镇虽然派出巡抚和巡按等官员到地方巡察，赈济灾民，但是毕竟杯水车薪，依然有很多自耕农和佃农在自然灾害打击下破产，沦为了四处流浪的流民。

本来，大明王朝建立之初，朱元璋通过迁徙富民和抑制豪强以及鼓励流民开垦无主荒地成为自己产业等措施，建立起自耕农占据人口大多数的农业结构，这是一种社会经济稳定的基础。在洪武三十年（1397），全国占有田地七顷以上的富户只有一万四千二百四十一户，他们所占土地仅仅为全国田地总数的八十分之一，大地主户仅仅是全国户数的七百四十八分之一，可见自耕农占据了绝对数量优势。但是自耕农的经济基础确实十分薄弱。当大地主和勋贵开始加速兼并土地时，赋役负担极其不平均，各种弊政出现，加上连年不断的天灾，必然造成自耕农的破产，使得他们与土地脱离。破产的农民为了谋生，只好变成流动四方乞食或者垦田的流民。明英宗正统年间，是流民聚集发展的重要时期，就连天子脚下，首善之区的北京城内都聚集了大量流民乞丐。在正统四年寒冬腊月的一个风雪交加的夜晚，因为连日寒冷，流民无处藏身，被冻死者比比皆是。

面对大规模流民聚集，朱祁镇的应对措施还是得体的，他采取了以抚恤为主的对策，没有过分激化流民和政府的对立情绪。而以于谦为代表的地方巡抚官员也只能尽量安抚和防范，才使得流民没有酿成大乱。

除此之外，从永乐末期到正统时期，明帝国北面边防也出现了很多严重问题，这些我们在下一章再详细讲述。

东南三省叛乱

正统年间一系列社会矛盾严重积累，最终酿成了东南三省的一系列动乱。这首先要从大明王朝的货币说起。

明初统治者规定，在民间交易中禁止使用金银作为交换媒介，因此那时候的金银矿业开采并不是很发达。到了仁宣时期，国家安定，生活经济十分繁荣，商品流通也随之日益发展，尤其是国内大宗交易和海外贸易的发达，使得金银逐渐取得了法定货币的地位，成了当时流通常用的货币，大有取代法定货币“大明宝钞”的势头。

明英宗正统年间在开采金银矿禁令方面却贸易房卡爱，而是通过官方专控不断加以强化，并增大了对金银矿的索取。这种索取造成了地方上的一定动荡。朱祁镇在即位之初，接受了大臣们的建议，下令不再开矿，百姓得以安生。不过，这并没有从根本上杜绝民间私自从事开矿的趋势。因此，朱祁镇重申祖宗在严厉矿禁的同时，不断加重对私自盗矿者的处罚和打击。

正统五年（1440）九月，朱祁镇下令，对于闽浙地区聚众私自开银矿者为首的处死，从众的连同本人和家人一起发配云南充军。随即他下令划定封禁山区，派遣军队驻守，当时福建和浙江、江西三省交界的仙霞岭就是最为重要的禁区之一。

即使法令如此严厉，民间私自盗挖金银矿的行为还是不能杜绝。随着赋税征收中金花银通行天下，原先流通的银子变得不敷使用了。因此，大臣们纷纷上疏，请求放开矿禁。朱祁镇顺水推舟，答应了放开矿禁的请求。

矿禁放开，必然引来大批矿工和流民到闽浙地区进行采矿生产和生活，因此该地区矿工和流民聚集得越来越多。矿业生产艰难，流民和矿工大批量聚集，这时候只要有人振臂一呼，必然要出大事。这个振臂一呼的人出现了，他就是叶宗留。

叶宗留，本是浙江庆元人，因为家庭贫困而从事盗挖银矿之事。在正统七年十二月，浙江丽水县陈善恭、叶宗留等两千多人到福建宝峰场银矿来盗采，因为和另一个盗矿首领叶子长发生了利益冲突，事情有激化的趋势。这些被锦衣卫校尉陈以节得知后上报了朝廷。朱祁镇下令浙江福建地方官员相机进剿。但是闽北和浙南一带高山峻岭，地形险要，这些聚众闹事的盗矿者出没无常，难以寻觅。另外盗矿者不止一股人马，福建的流民和矿工就多达一万多人。因此官府一时间拿他们没有办法。

到了正统九年，朝廷下令重新开银矿，叶宗留等人在少阳矿坑聚众挖掘，一连几个月因为所得微乎其微，而被迫放弃。之后，叶宗留又到了云山各矿场去挖掘，还是没有什么收获，只好回到了老家庆元。他听说闽北政和县有银矿，于是立刻召集人去挖掘，但是依然是徒劳无功。到了正统十二年九月，被逼到了绝路的矿工们在叶宗留的带领下起事，他们一举攻占了政和县城。为了壮大队伍，叶宗留到了老家庆元，召集来了千余人加入，还聘请了龙泉良葛山人叶七为武术总教头，训练手下队伍的武艺。不久，这支队伍乘胜攻克建阳、建宁和温州车盘岭等地，将福建、浙江和江西三省交界处控制在手中。叶宗留自称大王，他派手下人带着檄文流劫金华、崇安、武义和铅山等县城。

半年之后，也就是正统十三年四月，福建沙县的邓茂七又起事了，东南震动。朝廷派出左军都督府左都督刘聚和都察院右佥都御史张锴等人赶到南京，选拔官军，“剿灭”福建的叛乱者。当明朝大军经过浙江的时候，遭到了叶宗留民军的阻击。张锴带领的明军在广信逗留，不敢继续前进。这时候福建地方官不断派人催促张锴带兵到福建平乱，而浙江的地方官则请张锴就地“剿灭”叶宗留。当时在江西巡视的御史韩雍也对张锴说：“叶宗留近在咫尺，是门庭大寇，应该尽快剿灭，而不必拘泥于朝廷之前的指令。”

张锴听了这话，举棋不定。在他不知道何去何从的时候，部下有个叫作戴礼的指挥毛遂自荐，愿意带领人马“剿灭”叶宗留。张锴就给了他五百士兵，让他带领剿寇。当时担任副总兵官的都督陈荣建议张锴如果只派一个部将平乱，朝廷如果知道必然怪罪。张锴听到了这话，恍然大悟，连忙让陈荣带领两千人马和戴礼一起前往征伐叶宗留。

戴礼等人行军到了黄柏铺，正好遭遇到了叶宗留的队伍。两方就此展开了激战，双方伤亡相当。叶宗留在战斗中被流箭射中而死。他的部下退军，又拥戴了叶希八为首领，在车盘岭大肆洗劫了一番，然后意图夺回浦城。陈荣和戴礼带兵搜山，打算将民军一网打尽。

没有想到，官军对地形不熟，到了玉山十二都遭到了民军埋伏，陈荣和戴礼都死于民军之手。张锴得到败报不敢再停留在浙江，他带兵进入福建，和朝廷派出的刘得新带领的另一路大军会合，取道赶往建宁。

叶宗留战死后，他部下分为两支：一支由叶希八带领，一支由陈鉴胡带领，在浙、闽、赣三省交界活跃，声势十分浩大，发展到了几万人。他们与福建邓茂七民军相互呼应，明军陷入了两线作战的窘境，疲于奔命。

陈鉴胡所部进入浙江，攻破了松阳和龙泉，然后在青田、武义和义乌、东阳等地打劫，陈鉴胡自称“太平国王”，改元泰定元年。

明朝方面，丽水县丞丁宁派人来诱降陈鉴胡，答应给予他高官厚禄。陈鉴胡投降了官府，但是朝廷随即翻脸不认账，将他关押到了北京的锦衣卫监狱。官府将他千刀万剐，肉被割下来喂狗，足可见朝廷对其恨之入骨。

叶希八所部占据了云和山之后，和官军对抗了几个月，然后采用流动作战，进攻浙江处州、金华、衢州和江西的广信、上饶和永丰等地。正统十四年三月，民军攻破永丰县城，杀死了不肯投降的知县邓颙。

朱祁镇得报后龙颜大怒，催令张锴带兵从福建赶到浙江，官军在处州地界和民军展开了厮杀，双方互有伤亡，最终民军因为粮饷断绝而被迫投降了朝廷。至此，浙江民军终于被明军所平定。不过这已经是景泰元年（1450）“土木堡之变”后的事情了。

在叶宗留起事的第二年，也就是正统十三年四月，福建爆发了邓茂七领导的民军起事。

邓茂七其人乃是江西建昌人，他是佃农出身，他本名邓云，为人豪侠。他因为杀人逃命到了福建宁化县，依附于豪民陈正景，为了防止官府认出来，改名为邓茂七。邓茂七不是良善之辈，也不甘于平平淡淡，他经常聚众集会，远近之人多来依附投靠。

到了正统十二年，御史柳华到了福建巡按，他传檄要求福建各州县加强治安，命令编乡民为什伍，邓茂七和其弟邓茂八被编为总甲，控制了一部分乡兵力量。当然朝廷的初衷是组织地主武装协助官军来围剿矿盗。

正统十三年四月，邓茂七振臂一呼带领众人起事。县衙派出镇压的官兵全部被民军所杀。邓茂七杀白马，与部众歃血为盟，正式起兵造反。附近各地流民纷纷响应，聚众一万多人，邓茂七自称“闽王”。

邓茂七的队伍攻克邵武、顺昌，势头十分生猛。这时候，尤溪的蒋福成得知了邓茂七民军不断取胜的消息，就召集贫民来响应，攻克了尤溪县城。不久，他们与邓茂七民军会师，一起攻下了沙县县城，在延平劫掠。邓茂七自称“铲平王”，建立了自己的官署，东南震动。

当时巡按福建的御史丁宣派遣了同知邓洪带兵两千，赶到沙县去消灭民军。但是没有想到，官军有去无回，全军覆灭。丁宣只好改变了策略，派出使者到民军队伍中去招抚，对他们许诺，只要他们自行解散，人人都可以免死。邓茂七下令杀死了使者，随即带兵在延平城再次大败官军。

朱祁镇得知败报大吃一惊，他派出刘聚、陈荣、张锴等人南下“进剿”

由于张锴的明军主力在浙江遭到了叶宗留民军的阻拦，邓茂七在福建乘机大肆发展势力。邓茂七亲自带领主力攻打建宁，却遭到了知府张瑛等人的殊死抵抗，结果只好放弃建宁。

为了彻底平定福建的叛乱，朱祁镇在正统十三年十一月，派出了宁阳侯陈懋担任总兵官，太监曹吉祥和王瑾提督神机铳炮，带兵五万剿灭福建民军。

陈懋的大军还没有到达福建，张锴在浙江已经“剿灭”了叶宗留部，这样他就能抽出手专门对付福建民军了。张锴首先诱降了邓茂七手下黄琴等三十多人，随后防守沙县等地的民军将领罗汝先等也投降了官府。正统十四年二月，张繇孙和罗汝先献计，引诱邓茂七进攻延平，然后让张锴在周围布设下官兵埋伏。可惜邓茂七对此一无所知，进入了官军的圈套，经过一番激战，邓茂七被杀。

这时候，陈懋的大部队也开到了福建。这样一来，面对优势官军，民军败局已定。不过邓茂七侄子邓伯孙和妻子廖氏不甘心失败，他们带领残部进入山中继续坚持抵抗。后来因为邓伯孙误杀猛将张留孙，终于导致了人心离散，纷纷归降官府。之后，邓伯孙战败被杀，福建民军起事至此也全部被平定。

叶宗留和邓茂七分别在浙江、福建起事之时，广东又爆发了黄萧养领导的民军起事。

黄萧养是广州南海县人，他本是一名大盗，被当地政府逮捕关押在广州的监狱，与他一起被关押的盗贼有几百人之多。他们在监狱联合起来，贿赂了狱卒，同监狱外的同伙取得了联系，然后将刀斧等武器暗中运到了监狱之中。

正统十三年九月，在监狱外同伙接应下，黄萧养和其他被关押的同伙一起成功越狱，并且攻入了广州武器库夺取了大量武器。黄萧养起事之后，队伍迅速发展到一万多人。到了第二年六月，民军分水陆两路围攻广州城，他们用自制的云梯和吕公车冲击城门。镇守广东的安乡伯张安连忙派出水军前来镇压，民军大败官军，安乡伯张安也落水淹死。

都指挥王清从高州带领水师前来救援，到了广州沙角尾，因为水浅而搁浅。民军装扮成了逃难的百姓，然后乘坐满载鱼盐等物的小船，迎面向着官军划了过去。王清问他们黄萧养在哪里，还没有等话说完，民军的伏兵从小船上的柴薪中突然杀出，然后跳上了王清的大船，杀死了官军，然后活捉了王清。

官军经过此败，只好死守广州城，也不敢出战。在城头上远远望去，只见围城的民军各个手持刀枪，一副凶神恶煞的模样。官军竟然被吓得相顾而哭泣，魂不守舍，足可见官军士气之低落。而这时候的民军队伍已经发展到了十多万人，黄萧养乘机建立政权，自称“广阳王”，以南汉政权离宫为行宫，大肆封赏官员一百多人。

参加黄萧养队伍的有不少是水乡少数民族疍家人。疍家是指常年生活在船上以捕鱼为生的民族。这些人社会地位极其低下，被官府视作贱民，不能登陆，还不能参加科举考试，没有享受教育的权利，却只有每年缴纳渔税的义务。在这种歧视政策和繁重的渔税下，疍家人的生活十分凄惨。男子在冬夏季节只能穿一裤襦，妇女每三年才能更换一条布裙。在黄萧养起兵之后，疍家的渔民纷纷加入了民军，帮着他们攻打广州城。这些人构成了黄萧养水军的主力。

不仅如此，广东的局势逐渐恶化。居住在山区的苗族和瑶族居民也参加了黄萧养的队伍。正统十三年十二月，瑶族人赵音旺自称“天贤将军”，带部众攻打电白县和泷水县等地，与汉人吴大甑在高要一带聚众一万多人，与黄萧养遥相呼应。

面对急剧发展的黄萧养民军势力，明朝政府感到力不从心。当时北方发生了震惊中外的“土木堡之变”，明王朝只好把军事重心放在北方，一时间难以顾及广东。一直到了景泰元年，明朝方面才派出了右佥都御史杨信民来广东巡察，全力解决黄萧养叛乱。

杨信民曾经担任过广东布政使，因为为官清廉，深得当地民心。他到了广东之后，对民军实施以招抚为主的策略，分化和瓦解对方。在招抚的同时，明朝方面派出都督同知董兴带领江西和两广一带的官军前去武力镇压民军。

官军主力到了广州，随即与民军开战。在一场激战之中，黄萧养身中流箭而亡，他手下被封官的一百多人也被杀掉。一直持续了三个月，景泰元年八月，黄萧养的父亲黄大纲等三十三人被押送北京，在西市被开刀问斩。至此，黄萧养民军也全部失败。

在镇压东南三省叛乱的过程中，明朝方面的一些将领和文官因为作战不利而被朱祁镇和王振下令惩处。也正是在严明军纪的前提下，官军才一鼓作气镇压了叛乱，给帝国军队全力对付北方的严峻形势提供了保障。

在东南三省掀起大规模民军叛乱时，广西和西南贵州、云南、四川等地的苗族、瑶族和壮族部众也相继发动了一系列武装暴动。最终在官军的全力镇压下，这些暴动才得以平息。不过明朝的部分军事力量也因此陷入南方战场，不能抽调到北方应付瓦剌人的攻势。

那么改变了明王朝历史走向的瓦剌人又是怎么一回事呢？让我们从头说起。

第三章

土木堡之变

朱元璋与北元之战

元顺帝出逃

事情还要从大明王朝的开国那年说起。朱元璋在南京建立大明王朝之后，他之前派出的徐达、常遇春带领的北伐大军进军十分迅速，以摧枯拉朽之势一路杀向了元帝国的统治中心——大都城。

洪武元年八月，元顺帝带着后妃、皇太子和左丞相失列门、平章政事臧家奴、中书右丞定住、参知政事哈海、翰林学士承旨李百家奴、知枢密院事哈剌章、知枢密院事王宏远等百余名官员开了健德门，一路狂奔，来到了上都开平。

明军追击元顺帝未果，只好作罢。元顺帝的逃亡标志着元朝对中原地区统治的终结，但是元政权并没有完全消亡。因为，辽阔的北方草原等地区仍然为元顺帝所控制，他来到上都开平，就是为了有朝一日，恢复元朝对中原的统治。

开平是元世祖忽必烈的即位之处，曾经做过元朝帝国的首都。元朝中统四年（1263）六月，忽必烈下诏将开平改称为“上都”。至元四年（1267），忽必烈迁都大都，将上都改为陪都，夏日时候来此避暑。

因为至正十八年（1358）十二月，宋政权关铎、潘诚等人带领红巾军攻破上都，在此烧杀抢掠长达七天，留下了一片废墟之后撤退。

元顺帝来到上都之后，面对的已经是一片荒凉景象。他回想到这些年因为自己的胡作非为导致了元帝国倾覆，再想想祖宗创业何等辉煌，自己作为黄金家族的一员，真的是愧对祖先。想到这里，元顺帝幡然悔悟，决定痛定思痛，卧薪尝胆，再一次打回大都，恢复对中原的统治。

元顺帝决定重新搭台，他对手下将领们进行了封赏：任命也先不花为中书省左丞相，封王保保为齐王和中书省右丞相，以纳哈出为辽阳行省左丞相，也速为梁王。元顺帝依然沿用大元国号，史称“北元”。

残元势力不容小觑

明朝虽然灭亡了元朝，但是残元实力仍然十分强大。谷应泰《明史纪事本末》第十卷记载当时的情形：“顺帝北出渔阳，旋舆大漠，整复故都，不失旧物，元亡而实未始亡耳。于时忽答一军驻云州，王保保一军驻沈儿塔，纳哈出一军驻金山，失喇罕一军驻西凉，引弓之士，不下百万众也，归附之部落，不下数千里也，资装铠仗，尚赖而用也，驼马牛羊，尚全而有也。”元顺帝带领政府要员成建制地撤出到漠北，他身边的禁卫军得以完整地保留下来，而且漠北蒙古上都等处依然驻守着大量战斗力惊人的镇戍部队。就拿洪武元年的政治态势来说，山西有王保保，陕西有李思齐，各自拥兵数十万；陕甘地区有张良弼、脱列伯等各自拥兵万人；辽阳行省还得以成建制地保存下来，也先不花、纳哈出、刘益各自拥重兵据守；梁王巴匝剌瓦尔密占据云南，效忠北元；各地元军有战斗力的军队不下百万之众。国际上，北元也有后盾，他们跟高丽国来往密切，就在洪武元年九月，退居上都的元顺帝还下诏征兵于高丽。洪武十年，北元的疆域依然广阔：东与高丽接壤，稍西则以浑河辽河为界与明辽东都司对峙，再西，在大宁、上都一线与明朝分界，正南方以阴山及河套以北为界，北元的疆域东至高丽，西至中亚地区，元朝旧有的岭北行省、辽阳行省全部和甘肃行省大部分依然掌握在北元手中，可以说跟元朝疆域相比，北、西、东三处基本保持了旧有疆域，只是南边丢失了中原汉地。

就是当时的世界形势，对明朝总体来说也不乐观。蒙古鼎盛时期建立的四大汗国，除了窝阔台汗国已经灭亡以外，其他三大汗国仍然存在。虽然从忽必烈时期，他们跟元朝本部之间，已经是一种名义的臣属关系，但是毕竟各汗国大汗跟元顺帝一样，他们身上都流淌着黄金家族的血液，理论上北元还有联络其他汗国对明朝一起反攻的可能性。这个事例，看看永乐初年的帖木儿帝国东征明朝就知道，那时候帖木儿大帝勾通蒙古各部，妄图一举征服明朝，多亏他死在了半路上，否则明朝免不了要遭受一场兵戎之灾。

元顺帝将残余的兵力集结在几个重要的军事据点上：东起大宁，西到上都，中间经过红罗山，北到全宁，这样就构成了一个尖山形或者三角形，这种军事部署还是比较高明的。

在接到大都城被北伐大军攻克的喜讯之后第三天，朱元璋下诏将大都改名为北平府，命徐达押送被俘虏的元朝官吏来到南京。朱元璋也在这一天启程前往汴梁，到了汴梁之后，他命令徐达在北平建置燕山等六卫。

朱元璋来到前线，目的就是要部署对残元势力的进攻。他命孙兴祖、华云龙统率三万人在北平防守，然后再命徐达、常遇春带领北伐主力军进兵山西。山西由元朝悍将王保保驻守，朱元璋知道这是一场硬仗，他又派出冯胜和杨璟协助徐达一起征讨，再加上从南方赶来的汤和，明军攻击山西的将领也算是豪华阵容了。

朱元璋布置停当，回到南京，发布了一篇《克复北平诏》。这是一篇重要的诏告文，表达了以下几层意思：首先，朱元璋宣布推翻了元帝国，从此天下太平，百姓可以安居乐业了；其次，新政权对天下百姓和各族人民一视同仁，只要是残元将领打算来投诚的，大明朝一律欢迎，只要是人才，新政权还要委以重任；再次，就是元顺帝和皇太子来投降，明朝也保证以最隆重的礼仪来迎接，当作上宾相待；最后，尽管元大都被攻克，残元负隅抵抗的势力新政权也将继续征讨，希望天下有志之士一起努力。

那么元顺帝在逃离大都之后，又是如何甩开了明军的追击呢？

声东击西的逃亡策略

元顺帝在逃亡过程中下令，分出一些随军携带的辎重车辆，由一部分元军携带着向北走古北口撤退，尽可能弄出很大的动静，目的就是吸引明军的注意力。

元顺帝昏聩一生，聪明一时。他的这个声东击西的策略还真的奏效了，明军追击元顺帝的主力还真的向着大都东北方向的古北口追去了。而元顺帝真正出逃的方向是西北居庸关。就这样，徐达派出追击元顺帝的薛显、傅友德、曹良臣、顾时等将领判断错了追击的方向，最终使得元顺帝安然无恙回到了上都开平。这也为日后的明与北元战争留下了最大的后患。

但是，在古北口路担任诱饵任务的元军就没有那么幸运了。古北口元军守将佥知枢密院事张益虽然安然逃到了上都，但是貊高的部将李德明、刘答失帖木儿、谢文振、尹野闾等三十九人被明军追上给生擒了。

一直到了八月十七日，明将薛显还带着少量巡逻游骑在古北口方向追歼了大量元军残兵，缴获了马一千六百匹、牛羊八千多头、车二百五十辆。

对于元顺帝的逃亡，徐达愤怒不已，他带兵往居庸关方向再次追赶了上去。但是战机已经失去，折腾了一个多月，元顺帝还是不见踪影。明军仅仅与元兵后卫发生了一次小规模接触战。

占据山西的巅峰之战

要继续追歼元室残部，就必须解决侧翼最大的威胁，也就是盘踞山西的劲敌——王保保！

元顺帝逃亡到了上都之后，深知要想再次收复北平，势比登天，但是也不是没有可能，首先就是要重用能战的将领。

于是，元顺帝在当年十月，下诏恢复了王保保的各种职位，然后封他为齐王，希望他能带兵速速北上，然后取道雁门关和居庸关进兵北平，光复昔日的京城。

就王保保和徐达来说，两人之间的决战一触即发。这也是元末明初历史上最有才能的两大将帅之间的巅峰之战！

但是，最初的局面令人匪夷所思，战局如同两个人在推磨，王保保带领所有主力北上，绕道进攻北平；徐达则挥师西进，准备一举拿下太原。

那么元顺帝命王保保进军北平为什么不走直线，而是向北绕一个大圈呢？原来元顺帝也给自己留下了后路，万一收复北平不成，有王保保的大军在北平北方可以形成一道屏障，上都的安全就有了保障。

王保保这次十分地听从元顺帝的命令。他当然也有自己的考虑：直接进军北平，沿路必然遭受层层阻击，即使通过恶战能到达北平，后路谁来保障？大军的辎重一旦被明军掐断，自然不战而败。如果遵照元顺帝旨意绕道向北，可以背靠蒙古大草原，一路上没有明军骚扰，万一战局不利，自己大军也有了退路。最为重要的是，说不定这样一来能打正在得意忘形的徐达一个出其不意。

王保保还有一个军事布局：这次出兵大都实则是一个虚招，尽管自己有十几万铁骑，但是也没有把握能攻克防守严密的北平。更何况，依照徐达的才能，必然会在北平布下天罗地网，等着自己去钻呢。王保保也不是善茬，他也有自己的一个大诱饵，那就是太原城。王保保断定此刻的徐达也在挂念太原，只要知道自己主力向北出动，必然会趁着后方空虚出兵山西，那时候元军反客为主，在太原坚城之下拖住明军主力，然后自己趁机横插明军背后，这样一来，徐达必败！

最好的结局有可能是一举三得：保住太原城，重创明军主力，收复大都城。

而此刻的徐达，恰恰与王保保来了一个“英雄所见略同”，两个人竟然想到一块去了。

明军主力必须进兵山西，但是最让徐达担心的是太原王保保的主力蒙古骑兵，与他对决，必然是一场艰苦的持久战。但是明军在时间上拖不起，很多地盘都是新占据之地，一旦战局不利，极有可能出现意想不到的变故。

元军最大的目标在于收复昔日的元大都，也就是今日的北平城。徐达最希望看到的局面就是：王保保主力离开太原来收复北平，那时候明军才有机会乘虚而入攻下太原，这样一来，王保保就成了丧家之犬，失去根据地的他再怎么善战也是无根之草。

两人不谋而合，就在王保保带兵离开太原的同时，徐达也命都督副使孙兴祖和佥事华云龙带本部兵马来留守北平，徐达则与副将常遇春率领主力向山西进军。

这时候的徐达和王保保，都以为对方中计了，心中都十分庆幸。

明军的西征军分南北两路进发：常遇春为先锋的主力部队拿下保定，准备经过中山、真定一线来进攻太原，这是北路军，也是进攻山西的主力军。而徐达本人则作为主帅，驻扎在漳德一带居中协调南北两路大军。

南路军，就是汤和为主将，冯胜为副将的怀庆明军，他们由南部进入山西，对太原形成夹攻之势。徐达估计这支偏师也是最有可能吸引王保保注意力的。

这就如同两位高手在对局，第一颗落下的棋子都至关重要，甚至能影响到两个对手之后的攻防大势。

汤和带领的南路军进展顺利，顺利翻越了太行山，进占了山西南部门户泽州。

在太原的王保保得知了泽州丢失，心中却十分高兴，这正是忽悠明军的大好时机。他故意摆出一副要全军救援泽州的样子，自己正好带领主力向北到大同然后东进直接攻击居庸关。徐达肯定还有其他招数来袭击太原，但是这也正是王保保求之不得的：占领北平的明军主力如果不向山西以东，元军怎么能逼近北平呢？

就王保保看来，元军主力如果逼近了兵力空虚的北平，徐达主力必然紧急救援，而他正好以逸待劳，置北平于不顾，翻身给徐达主力重重一击，最好能打一个漂亮的伏击战。至于泽州，那是偏处山西南部一隅的无关大局之地，王保保派出救援泽州的部队显然不是主力，主将韩札儿仅仅带了两千骑兵就出发了。

王保保的主攻方向是北平。

汤和轻取泽州之后，继续挥师北进，目标自然是太原。汤和大军的前锋叫作杨颢，进军太原的部队就是由他带队，他的部下主要以步兵为主。清晨时分，正在进军的明军突然听到了大群战马敲打地面的蹄声，原来是王保保部下勇将韩札儿带兵杀到了。

杨颢还没有来得及指挥士兵构造防御工事，如同旋风一般的蒙古骑兵转瞬间就杀到了眼前，无奈之下，杨颢只好命令部下以守为攻，一起向前与敌军血战。

明军虽然在数量上占据优势，但是在敌军一阵乱箭之后，马蹄已经踏到了明军士兵的头顶，随着马刀上下翻飞，大明士兵的惨叫声不绝于耳。瞬间，遭遇突袭的明军就被韩札儿的两千骑兵冲击得七零八落，战事明显呈现出了一边倒的态势。

汤和见形势不妙，命令中军的弓弩手全体出动，顶住迎面而来的元军。与此同时，左右两翼分别迂回向前，给敌军造成一种人多势众，打算围而歼之的局面。

汤和的计策奏效了。元军担心对方人多势众，在砍杀了杨颢部几千士兵之后，呼啸一声全军撤退了。

这就是著名的韩店之战。这一战说明了元廷乃是死而不僵的百足之虫，只要给他们机会，依然有复兴的可能！不过，一方面，韩店的胜利对于王保保来说却是一把双刃剑。另一方面，此战获胜点燃了蒙古军队的战斗勇气，从不利方面来说，王保保加重了对明军的轻蔑，也使得元顺帝飘飘然，一心要王保保收回昔日的大都。

令王保保兴奋的是，北平周围的明军终于开赴了山西，现在的北平城必然空虚。于是，他带兵开始向着北平进军了。

而徐达在得知南路军韩店之败后，一面传令汤和要更加稳妥地进军太原，一面自己带领北路军主力加紧进军。

常遇春不愧是军中猛先锋，他一路攻克保定、真定，如同猛虎下山一般杀入了山西境内，一直攻下与太原近在咫尺的榆次城，竟然都没有遇到一个像样的对手。

太原发出了警报，而此刻的王保保已经距离北平不远了，大军驻扎在保安州，只需要再往前就能到达居庸关。不过，探马回报，驻守居庸关的明军显然有所准备，正在等待着元军的到来。

对于王保保来说，现在必须当机立断，是继续强攻居庸关，还是回师救援太原?

此时的王保保衡量利弊，他深知自己经营太原多年，那里有无数的辎重物资，而且自己和部将的妻儿老小都在太原城内，一旦太原失守，后果也不堪设想。

明军过快地杀到太原城下的局面是王保保始料未及的，这也最终使得他下定了主意，暂时放弃对北平的袭击，紧急回师山西，让徐达处于另一个窘迫局面，那就是前有太原坚城，后有自己的十几万雄师围困!这就是腹背受敌的局面。

徐达这次进军山西确定的作战方略就是置北平于不顾，先坚决围困太原，这就是兵法中围魏救赵的道理。北平有孙兴祖据守，不足为虑，而王保保的老巢太原一旦被围，他必然回救，北平也会转危为安。

徐达真正的战略目标还是要消灭王保保的十几万骑兵。如果不除掉这个心腹大患，明军就谈不上攻克山西，进而进军陕甘，然后到上都去追歼元顺帝。

徐达紧急下令南路军汤和尽快赶到太原城下，然后嘱咐常遇春做好血战的准备，自己则带领北路主力丢掉沉重的辎重物资，轻装前进，火速赶到太原城下。

王保保果然不愧名将，他不但催促全军火速连夜赶回太原，还专门抽出一万精锐骑兵，派出得力干将带领，以令人恐怖的速度赶往太原。他专门对这些骑兵下了军令：不要顾及掉队的马匹，宁可把马累死，也不准勒马缰，抵达了太原之后，立刻与明军开战，任务就是冲进太原城内，配合太原守军杀出城外，与随后到达的王保保本人带领的主力前后夹攻明军，坚决不给徐达以喘息和从容布阵的机会！

当时已经是隆冬时节，元军在拼命抽打战马向太原方向狂奔，而明军在连夜搭建简易防卫工事。这是一场速度与效率的比拼！

王保保的一万多铁骑赶在徐达之前杀到了太原城下。元军刚赶到战场，就按照王保保的吩咐，对着明军发起了冲锋。本来，徐达以为就是王保保先于自己的主力赶到太原，经过长途跋涉，也必然要休息一段时间。如果这样，徐达的主力就能从容赶到太原，之后他设计全歼蒙古主力军的计划就会逐步实现。

但是出乎徐达意料的是，王保保的骑兵根本没有休息，而是立刻发动了进攻，更可怕的是，紧随一万负责突击的骑兵之后，王保保自己带领的主力骑兵也到了太原城下。

现在的战场态势基本符合王保保的预计，徐达现在已经处于腹背受敌的境遇，前面有太原坚城，但没有时间实施攻城行动；后面有强大的元军骑兵，转身对决更是没有胜算。这对于明军来说是一场毫无希望的战役。

徐达面对如此不利的局面，下令自己的部队不要理会背后的太原城，全军全力阻击元军对城门方向的突击，利用一切工事牵绊敌军领头的战马，所有的弓弩不要乱放，等元军冲进了五十步之内然后再给他们一阵箭雨。

徐达下令傅友德和薛显各自带领五十个骑兵跟随自己左右，郭英去高处负责观察远处敌情，命手下多插旌旗，必要时候呐喊助威，绝对不能擅自出战。

蒙古骑兵开始向明军冲锋了，一开始战场上一片寂静，他们搞不清楚躲在杂物临时搭建的简易工事后面的明军在干什么。一直到了不到五十步的距离，再有片刻工夫，他们的马刀就可以收获明军士兵的项上人头了。

就在这时候，元军骑兵听到一阵震天的战鼓声，冲在最前面的骑兵接二连三被绊马索绊倒在地。

他们还没有来得及清理地面，天空中突然出现了无数如同飞蝗的箭雨，元军骑兵不断有人惨叫着落马而死。但是后面的骑兵依然不顾伤亡，在继续冲锋。

徐达仔细观看元军冲击的方向，他们一门心思只想冲入太原城内，这是要增援太原城内的守军啊。

元军不顾伤亡的冲击太过于生猛，明军已经渐渐开始顶不住了。常遇春已经站不住了，反复提醒徐达，蒙古人马上就要杀光太原城前的明军了。

不过，令他惊讶的是，徐达此刻的关注点已经不在城门外的接战之处了，他侧耳凝神倾听远处元军的后方，那里是不断传来牛角号声的所在之处。

常遇春这才顿悟到了徐达的战略所在，攻击其必救之处，那就是集中兵力进攻王保保！

还没有等常遇春请战，徐达挥舞着手中令旗，傅友德和薛显各自带领五十个骑兵冲下了高坡，他们两人一左一右，直接向着元军后方穿插而去。

蒙古骑兵终于乱了阵脚，他们可以不顾伤亡地冲击太原城前的明军工事，但是不能不顾及主帅王保保的死活！

就这样，万般无奈的王保保见自己的军队已经大乱，无法再发动攻势，只好下令收兵回营。

王保保下令全军休息，由太原指挥使豁鼻马所部负责警戒，待明日继续战斗。

初战太原，王保保冲进太原城内的目的没有实现，而徐达所部腹背受敌的险恶处境也没有改变。

深夜了，徐达大营中依然灯火通明，他深知后面的考验更为艰巨。如何改变这不利的战局，徐达一筹莫展。

正在这时候，常遇春进帐对徐达说，他部下郭英建议趁着敌军远来疲惫，夜袭敌营。常遇春这次就是来主动请缨，带领所部三百骑兵夜袭元营。

徐达对于这个建议表示了赞同，正在此时，又有护卫禀告，说有人自称来自王保保中军大营，有密信要送给徐达将军。

徐达接过来信，原来是王保保部将豁鼻马来书，信中说自己原本是河南平章孛罗帖木儿亲信，因为形势所迫只好暂时栖身于仇敌王保保军中，现在有意归降明军，希望里应外合，一起消灭王保保。

这正是天降喜讯。徐达得到了这个信息后，决定将三百人的夜袭元营改为全军突袭敌营。

不过，徐达不愧是做事稳妥的名将，他以郭英带领三百人为前锋率先突击，即使豁鼻马是诈降，自己主力也有退军的余地。

为了保证万无一失，徐达还派遣了五十个骑兵在城东十里处埋伏，专门举火炮为进攻的信号。

原来，徐达是这样想的：一会儿进攻的时候，王保保在睡梦中被惊醒，他会如何判断敌情呢？如果他听到号炮来自城东十里之处，那就说明危险还没有逼近，等到郭英冲杀进去，王保保又会产生这样的判断——连十几里外都是明军号炮，那明军人数必然是十分庞大而令人恐怖的了。

郭英所部带领三百精锐骑兵杀到了元军大营，这时候豁鼻马已经按照事先的约定，打开了寨门，放明军入内。郭英所部悄无声息，很快就顺利接近了王保保中军大帐，直到被王保保贴身亲兵发现，才大喊一声，就开始了无情的砍杀。

这时候徐达带领的主力明军也冲进了元军大营之中。在一阵喊杀声中，用长枪利刃不断地收割元军士兵的生命。

这时候的王保保正在帐中手捧兵书，刻苦研读。他听闻帐外炮声、喊杀声大作，心知不妙。慌乱之中，他下地穿靴子，只来得及穿上一只，另一只却怎么也穿不上。他也顾不得许多，就这样一只脚穿着靴子，一只脚光着，随便拉过来一匹骣马，翻身骑上，颠簸着，带领十八名骑兵仓皇逃窜。此战之后，元军投降者有四万之众，四万多匹战马也归于明军帐下。

常遇春听说王保保逃往大同方向去了，他立即带人拼命追赶，到了忻州还没有追上，只好回营。而王保保听说明军在追赶他，吓得连大同都不敢去，只好一口气跑到了甘肃地界。

至于太原城的元军，王保保都已经败了，还有什么指望，只好投降了事。

平定陕西全境

王保保这一跑，明军摧枯拉朽般占领了整个山西。下一步，明军的目标就是关陇地区了。洪武二年正月，朱元璋给太原的诸将发来一封诏谕："杨璟带兵由泽州出发，经过潞州，直接西进，攻击关中的残元势力。另外希望徐达和诸将齐心协力，一起西进，攻取关中，扫除敌人残余势力，完全实现我们恢复中华的宏愿。如果你们发现我的布置有不周的，你们要谨慎行事，不要以为我定的事情，就不可以做一丝一毫的修改，你们要谨慎再谨慎！"朱元璋的这道旨意是给前线的徐达放权，让他根据情况灵活处置。

二月，徐达命常遇春和冯胜带领大军向西渡河，杀向陕西，自己则带领主力大军经过鹿台，进攻奉元路。元朝在奉元路一带有三路军队，一路是李思齐守卫凤翔，一路是许国英和穆薛飞守卫关中，一路是张思道和孔兴、脱列伯、李景春等驻守鹿台。三路军从三个方向拱卫奉元。之前，朱元璋曾经派人劝降李思齐和张思道，要求他们顺应天命，归降自己。朱元璋还在书信中警告他们不要攻击北伐大军，这样才能相安无事。果然，他们接到了书信之后，对徐达北伐中原抱有观望态度。

三月，徐达军的先锋郭兴攻打奉元路，张思道连忙出逃到了庆阳，而元平章王武开城门将徐达军迎了进去。徐达进城，明朝方面将奉元改名为西安府。当时的关中饥荒肆虐，民生十分艰难，徐达上奏朱元璋，请求给每户人家发米一石。但是这也是杯水车薪，不能解决问题。朱元璋对此十分关注，他命徐达从河南孟津等地调集大量粮食，运往关中，每家再发米二石。这有效地缓解了灾情，百姓们纷纷称颂新朝皇帝。

徐达留下了耿炳文镇守西安，常遇春和冯胜攻击凤翔的李思齐。李思齐不敢与二人对战，一口气跑到临洮才停了下来。占领了凤翔，陕西南部所有重要军镇都落入了明军手中，但是李思齐和张思道两个军阀却逃走了，如果不抓住他们，势必留下后患。徐达在凤翔召集将领商议下一步行动计划。

多数将领主张先攻取庆阳，再进攻临洮。徐达却不同意，他说："张思道军中士兵十分彪悍，而且占据的庆阳险要，不容易攻取。而临洮地理位置重要，我们一旦攻取，就可以收纳当地精壮，补给军队粮草。临洮李思齐很可能会投降我们，临洮拿到，其他地方就会不战而下。"诸将纷纷表示赞同。徐达命汤和守卫辎重和营地，金兴旺守卫凤翔，自己带领大军往陇州行进。

朱元璋方面这时接到了一个重要情报，说元将也速打算袭击通州，他连忙派出使者调常遇春率军回师北平和通州防守。西征的重任就落在了徐达一人肩上。

徐达进军顺利，攻取陇州、巩昌、兰州。四月十三日，临洮的李思齐投降了明军。朱元璋也对他兑现了承诺，将他任命为江西省的左丞。

明军西征的下一个目标是庆阳的张思道了。朱元璋特意派人提醒徐达，张思道兄弟十分狡诈，如果他们来投降，一定要谨慎处理，千万不要中了他们的诡计。徐达接信，不敢怠慢，自己亲自带兵攻打庆阳。张思道听说明军来攻打的消息，连忙将庆阳交给了他的弟弟张良臣和平章姚晖，自己则向北逃窜到了宁夏。但是王保保先前也逃到了那里，王保保念及以前张思道与自己作对的旧仇，就将他和部将一起抓拿关押。

张良臣在明军兵临城下之际，也得知了哥哥被王保保捉拿的消息。他表面上接受了明军招降，献出城池，但是当明军入城后，张良臣突然带人发动夜袭，指挥张焕被抓，薛显一番血战后才得以脱身。徐达十分气愤，命部下将庆阳城团团围困，四个月之后，城内粮食断绝，已经到了煮人肉汁和泥巴充饥的地步。守将姚晖带人打开了城门，迎接明军入城。张良臣父子见大势已去，只好投井自杀，却没有想到被入城的明军给捞了出来，徐达又下令将他们斩首示众。

至此，陕西地面也基本纳入了大明版图。陕西的平定也标志着大明王朝统一天下的大幕已经拉开。

援救北平　追至上都

洪武二年二月和四月，元顺帝两次下诏命梁王、右丞相也速和晃火帖木儿等人分兵进攻北平，明朝的北部边疆一时间狼烟四起。

元朝残余势力大致分为中、西、东三路军，西路军即王保保所部，中路军元顺帝直接统率，东路军是东北纳哈出主力。

洪武二年四月，在接到了也速带兵攻打北平的消息后，朱元璋命当时正跟随徐达攻打陕西的常遇春带兵援救。早在这年二月，元顺帝见徐达率主力攻打陕西等地，北平空虚，他觉得有机可乘，就命令中书右丞相也速带着一万多骑兵南下，攻打北平。元军在通州白河之北扎营，北平守卫空虚，通州城中更是不足千人。通州的守将曹良臣认为元军势大，但是可以计智取。他命令布设疑兵，在每艘战船上插上三面红旗，沿河绵延十几里地，并且命手下击鼓助威。也速不知明军虚实，惊骇不已，只好撤军。曹良臣不肯放过这等良机，命手下骑兵追击，一直将元军赶到了蓟州之北，才收兵回城。元军南下侵扰的消息传到了南京，朱元璋决定对元顺帝进行打击，命令常遇春回到北平，另外派出了外甥李文忠为副将，命他们先在北平会师，而后一起攻打上都。

这年六月间，常遇春和李文忠点齐骑兵一万，步兵八万，出北平直捣北元老巢上都。明军取道三河，经过鹿儿岭、惠州，在锦川击败元将江文清，缴获敌军战马千匹。接下来，明军在全宁击败了也速。在进攻大兴州之前，李文忠预言元兵必走。明军分兵几千人为八屯，在元军归途设伏，敌人果然乘夜逃跑，结果被明军伏兵攻击，死伤惨重。

明军势不可当，他们打到了上都开平。之前元顺帝已经望风而逃，明军追赶了几百里地，俘获宗王庆生和平章鼎住，将他们斩杀。北元将士万余人被俘虏，车辆一万、战马三千匹、牛五万头成为明军的战利品。

明军大获全胜，但是出乎所有人意料的是，七月，明军胜利班师的时候，主帅常遇春病故！

常遇春是明初最重要的开国将领，他身体一向硬朗，却毫无征兆地在明军抵达柳河川时暴卒了。噩耗传到南京，朱元璋大惊，命李文忠接替主帅职位。八月，常遇春的灵柩回到南京，朱元璋痛哭不止，亲自为常遇春撰写了祭文，将他追封为开平王，并做主将他女儿嫁给了自己的太子朱标。

回到当时的战场局势。徐达围困庆阳久攻不下，朱元璋下诏命李文忠带兵向西进发，与徐达会师一起攻打庆阳。李文忠行军到了太原，得到一封紧急战报，说是元军正在攻打大同。原来，元顺帝从上都开平逃亡到了应昌，他命脱列伯和孔兴率领大军攻打大同，希望以此在山西一带打开缺口。

接到战报，李文忠与赵庸等将领商议："我们本来受命而来，在这样重要的时刻，只要对国家有利的事情，我们不妨专断一点。现在大同告急，如果不先援救，就失去了一次打击敌人的好机会。”众人也对李文忠援救大同的建议表示赞同。明军出雁门关到达了马邑时，大同已经落入了元军手中。

在马邑，明军遭遇元军几千名骑兵，双方展开激战，元军被击退，明军来到白杨门。当时的天气十分寒冷，雨雪飘飞。李文忠担心周围有元军的埋伏，他亲自带着几个骑兵到山中侦察，却没有发现敌军踪迹。

李文忠回来后，前军离大同约五十里地扎营。李文忠计上心来，他命前军将扎营地改在了五里之外的馒头山上。这里有一个显著的特点：地势高而且取水困难。细心的读者可能会发现，这不跟当年三国时代蜀国马谡选择的驻扎地一样吗？李文忠不是熟读兵法吗，怎么能犯这样的低级错误？

其实，李文忠这是故意设计，他就是要以此作为诱饵，来引诱元军攻击。果不其然，元军将领脱列伯探听到了这个消息，带着部众来攻击明军。

李文忠命将士们闭营不出，先派出两营之兵前去诱敌。自早晨到中午，前营战报频频，李文忠却稳坐钓鱼台，丝毫不为所动。他的打算是以逸待劳，后发制人。过了一个多时辰后，李文忠推测元军应该疲倦饥饿了，于是下令将军队分为左右两翼，自己亲自充任前锋，向着元军猛烈反击。这一战，明军大获全胜，脱列伯被生擒，元军万余人投降。孔兴逃亡到了绥德，却被部下斩杀，以其首级归降明军。

李文忠在这一战中，充分展现了自己的军事才华，而元军的失利也对元顺帝造成了沉重打击，此后，他再也不敢轻易南下了。

北元的侵扰

到了洪武二年九月，明朝已经建立快两年了，各主要将领为了摆脱北元的威胁，依然在战场上冲锋陷阵，浴血奋战。为了安抚众将之心，朱元璋下诏命冯胜在庆阳留守，节制西部各省兵马。徐达、李文忠、傅友德、邓愈以及汤和等主要将领返回南京论功行赏。

洪武二年十一月初，徐达返回南京。仅仅过了十三天，有一个不该出现在南京的人竟然出现在了朱元璋面前。

他就是冯胜。他为了邀功请赏，竟然不顾职守，在没有皇帝诏令的情况下，私自带着部下来到南京。

而当时在宁夏伺机而动的王保保，敏锐地捕捉到了这一次战机。他见冯胜带领明军南下，便带领了十几万元军发动了攻势。王保保精通兵法，他采用围点打援的方式，先以数万军队围困了兰州城，然后派出主力部队在定西驻扎。明军防守安州的将领张温在击退元军第一次围攻后，因为势单力薄，只好关闭城门死守不出。

驻守巩昌的明将于光得知消息，带兵来援救兰州，却在马兰滩遭遇元军伏兵，结果兵败被俘。元军将他押到了兰州城下，王保保命他劝说张温出来投降。于光却对着城头上大喊："我不幸被俘虏，你们一定要坚守，徐达大将军马上就带大军来救援你们。"王保保大怒，命手下将于光乱刀砍死。在城头上的张温看到这一幕，悲愤不已，下令全力防守兰州。

再说，朱元璋得知消息后，对冯胜当面训斥："将军你在平凉，抵御元军，并镇抚关中，你担负着国家大任。而你却不等待命令，就擅自带兵回京，留守的重任还有谁能肩负？"冯胜也只好承认了自己的错误。朱元璋考虑到他之前的战功，对他没有过多严惩，只是削减了他大量的赏赐之物。只不过，冯胜这样的性格也为他日后被杀埋下了祸根。

在对大将们进行了一番封赏之后，面对北元的侵扰，朱元璋于洪武三年（1370）正月任命徐达为征虏大将军，李文忠为左副将军，冯胜为右副将军，邓愈为左副副将军，汤和为右副副将军，再一次出兵北伐沙漠。

大军即将出征，朱元璋召集众将，与他们商量作战方案。众将大部分都认为王保保之所以侵扰边关，是因为元朝皇帝还在，如果明军直接攻打元主，则王保保失势，可以不战而降。朱元璋则不赞同这个想法，他说："王保保现在带兵犯边，舍弃他攻打元朝皇帝，是舍近求远，失去了缓急的机宜，并不是善计。我的意思是兵分两路：一路命大将军徐达自潼关出西安，直捣定西，攻取王保保；一路命李文忠出居庸关，进入沙漠，追击元朝皇帝。这样就让他们彼此来不及援救。况且元朝皇帝远居沙漠，他料不到我军突然杀到，如同落单的猪遇到了猛虎，我军必胜。事情有一举两得的，就是我这个办法。"显然，朱元璋这个兵分两路的战略更加稳妥高明，诸将也纷纷表示赞同。

就此，一场大规模远征就要开始了。朱元璋的意图是永靖沙漠，彻底消除残元势力的威胁。

当时，在朱元璋眼中，北元将领最具威胁的就是王保保了。自洪武二年八月，朱元璋就开始不断地给王保保写信，希望对方能知时务，来投降自己。结果却屡次遭到了王保保的拒绝，他决心效忠元帝国，与朱元璋死磕到底。

十月间，朱元璋又给元顺帝致书，希望对方能安分守己，老老实实地待在沙漠，与大明朝彼此相安。结果一封封去信又石沉大海，杳无音信。不仅如此，朱元璋对纳哈出和也速的招降，同样也没有任何效果。其实，这些人之所以冥顽不灵，还是因为当时北元的军事势力依然十分强大，外交是需要依靠强大的军事作为基础的。朱元璋见和平招抚无效，也只好寄希望于战场上，期盼这一次明军能再一次重创敌军。

洪武三年二月，徐达和李文忠分别带领西路和东路大军出发。东路军李文忠到了兴和，元守将献城投降，他又进兵察罕脑儿，在此捉获了元平章竹贞。

沈儿峪大胜

洪武三年三月，徐达在定西与王保保在沈儿峪口筑垒对峙。元军冲锋之时，固守的明军开始后撤，形成密集军阵，长枪兵与藤牌兵严密地防守在军阵外围，而明军骑兵深藏在军阵之中。战鼓响起，明军小队短促搏击后，迅速撤回，元军欲追击，却被高台上布置的明军弓弩手乱箭射回。这样的作战方式让元军头疼不已。这样双方一直对峙了几天，基本势均力敌。对此战局，王保保却表现得不急不躁。暗中，他抓获了十几名当地樵夫，向他们打听四周地势，逼问有没有绕到明军后方的山间小道。很明显，他这是在等待机会，想绕到明军背后，给予致命一击！而此刻的徐达接下来的行动出乎所有人的意料。他下令明军用鼓乐之声在阵前彻夜敲奏，目的是扰乱元军士兵的睡眠。而王保保对此仍然置之不理，只是下令全军找东西塞住耳朵，他敲他的鼓，我睡我的觉！王保保抓获的樵夫终于交代了有一条仅能容单人单骑通过的山间小道可以直达明军后方。王保保终于亮剑了，他精选一千名骑兵，绕道三十里绕过明军的壕沟，顺着那条山间小道直扑明军东南营地。此营一得，这一千精兵只需要坚守一天时间，徐达必然回军来救，王保保乘机率领主力掩杀，胜利必然属于北元！守卫东南营的是明军将领胡德济，连日以来，因为自己驻守的营地处于全军后方，所以防守自然有些松懈。当听到一片喊杀声时，已经晚了，北元精锐杀到了眼前。胡德济仓促应战，明军伤亡惨重。徐达得知消息后，却没有命主力回救，而是果断地亲率一千多中军护卫赶去救援，大军依然固守，纹丝不动。王保保期待中的明军大军惊扰混乱之状况并未出现，明军仍然跟平时一样坚守，仿佛什么事情都没有发生！而徐达率领的一千名援军已经杀到东南营，手铳响处，北元精兵纷纷落马，剩余的人见形势不妙，只好夺路而逃。战后，徐达考虑到胡德济乃已故开国功臣胡大海之子，暂时记下他的头颅，留待皇上发落。胡德济帐下赵指挥等人被斩首，并且被传首各营。这一招杀鸡吓猴果然好使，全军上下官兵为之战栗。

王保保的偷袭之计失败了，而徐达仍然命令军士夜间敲锣打鼓，就是不打算让远来的蒙古同胞好好休息。战事又回到了之前的胶着状态，白天北元军队攻击明营，夜间明军惊扰北元军休息。波澜不惊的表象下，徐达早已布好了一着绝妙好棋！这天夜间，明军中军精锐沿着之前元军偷袭的那条山间小道突袭敌军大营，“以其人之道还治其人之身”，吸引王保保回援就是胜利。大战之夜，北元将士们还像往常一样塞住耳朵蒙头大睡，却不知明军已经绕到了他们后方。突然一阵号炮声响，惊扰了无数蒙古勇士的美梦。元军各营纷纷派人告知王保保，听号炮声响，应该是明军主力来袭，王保保却也镇静，他想徐达既然能在前次自己偷袭之时保持镇定，自己也不能中了他的计。于是下令各营抽调一部分人马去援救后方，其他大军严守不动。可是接下来的事情让王保保再也无法镇定了。只见元营之外，无数条火龙喷射着贪婪的火舌，这些火龙又汇集成了一片火海，无情地奔向元军大营！无数支明军射出的火箭并伴随着抛来的火把，纷纷落在元军大营内。北元勇士们大声哭喊，纷纷躲避。水火无情，面对如此火海，就是铁人也不能无动于衷了，元军大营彻底混乱了。那些抛来的火把还烧毁了马圈，元军战马嘶鸣着顾不得回头看一眼自己的主人，纷纷夺路而逃。马也明白一个道理，待久了自己会变成一盘美味的烤肉！蒙古骑兵离不开战马，此刻失去战马的骑兵战斗力也就失去了一半，很多骑兵被迎面冲杀过来的明军骑兵轻松砍杀。此刻，元军大营乱作一团，哀号声此起彼伏，元军士兵不是被明军砍杀就是被火烧死。此刻徐达带领着精锐部队，直冲王保保营帐，他要采取斩首行动，一举拿下这位北元名将！危难时刻，王保保命所有亲兵死死挡在营帐之外，自己抱起幼子，扶着妻子毛氏上马，他要投奔车道岘驻守的四万元军，“留得青山在不愁没柴烧”，只要保住命，自己就还有翻盘的机会！

接下来，携妻子逃亡到车道岘的王保保几乎要哭了。只见漫山遍野之间，飘扬着明军的旗帜，那四万大军呢？！其实王保保不知道，固守在此地不远处的明军邓愈所部，与徐达发动总攻的同时，也发动了对这四万元军的攻击，四万大军一夜之间灰飞烟灭。得，这下几乎赔光了老本。沈儿峪大战在明朝军神级将领徐达的率领下取得了完胜。《明史》记载此战战果辉煌：“擒郯王、文济王及国公、平章以下文武僚属千八百六十余人，将士八万四千五百余人，马驼杂畜以巨万计。”这下输了个精光的王保保只好带着妻子来到黄河岸边，却没有发现渡船工具，万般无奈之下，王保保只好带着妻子抱着一根大木头泅渡过了黄河天险！狼狈不堪的王保保心中暗自发誓：“徐达，你等着，来日方长，我一定要击败你！”

徐达大败王保保的消息传到了南京，朱元璋十分欣喜，他命徐达伺机攻取吐蕃和兴元。如果这两处平定，就为日后攻取蜀地打下了基础。洪武三年五月，徐达命邓愈招抚吐蕃，他自己带领精锐攻取兴元，也就是汉中地区。

北元老巢被一锅端

再说东路军李文忠部。他们战果虽然逊于西路军，但也得到了一个意外之喜，那就是北元的老巢应昌，被他们一锅端了。先是李文忠、赵庸在骆驼山击败了北元太尉蛮子、平章沙不丁、朵儿只、八剌等人，然后他们打到了开平，元平章上都罕等人投降。

但是明军也有损失。都督孙兴祖等人率军在三不剌川遭遇元军精锐，经过一番血战，明军退到了五郎口，仍然遭受了敌军猛烈攻击，最终全军覆灭。

孙兴祖，是朱元璋的爱将，他十分刚毅而富有胆气，最初他追随朱元璋攻打过和阳。在渡江之战中，他身先士卒，立下了战功。之后他屡立战功，在元大都被攻下后，朱元璋命他驻守，可见对他的信任。对于这员爱将的阵亡，朱元璋十分震惊，他派出使者到北平祭祀，追封孙兴祖为燕山侯，并且将其配享于通州开平王常遇春之祠。

五月上旬，李文忠带兵向应昌进发。走了数十里，明军抓获了一名蒙古骑兵，经过审讯，明军得知了一个重要消息：元顺帝因为急性痢疾，于四月二十八日病死在了应昌。

李文忠得知这个重要情报，命令全军火速进发，日夜兼程赶往应昌。

到了应昌后，经过一番激战，应昌被明军拿下。此战后，明军俘获元顺帝嫡孙买的里八剌和后妃宫女以及诸王、达官、士卒等。此外，宋元玉玺和金宝、玉册、镇圭、大圭、玉带、玉斧等大量宝物也成为明军战利品。

唯一遗憾的是北元太子爱猷识理达腊带着几十个骑兵逃跑了。为了扫除后患，李文忠亲自率领精锐骑兵追击到了北庆州，不及而回。明军沿途经过兴州，元将江文清带着军民三万六千九百多人归降，明军到红罗山，又收服杨思祖等一万六千多人。

回头再说西路军。自沈儿峪大胜王保保后，徐达命邓愈前去元朝吐蕃等处宣慰使司都元帅府所在地和州招降吐蕃各部，徐达自己攻击明氏大夏国的北部重镇兴元府。

关于吐蕃部，唐朝吐蕃政权处于鼎盛时期，一度给唐帝国造成了很大威胁。五代十国时期，吐蕃政权瓦解，宋元和明初依然沿用过去的称谓，将该地区的民族部落称作吐蕃。

洪武三年六月，邓愈招降了元朝镇西武靖王卜纳剌和陕西行省吐蕃宣慰使何琐南普等人，此后不久和州以西的甘朵和乌斯藏等部落都来归降。邓愈以和平招抚的方式完成了对西域边陲的统一。

此时，大将军徐达和冯胜、傅友德、李思齐等人到了略阳，捉住了元平章蔡琳。徐达又派遣金兴旺和张龙由凤翔入连云栈，准备合并攻打兴元。结果，明军还没有攻城，兴元守将刘思中和金庆祥就献城投降，徐达命金兴旺仍然镇守兴元，自己带兵回到了西安。

除了东西两路军之外，明军将领汪兴祖和常守道在大同北口，还击败了元将速哥帖木儿，生擒了王保保的弟弟金刚奴、平章朱真等四百多人。

明军东西两路军的捷报被送到了南京，朱元璋大喜。当时的百官正在奉天门奏事，闻听元朝皇帝病死，都纷纷向朱元璋拜贺。朱元璋对大臣们说："元朝皇帝在位三十多年，荒淫无道，才有今天的下场。"说完，他看了一下下面站立的治书侍御史刘炳，意味深长地说："你本来是元朝旧臣，今日之捷报，出于君臣大义，你不该庆贺此事呀。”由此，朱元璋特意下旨，今后凡是来自北方的捷报，朝中有曾经在元朝政府为官者不得称贺。

朱元璋对这位元朝的鲁班天子还特意上了一个谥号“顺”，是因为他不战而逃，顺应天命。这也暗含了朱元璋对他的讽刺之意。

洪武三年六月，李文忠派人将买的里八剌等一些北元皇室的俘虏押送到了南京，参知政事杨宪等人建议采用古代献俘之礼，在太庙中举办规模盛大的献俘典礼。朱元璋觉得这是对元皇室的侮辱，他命那些皇室俘虏身着元朝服饰来朝见，并且以礼相待。朝见完毕后，朱元璋赐予这些人汉族衣冠，封买的里八剌为崇礼侯，并赐他一所宅院。对于元顺帝的那些皇后和妃子，朱元璋特意交代了中书省负责安置的官员：“朕看前代帝王革命之际，俘虏后妃，往往不会以礼相待，欺负她们，这些不是盛德之事。朕十分不赞成。现在元朝脱忽思皇后在此，北方民族习惯食肉饮奶酪，不耐暑，她们的饮食和起居，务必要舒适。如果她们想走，就送她们回沙漠。”

一个月之后，朱元璋释放了被俘虏的元朝平章彻里帖木儿，委托他写信给爱猷识里达腊表示问候，希望对方与自己通好。但是，爱猷识里达腊并没有回应朱元璋主动释放的和善信号。

他是元顺帝的嫡长子，接受过系统的汉化教育，具备很高的儒学修养和政治素质。他曾经与母亲奇皇后谋划逼迫昏聩的父皇退位，如今，自己终于继承了皇位，正打算一展抱负，中兴元朝，怎会轻易臣服于夺取自己江山的朱元璋呢？

虽胜犹败

爱猷识里达腊在元朝旧都和林即位，他自称“必力克图汗”，汉化极深的他取杜甫诗《北征诗》“周汉获再兴，宣光果明哲”之意，定年号为宣光，立意中兴元朝，并且任命刚刚逃到和林的王保保为中书右丞相，也速、蛮子、哈剌章、纳哈出等一班大将被委以重任。北元在几次大败之后，高丽也在洪武三年归附明朝，形势看起来确实严峻。但是北元还有岭北、甘肃、辽阳、云南等行省之地，而明朝内部一些元朝遗老依然对元朝复兴抱有幻想，像蔡子英、丁鹤年、戴良等人就是典型代表。中原汉地人心未定，只要元朝黄金家族统治北元一天，中原汉地就不得安宁。对此明太祖朱元璋也常常跟臣子们谈起："今天下一家，尚有三事未了，一是历代传国玉玺在元未获，二是王保保未擒，三是元太子不闻音问。"北元就像悬在明朝头顶的一把达摩克利斯之剑，让朱元璋寝食难安。

爱猷识里达腊的这番振作之举也鼓舞了元朝的遗老遗少，他们不甘心失败，对明军负隅顽抗。就是一些已经投降了明朝的将领也重新起来造反。

洪武四年（1371）三月，已经投降明朝的元平章洪保保、八丹等人发动叛乱，杀死了辽东卫指挥同知刘益。接下来，华亭的白文显、忻州的小保和蛮子等人相继降而复叛。这些叛乱，使得明军将士们异常愤懑。

洪武五年正月，在御武楼上，明朝开国第一武将徐达建议朱元璋再一次出兵北元，彻底消灭冥顽不灵的爱猷识里达腊和王保保，一举彻底解决北部边境问题。

按照朱元璋的意思，这个事情可以推后处理。他说："他们只是沙漠中的穷寇罢了，以后终究要覆灭。但是他们现在以败亡之众远处沙漠，以死自卫。困兽犹斗，况且是穷寇？先不要管他们。"诸将听了皇帝这番话，也压抑不住，一起表示支持徐达的建议，他们说王保保狡猾奸诈，他在一天，终究为后患，不如消灭他，永清沙漠。朱元璋见众人异口同声，群情激愤，也担心如果一味压制，会挫伤了众人锐气。他就顺口问诸将他们觉得应该需要多少兵力征伐沙漠。一向谨慎的徐达因为接连的胜利，这一次也不禁流露出了轻敌情绪，他表示十万人足够。朱元璋思索之后，觉得应该出兵十五万，兵分三路而进。于是，朱元璋以魏国公徐达为征虏大将军，率领中路军出雁门关，对外放出风，说要进攻和林，实则是引诱敌军来近边决战；曹国公李文忠为左副将军，带领东路军经过居庸关到应昌，然后长途奔袭北元汗廷；宋国公冯胜带领西路军出金兰攻取甘肃，此路兵主要作为疑兵，让北元方面摸不清虚实，从而起到迷惑和牵制敌人的作用，以配合中路军。

朱元璋在大军出发之际，心中还是隐隐有些不放心，他再一次叮嘱徐达等人："卿等应该熟思谨慎，千万不能轻敌！"

二月，徐达率领中路军到了山西境内，他派遣先锋蓝玉出雁门关。蓝玉在野马川遇到北元军，一番激战后，北元军败退，蓝玉一直追赶到了乱山。元军返身迎战，又被蓝玉击败。对于明军的这次大规模行动，王保保早已得到了消息，他亲自率领人马来迎战蓝玉。

三月，蓝玉带兵来到了土剌河，与王保保军遭遇，蓝玉击败了王保保。望着敌军远遁的身影，明军一片欢腾。但是，谁也没有觉察到，王保保这位能征惯战的北元第一名将，怎么就在家门口那么轻易地输给了一个后起之秀蓝玉呢？他这番蹊跷的失败，其实是一个巨大的陷阱，明军正一步步走向危险，却浑然不知。战争的结局似乎也正如朱元璋担心的那样，明军的轻敌正是悲剧的根源。

王保保其实采用的就是诱敌深入之计。他吸取了上一次沈儿峪大败的惨痛教训，他诈败而逃，正是要引诱明军到草原深处，然后利用骑兵机动作战之优势，伺机歼灭明军。只可惜素来沉稳的徐达，这一次也求胜心切，忘记了朱元璋让他诱敌到近边决战的战略和不可轻敌的嘱咐，命令手下人对王保保穷追猛打。

王保保和贺宗哲所部合并，一路逃跑，后面的明军穷追不舍。五月间，明军已经深入杭爱岭北，此地已经距离汉朝霍去病立下不世之功的狼居胥山不远。此刻的徐达意气风发，梦想着也如霍去病一样，立下万世之功，为大明王朝一举除掉这个最大的祸患。

徐达没有意识到，由于明军战线拉得太长，后勤补给已经相当困难，而连日追击使得部下将士们已经极度疲惫。王保保觉得战机已经来临，他决定对明军发动致命一击了！

继续追击的明军遇到了王保保和贺宗哲的伏击，明军仓促迎战，大败，损失了两万多精锐。负责殿后的汤和在断头山也遭遇了敌军埋伏，部将章存道战死，士卒损失惨重。徐达只好收兵回营，然后坚守不出。这一战多亏是徐达挂帅，才避免了全军覆灭的惨剧。不过，戎马一生的徐达也因为这一战，终结了自己的不败金身，这也成为他一生最大的遗憾。如果不是这次失败，徐达的功名当不次于卫青。

那此刻西路军情况如何呢？六月间，冯胜到了兰州，以傅友德率领精锐骑兵五千人为前锋，杀奔西凉，途中遇到元沙实罕部下，将其击败。明军追击到永昌，又在忽刺罕口击败元朝太尉朵儿只巴，获得了敌军辎重牛马。傅友德再一次追赶到扫林山，此时冯胜的主力军也赶到，两军合一，将元军击败。傅友德亲手射杀了敌军将领平章卜花，又带着部下追斩敌人四百多人，元太尉锁纳儿加和管著等投降。

西路军的胜利引起了连锁反应。元将上都驴带领所属八百多户投降明军，元亦集乃路守将卜颜帖木儿举城投降。西路军杀到别笃山口，元岐王朵尔只班逃跑，明军追获平章长加奴等二十七人，俘获马驼牛羊十余万。傅友德又杀到了瓜沙州，大败元军，缴获物资无数。

七月间，瓜州和沙州等地相继被明朝收复，甘肃全境已经纳入大明国土之中。冯胜自作主张将甘州、宁夏和庄浪等地的营房、仓库与无法搬运的粮草焚毁丢弃，然后带着大军班师回朝。

最后再说东路军李文忠的情况。李文忠率领都督何文辉等人杀到了口温，元军望风而逃。明军杀到胪朐河，明军因为之前缴获了大量元军辎重而行军变缓。李文忠下令大军将辎重留在胪朐河一带，命韩政留下来守卫这些战利品。而李文忠率部下带着够用二十日的军粮，日夜兼程，很快，东路军达到了土剌河，元太师合剌章、蛮子带领大军渡河迎战。他们下令将家属留在河北不远处，而元军在河南岸严阵以待。这样，身后是家属们的安危，如果元军不敌，他们将落入明军手中。由此，元军也是背水一战，士气十分高昂。

李文忠带兵杀来，双方混战，元军稍微退却。元军退到了阿鲁浑河，明军继续追赶，双方展开激战，元军拼死抵抗，毫不退却。在激战之中，李文忠的坐骑被流矢射中，他急忙翻身下马手持兵器与元军作战。他的随从刘义奋勇向前，以自己的身体掩护主将。而指挥李荣见形势危急，连忙将自己的坐骑让给了李文忠，自己则夺下敌人战马骑乘。李文忠得到了战马，挥舞着长槊迎战敌军，明军士气被鼓舞，拼死作战，元军最终被击败。明军虽然胜利，但是曹良臣、周显、常荣、张耀等将领阵亡，也损失不小。

明军追赶到骋海，这里是蒙古人祖居之地，元军士兵拼死抵抗。在作战之中，四方赶来的元军士兵越来越多，反过来包围了明军。原来，此路元军采取的也是诱敌深入的计策，他们一路上诱使明军不断深入，然后使明军疲惫，再乘机杀伤对手。李文忠连忙命令转攻为守，他采用疑兵之计，让部下守卫险要之处，杀牛为军粮，然后将所俘获的马畜等在野外放牧，以表示明军之悠闲。而元军担心有埋伏，不敢靠近，只是围困了三天之后撤军而去。

李文忠部在回师途中，迷失了道路，在桑哥儿麻时，因为缺水严重，渴死了很多士兵。正在李文忠十分沮丧之际，他骑乘的那匹马带着明军找到了泉水之处，这下全军才得以渡过难关，安然撤退。

这一次征伐沙漠，虽然西路军获得胜利，但是总体来看，三路大军一共损失了几万名将士，在朱元璋看来，这是一次极其失败的作战。他把主要责任归结到了自己身上，对此次失败念念不忘。直到洪武三十年六月，他还写信告诫镇守北方的晋王朱棡和燕王朱棣，自责自己当年是轻信无谋，才使得大军在和林损失了数万人。

这一次冯胜虽然取得了胜利，却再一次犯了老毛病，在没有请示皇帝的情况下，私自焚烧粮草丢弃甘州、宁夏和庄浪等城池，并且私自藏匿了驼马，因此被追夺封爵，贬为庶人。

而北元方面，乘着明军失利，开始了大举反击。洪武五年八月，北元攻破了云内州，州同知黄里战死。十一月，北元辽阳行省的左丞纳哈出又攻破牛家庄粮仓，抢走了明朝方面粮食十万多石，五千多明军士兵被杀或者被俘虏。洪武六年，北元军队凭借骑兵来去如风的优势，在东起辽东、西到陕甘的边境线，袭击明军。兴和、亦集乃和西北地区很多军事重镇又落入了北元之手。除此之外，镇守云南的梁王把匝剌瓦尔密与北元政权遥相呼应，而已经臣服明朝的高丽，也见风使舵，于洪武十年改奉北元为正朔。至此，北元政权得以巩固，爱猷识里达腊志得意满地在给高丽国王的国书中提到："以前因为兵乱，我们被迫迁到北方。现在我以王保保为相，几乎再一次中兴。"面对北疆出现的严峻形势，朱元璋十分忧虑。他担心云南梁王几十万军队会成为明军北伐的后顾之忧。鉴于此，朱元璋决定对北元采取招抚和防御相结合的方略。

招抚防御两不误

防御方面，朱元璋首先在边疆要害地区建置卫所，增加驻守兵力，屯田防守。徐达、李文忠、冯胜、邓愈、傅友德、汤和、蓝玉、王弼等明帝国最能征善战的将领都在北方边疆练兵防守。其次，他实行坚壁清野的政策。他下旨将沿边百姓都迁徙到内地居住。洪武六年春，朱元璋特意叮嘱即将去山西和北平防守的徐达、冯胜等人："夷狄出没无常，我们保障清野，使得他们即使来了也没有所得，等他们疲倦要回去的时候，再率领精锐攻打，必然会获胜。"朱元璋还叮嘱守卫北边的将领们："御边之道，当固守。敌人来则防御，退则不要追赶，才是上策。如果专意于穷兵黩武，是不可取的。"经过朱元璋的这番重新调整，北方边境得以加强，北元的侵扰被挡在了防线之外。

在防守之外，朱元璋还力争对北元问题和平解决。洪武五年十二月，他亲自写信给爱猷识里达腊，好言相劝对方顺应天命来归降，与此同时，他还写信给北元大臣刘仲德和朱彦德两人，告诫他们以臣下名义来劝说元主接受明朝的招抚，并且迎回被俘虏的儿子买的里八剌和其他眷属。爱猷识里达腊置之不理，但是朱元璋依然大度地对待被俘虏的北元宗室。洪武七年（1374）九月，朱元璋对大臣们说："草木无心，春天就能茂密生长；秋天落叶枯黄，这是节气所感应，更何况是人啊。崇礼侯买的里八剌来到南方已经五年了，现在也长大成人了，他岂能不思念父母和故土，应该将他放回北方。"朱元璋不顾某些大臣的反对，派遣了元朝投降的咸礼和袁不花帖木儿两个宦官一路护送买的里八剌北归。

临行之际，朱元璋对买的里八剌说："你本是元朝皇帝子孙，国亡被俘虏。之前，我担心你年龄小，道路太远，就没有送你走。现在你长大了，朕不忍心让你久居在此，特意将你送回，你就可以见到父母亲戚，以成全骨肉之爱。"他还叮嘱两位护送的宦官，说这是你们故君的后代，长途漫漫，你们一定要好好照顾他。买的里八剌带回了朱元璋赠送给父亲爱猷识里达腊的礼物还有亲笔书信一封。这也是朱元璋寄给元顺帝父子的第五封亲笔信，但是爱猷识里达腊仍然对此不予理会。这也为北元的最终覆灭埋下了祸根。

朱元璋还曾经七次致信王保保，尽力劝说对方来归顺明朝。王保保知道妹妹已经成为朱元璋儿子秦王朱樉的妻子，但是尽管如此，他对北元的一片忠心不变，对于朱元璋的好意相劝，依然是置之不理。

洪武七年，朱元璋派出李思齐为使者，前往招抚王保保。王保保见到李思齐，表示了自己忠臣不事二主的决心，还对这位自己的故交以礼相待。在李思齐返回之际，王保保护送他的随从突然对李思齐说："丞相让将军留下一条臂膀做纪念。"李思齐知道不能避免，就只好从命，在被对方砍下了一条胳膊之后，回到明朝，一命呜呼。

朱元璋想尽了办法，却无法招降王保保，他感到十分遗憾。他对大臣们感叹："常遇春虽然是人杰，但是我能得而用之。我却不能使得王保保臣服，这个人是奇男子呀！”有趣的是，当时明朝流行一句话——如果有人因为一点小成就便沾沾自喜，别人就可以用“有本事你去西边抓了王保保来啊”这句话来教训他。很显然，连英明神武的朱元璋皇帝都做不到的事情，自然别人也难以做到。不过，人终究难逃一死，名将也罢，战神也好，概莫能外。

洪武八年（1375）八月，王保保病死在了哈剌那海，北元也损失了一员富有谋略的将领。这下，朱元璋也得以长出一口气了。

明军方面，在立足于固守的同时，对北元军队也屡有斩获。洪武六年十一月，徐达在怀柔三角村击败了元军，俘虏平章康同佥，李文忠在朔州擒获了元太尉伯颜不花。洪武七年正月，李文忠在白登大败元军，擒获国公孛罗帖木儿。这年四月，蓝玉攻打兴和，元将脱因帖木儿弃城而逃。

洪武八年，朱元璋下诏给辽东都司：“现在天寒地冻，敌军必然乘机来入侵，你们应该坚壁清野准备好，千万不要轻易接战。等到他们进退不得时，再以伏兵阻击，断了他们的归路，可以击败他们。”果不然，这年腊月，元军来犯辽东。都指挥使马云等人探听到了纳哈出带兵前来，命指挥吴立等人严防死守，并且申明了朱元璋的旨意：敌人来到，坚壁清野，不要交战。纳哈出杀到了金州城下，当时金州城城墙还在修建中，守卫的兵力单薄，指挥韦当和王胜等人听说敌人来犯，命部下加强防守，准备迎战。纳哈出的部下乃剌吾自恃骁勇善战，就带着数百骑兵来到了金州城下挑战，结果城上射下一顿强弩弓箭，乃剌吾被杀出城的明军俘虏，北元方面为之夺气。

韦当等人带兵出击北元军，纳哈出失利，只好退兵。而明军都指挥叶旺预料到了敌人的退路，他先行带兵来到了柞河，自连云岛到窟驼寨十余里地，沿着河叠冰为墙，以水浇灌在上面，一晚上皆凝固，形成了一座壮观的小型冰城。然后叶旺下令在沙子中暗藏钉板，在平地上设置陷马坑，预先埋伏好了兵马，准备打击退却的纳哈出。

叶旺又命一些老弱士兵携带旗帜藏在两山之间，如果听到炮声就竖立旗子，而马云也在城中竖立大旗，他命部下将领严阵以待。没多久，敌军来到，叶旺等看到敌军主力过了城南，下令发炮。一时间，伏兵四起，两山之间旌旗招展，鼓声雷动，箭如雨下。元军被打了个措手不及，纳哈出仓皇逃跑，逃到了连云岛，遇到了冰城，马过不去，都陷入了明军预先设置好的陷马坑内，损失惨重。

马云乘机带军杀出城来，一路追赶敌军到了将军山，敌人被杀死和冻死的很多。叶旺一路追赶敌军到了诸儿峪，俘虏了无数士卒马匹，纳哈出仅以身免。明军大胜，庆祝之时，叶旺由衷钦佩皇帝的战略远见："如果不是主上明见万里，授以成算，如何能有如此大胜？"叶旺等将乃剌吾押送南京后，诸将要求皇帝将他正法，朱元璋却出于笼络纳哈出的考虑，不但没有杀乃剌吾，还将他任命为镇抚，赐给他妻妾和田宅。

洪武九年（1376）四月，傅友德击败了犯边的元将伯颜帖木儿。元平章见主将失利，将伯颜帖木儿抓了来投降傅友德。

接下来，朱元璋将打击北元的重心放在了西北和东北两个方向。西北方面，洪武九年十一月，朱元璋命卫国公邓愈为征西将军，都督沐英为副将军，讨伐西番。第二年四月，邓愈等来到番部川藏地区，斩首敌军众多，还俘虏男女一万多口，俘获马五千匹，羊十三万只。不过，这年的十一月，邓愈病逝在了前线。明朝又失一员良将。

北元方面自从王保保死后，中路和西路的军事力量日益削弱，已经不能大举南下侵扰明朝。洪武十一年（1378）四月，爱猷识里达腊一命呜呼，他的弟弟脱古思帖木儿即位，称作"乌萨哈尔汗"，改元天元，北元也因为这位能主的崩逝而变得更加衰弱。

北元皇帝一锅端

洪武十三年二月，北元国公脱火赤等人在应昌和林一带驻扎，不断在塞外出没，形成了对明朝边境的威胁。朱元璋命西平侯沐英带兵征伐，这也是明朝方面对北元的第三次北征。

三月，沐英出灵州，渡过黄河，经过宁夏，翻越了贺兰山，到了亦集乃路。沐英富有谋略，他率军急行七昼夜，对敌人进行了长途奔袭，在距离和林脱火赤军营五十里的地方，明军兵分四路从不同的方向，乘夜间突袭，最终成功俘虏了脱火赤。

为了剪除北元左翼，朱元璋紧锣密鼓地筹划收复辽东，一场大战近在眼前。

在朱元璋的军事压力和招抚政策下，纳哈出归降，辽东纳入了大明王朝的疆域。这场胜利意义非凡，标志着北元政权的东边已经完全暴露在了明军军事力量的打击之下。

洪武二十年九月，朱元璋在辽东增设了大宁都指挥使司，从六卫中抽调了两万多精锐驻防在大宁，并且命傅友德训练纳哈出部下新归附的元军。除此之外，朱元璋还在大宁和遵化、通州之间设置了几十个军事驿站，用来联络后方，将大宁作为进攻北元之桥头堡。九月底，朱元璋以永昌侯蓝玉担任征虏大将军，延安侯唐胜宗为左副将军，武定侯郭英为右副将军，都督佥事耿忠为左参将，都督佥事孙恪为右参将，带大军十五万出征北元。朱元璋这次下定了此番定要犁庭扫穴，“不斩匈奴誓不还”，一举解除多年来北元对大明北疆的威胁。决战的时候到来了！朱元璋的诏书中提到“奋扬威武，期必成功，肃清沙漠，在此一举”，这也是对北征将士们最大的鼓舞和激励。

蓝玉在受命后开始调集兵力。兵力集结完成，已经是初冬时分。考虑到在冬季严寒气候下，在漠北行军多有不利，蓝玉向朱元璋请示说天气严寒，敌人藏匿，大军久驻塞上，会浪费粮饷。他建议暂时留一些人马在大宁和会州等地驻守，主力军回到蓟州驻扎，等到有了北元军队的消息，大军再出动攻击。朱元璋批准了蓝玉的建议。

得知了明军打算大举进攻的消息，北元方面的将领观童、阿速还有宗室四大王等人，相继投降了明朝。

洪武二十一年三月，初春天气变暖，朱元璋派出使者诏谕蓝玉："最近故元司徒阿速等人来投降，朕知道敌人心中惶恐，失去了纪律，估计他们不能持久了。卿等应该整饬军队，直捣敌人老巢。如果他们要投降，就予以抚慰，不要失去事机，不要辜负朕的期望！"蓝玉得命，带领大军出大宁向着庆州方向进发。随同蓝玉出征的可谓将星云集，集中了当时明朝最顶尖的一批将领：唐胜宗、郭英、耿忠、孙恪、邓镇、王弼、赵庸、胡海、张翼、周武、曹兴等。

蓝玉大军得到情报，北元后主脱古思帖木儿在捕鱼儿海一带驻扎。于是，明军把目标锁定在了捕鱼儿海，也就是今天的贝尔湖一带。当年成吉思汗按照蒙古游牧贵族的传统分封亲族时，将兀鲁灰河等地（相当于现在的乌珠穆沁旗一带）封给了同母弟哈赤温的后裔，捕鱼儿海就是哈赤温后裔的势力范围。这里成为北元小朝廷的最后避难所。

蓝玉大军经历了一个月的艰难行程，一路上大军"人不卸甲、马不离鞍"，始终保持着高度警戒，以应对随时可能爆发的战斗。洪武二十一年四月，大军来到游魂南道，却因为找不到水源，饥渴难耐。关键时刻，归降的蒙古将领观童在营地附近发现了泉水，解了全军的燃眉之急。

大军行进到距离捕鱼儿海还有四十里地时，前哨却侦测不到敌人动向，失去了线索。经过长途行进的大军已经疲惫不堪，而恶劣的自然条件也让蓝玉打起了退堂鼓，他心生退意，打算撤军了。这时候，定远侯王弼劝说他："我等受朝廷厚恩，带兵十余万深入敌军腹地，现在没有任何收获，就撤军班师，劳师远征，毫无所得，回去无法复命啊！"蓝玉听闻此言，觉得有道理，就决定再等待一下，寻找战机。

为了防止敌人发现大军踪迹，蓝玉命令全军在地上挖洞煮饭，以防止炊烟升腾暴露行踪。次日黎明时分，大军到达捕鱼儿海南岸饮马，探马报来情报，敌军在捕鱼儿海东北八十里处驻扎。蓝玉立刻下令王弼为前锋带军冲击敌营。当时北元军认为，明军缺乏粮草，必然不能深入，故没有任何防备。而且当时天气大变，风沙遮天盖地，这也掩盖了明军的行踪。北元方面这时候也打算整顿车马，向北转移。在漫天风沙之中，双刀大将王弼带兵已经悄然接近了北元营地。北元太尉蛮子带兵迎战，两军都是骑兵，刀光闪处，鲜血迸发，双方军士都抱着必死的决心一战。北元方面已经没有退路，明军深入敌人腹地，更是“背水一战”。战场上，战马嘶鸣，利刃切断骨骼的清脆声响动人心魄，那凄惨的喊叫声令人不寒而栗。战斗之初，北元军士尚能与明军势均力敌，但是随着战斗的进行，北元军士被训练有素的明军精锐骑兵所压制，望着不断跌下马的同伴，巨大的恐惧已经笼罩在了所有北元士兵的心头。一番激战之后，包括蛮子在内的几千名北元精锐骑兵血洒疆场。

被明军将士的彪悍所震撼，剩下的北元士兵或投降或仓促逃亡。混乱之中，北元后主脱古思帖木儿与其子天保奴、知院捏怯来、丞相失烈门等几十个人骑马仓皇逃跑。蓝玉亲自率领精锐骑兵追赶了数千里，最终却无功而返。相信经过无数次的失利，黄金家族的后裔早就练就了一番逃跑的好本领。虽然没有抓住北元后主，这一战还是收获巨大。明军拿获了脱古思帖木儿的次子地保奴等六十四人、爱猷识里达腊的嫔妃及公主等五十九人，北元皇室几乎被一锅端。《明太祖实录》一百九十卷记载：“……追获吴王朵儿只、代王达里麻、平章八兰等二千九百九十人，军士男女七万七千三十七人，得宝玺图书牌面一百四十九、宣敕照会三千三百九十道、金印一枚、银印三枚；马四万七千匹，驼四千八百四头，牛羊十万二千四百五十二头，车三千余辆。”如此辉煌战果，为明元战争以来最大的一次。十多天后，“大将军永昌侯蓝玉破故元将哈剌章营，获其部下军士一万五千八百三户，马驴四万八千一百五十余匹”。这样计算下来，北元的主力十万多人或死或降，全部覆灭在了捕鱼儿海之战中。这当中也包括王保保所部“百战余生”的全部精锐。

战斗结束后，蓝玉让俘虏把自己身上的铠甲全部解下，各类铁甲、皮甲瞬时堆积如山，他下令一把大火将这些铠甲烧得灰飞烟灭。相信这一刻，数万名北元俘虏望着那冉冉升腾的大火，一定很怀念祖先打遍天下无敌手时的冲天豪迈。可惜，那已经是明日黄花了。

捕鱼儿海之战中，北元骑兵面临突然而至的明军轻骑兵，根本没有任何心理准备，因此作战之时，仓促应敌而无法施展他们惯用的战术。明朝方面战略目的很明确，就是要谍报先行，大规模的轻骑兵穿越草原，寻找北元可汗一举歼灭，这也是“斩首行动”。在无路可退之时，王弼带领的先锋部队以无畏的勇气杀向敌军大营，大败敌军。明朝方面的胜利实至名归，这是一场大规模骑兵奔袭的成功之战，堪比汉朝霍去病、唐朝李靖的骑兵长途奔袭、犁庭扫穴的大胜！

这一战基本摧毁了北元的主力军队。而北元后主脱古思帖木儿在逃亡途中死在了阿里不哥后裔也速迭尔之手，百年前，元世祖忽必烈和兄弟阿里不哥的一段争位之战也算有了个了断，真是应了那句话“出来混总是要还的”。捕鱼儿海之战后，北元基本再无南下复辟元朝的可能了，难怪明太祖朱元璋在接到了这一捷报后，欣喜不已，连连称赞蓝玉是当世的卫青、李靖！

捕鱼儿海之战，是明与北元战史上最辉煌的胜利。两百多年后，史学家谈迁还在他的巨著《国榷》中谈道：蓝玉这一战犁庭扫穴之功可以比肩汉朝卫青、霍去病横扫匈奴之战。这一战打得北元分崩离析，给其造成的损失空前，就是之后明成祖朱棣四扫虏廷之战也比不上啊！之后北元再想反攻，已经没有实力了。

捕鱼儿海之战的消息传遍了整个漠北草原，很多元朝遗老遗少的复辟美梦就此被终结，其中不少识时务者开始归顺明朝。

洪武二十一年八月，北元中政院使脱因、宣政院使脱怜、太史院使邦住、太常礼仪院使台里帖木儿、司农司丞孛罗不花等一千多名官员自辽东来投降明朝。十月，北元国公老撒、知院捏怯来、丞相失烈门派出火儿灰等人带着三千人来到南京献马投降明朝。

此时，北元随着脱古思帖木儿的死，也速迭儿继承了北元帝位，他自称“卓里克图汗”。不过由于他不是忽必烈后裔，漠北草原各种势力对他很不服气。十一月，北辽辽王阿札失里、惠宁王塔宾帖木儿等人要来归顺明朝。

朱元璋利用这些有利时机，在东起辽东、西到甘陇这一漫长的边境线上增设了全宁等众多卫所，他还将甘肃卫分为六卫，除了秦王、晋王、燕王之外，朱元璋命将第十四子朱楧由汉王改封肃王，在甘州就国，加强边疆的防卫。

北元的终结

当然，北元方面虽然日渐衰微，但是他们仍然没有放弃努力。洪武二十二年（1389）八月，也速迭儿派出大将安答纳哈出向辽东扩展势力，先前投降明朝的北元丞相失烈门暗中联络一起归附的塔失海牙叛乱，他们带领手下将明朝全宁卫指挥使捏怯来劫持并将其杀害。受到他们的影响，先前归附明朝的咬住、乃儿不花和阿鲁帖木儿等人降而复叛。

洪武二十三年（1390）正月，朱元璋命晋王和燕王出兵征讨咬住和乃儿不花，同时又命傅友德、赵庸、曹兴、王弼、孙恪等将领前往北疆练兵备战，听从晋王和燕王节制。

三月，燕王朱棣招降了乃儿不花。洪武二十五年（1392），朱元璋任命周兴为总兵官率军攻打安答纳哈出。这次作战击败了敌人，将他们逼退到漠北深处，安答纳哈出和也速迭儿十几年不敢犯边，北疆的局势大为安定。

除了漠北的北元皇帝之外，西域还有两股残余的北元势力。一股势力是哈密的肃王兀纳失里，他是察合台后裔。他曾经于洪武十三年开始向明朝遣使纳贡，但是他暗中兼并其他部落，扩张自己的势力。洪武二十三年，兀纳失里阻断西域回纥来朝贡明朝的使者，因此与明朝失和。洪武二十四年（1391）八月，朱元璋派遣刘真、宋晟等人出兵凉州讨伐哈密，一举攻下他们的城池。兀纳失里逃遁，明朝从此控制了哈密地区。

洪武二十五年十二月，兀纳失里派人向明朝贡马请罪。次年，他病逝，其弟安克帖木儿继承了肃王之位。到了朱棣登基的永乐二年（1404），安克帖木儿被明朝封为忠顺王，朝廷在哈密设置卫所，哈密纳入了明朝版图之内。

另一股势力是别失八里国，由察合台后裔控制。洪武二十四年，别失八里国可汗黑的儿火者派人朝贡明朝，双方开始了首次接触。同年九月，朱元璋派出宽彻、韩敬为使者回访别失八里国，要求他们与明朝同好不断，友好往来。却没有想到，黑的儿火者对明朝还怀有戒备心理，他以明朝没有厚重的赏赐为借口扣留了主使宽彻，只放了副使回明朝。洪武三十年正月，朱元璋派遣使者责问并警告黑的儿火者，告诫他不要阻断了和平交往之路而导致兵祸。黑的儿火者慑于明朝的强大，只好放回了宽彻。之后，别失八里国保持了与明朝的和平交往，一直到正德九年（1514）它被叶尔羌汗国所取代为止。

再说北元汗廷方面，洪武二十五年，也速迭儿病逝，其弟额勒伯克即位，其在位六年被杀。其子坤帖木儿继承汗位，建文四年（1402）又死于大将鬼力赤之手。鬼力赤不是成吉思汗子孙，他篡位自立取消了元朝国号，自称可汗，国号改为“鞑靼”，至此，北元彻底终结。北元的终结虽然是在建文一朝，但主要是朱元璋洪武一朝十次北伐，沉重打击了他们的军事势力，才导致了最终内部分崩离析，走向了消亡。从这个意义来说，朱元璋功不可没。

朱元璋对北元势力死灰复燃始终保持着高度警惕性。在洪武二十九年（1396）三月，宁王朱权在北面边境巡逻时发现了一些脱落的车轮在路旁被遗弃，他就上报给了皇父朱元璋。朱元璋担心北元有死灰复燃的迹象，立刻命令燕王朱棣带领精锐骑兵从大宁赶到彻彻儿山去搜索敌军痕迹，结果仅仅捉到了几十个蒙古人而回。

元朝统治中国未到百年而灰飞烟灭，当时的世界局势也发生了巨大变化。随着元朝的灭亡，高丽、安南和缅甸等元帝国的附属国先后宣告脱离与蒙古统治者之间的隶属关系，转而效忠新兴的大明王朝。

蒙古人在世界上其他地方建立的国家也陷入了战火之中，无法援救宗主国元王朝了。

位于中亚钦察草原到欧洲伏尔加河下游的金帐汗国处于严重危机之中，原先对他们恭顺有加的俄罗斯人开始了反抗蒙古统治的运动。在1380年，也就是中国大明王朝的洪武十三年，全俄罗斯的许多公国组成了联军，发起了与金帐汗国马麦汗的战役，史称“库里科沃之战”。金帐汗国已经陷入了内乱之中。

而锡尔河流域的察合台汗国已经四分五裂，一个叫作帖木儿的突厥化蒙古人自称是成吉思汗的后裔，他在元明易代之际迅速崛起，控制了察合台汗国的一部分领土和河中地区，席卷伊尔汗国，之后又侵入金帐汗国。

由此可见，当时蒙古人的各个汗国自顾不暇，根本无力援救作为宗主国的元王朝和其继承者北元政权了。

在朱元璋病逝之后，蒙古分裂为三大部落，它们分别是活动于辽河、西辽河和老哈河流域的兀良哈部，活动于鄂嫩河和克鲁伦河流域和贝加尔湖一带的鞑靼部，以及活动于科布多河、额尔齐斯河流域和以南准噶尔盆地的瓦剌部。

永乐年间，蒙古三部之中以鞑靼部最为强大，其次则是瓦剌部，而兀良哈部和明朝的关系最为密切。洪武二十二年，大明王朝曾经设置了朵颜、泰宁和福余三卫，来安置兀良哈部众，所以兀良哈部也被称作“兀良哈三卫”。

朱棣的对蒙策略

北部边疆军事部署的调整

朱棣通过“靖难之役”夺取了帝位，他就是历史上赫赫有名的永乐大帝。朱棣上台之后，对于北部边疆的军事部署做出了一系列重大调整。第一个重大调整是在永乐元年三月，朱棣将原先治所在大宁的大宁都指挥使司内迁到了河北保定。

大宁都指挥使司是朱元璋设置的。如果以军事地理来看，大宁到北京的距离和大宁到深入漠北腹地的重镇开平卫之间的距离大概相等，还与开平卫到北京之间的距离也大致相等，这就构成了一个等边的三角形。朱元璋晚年正是以北平、大宁作为大明王朝北部边疆重要据点构建了一个三角形的军事防御地带。这条防线向东可以防御女真和朝鲜人随时发动的侵扰，向北可以抵御蒙古的进攻。因此大宁的设置实在是必不可少的，朱元璋在这里投入了军事重兵来布防可谓是眼光独到。

大宁都指挥使司所在地是宁王朱权的藩邸所在地，此处兵力至少在十五万人，以如此雄厚之兵力来镇守北部边疆，而且还时常出塞痛击蒙古残部。

但是朱棣将大宁都指挥使司治所内迁，给明朝的北部边防造成了致命的影响。大宁都指挥使司内迁保定，朱棣并没有在大宁故地重新设防，而是直接放弃了此地，导致此地之后被兀良哈三卫所占据。由于大宁的不设防，造成了明朝北部边疆重要据点之间声势隔绝，最后不得不南撤开平，这也是不争的历史事实。

朱棣放弃了大宁，相当于在辽东和开平之间的边防线上打开了一个巨大的缺口，蒙古骑兵可以在这个缺口处自由出入。这使得朱元璋最初设计的北部边防线出现了断裂。

朱棣在内迁大宁都司的同时，也对东胜卫做了内撤。他在即位不到一年的时间，就将北部边防上两个重要都司都撤回了内地，这样北部边防就出现了两个大缺口，一个是在辽东和开平之间，另一个是在大同和宁夏、甘肃之间。塞外重镇开平成了深入蒙古高原的孤岛，三面受敌，处于岌岌可危的境地。

也许朱棣内迁大宁和东胜是基于供应的困难，抑或是天子守边的自信，但是不管怎么说，内迁两处军事重镇的恶果在永乐一朝尚且不明显，在正统朝才显现出来。

朱棣对北部边防做出的第二个重大调整就是将北疆上的塞王内迁。朱棣是从北边藩王起家的，通过靖难之役夺取了朱允炆的皇位，他当然不希望自己那些如狼似虎的兄弟效仿自己，再来一次“靖难”。因此，他上台之后通过各种抑制藩王或者削藩政策，使得洪武年间大封皇子藩王守边的格局到了永乐时期为之大变。

塞王内迁从历史发展的大势来看，有利于明朝统治的稳定和皇权稳固。不过，北面边疆不能只依靠天子守边，于是朱棣派出宋晟、何福等将领以及靖难功臣前去镇守边关，并且派出了心腹太监前往监军。

亲征漠北

朱棣调整北部边防的第三个重要措施是亲征漠北。在永乐初年，朱棣对蒙古各部奉行招抚政策。这时候蒙古名义上的大汗已经从坤帖木儿变成了鬼力赤。鬼力赤上台后，蒙古本部和瓦剌之间掀起了战争，双方各有胜负。朱棣利用这个机会，在两部之间实行了平衡和拉拢。

永乐六年（1408），瓦剌为了能够对蒙古本部取得战略优势，派出了使节暖答失跟随明朝使者回访明朝，向明朝进贡马匹，并且请求明朝给予封号和印信。朱棣为了进一步确认瓦剌和蒙古本部的状况，并没有立刻答应瓦剌方面的要求。在同年冬天，蒙古本部发生了叛乱，本雅失里取代鬼力赤成为大汗，因此朱棣在次年五月正式册封瓦剌三王马哈木、太平和把秃孛罗分别为顺宁王、贤义王、安乐王，希望利用瓦剌和蒙古本部之间的矛盾统治蒙古各部。

新上任的大汗本雅失里奉行对明朝的强硬政策，竟然杀死了明朝使者，还打算袭击明朝控制下的兀良哈三卫。这样公开的挑衅让朱棣忍无可忍。

为何本雅失里在刚上台后，就对明朝采取了如此强硬的措施呢？本雅失里自称是忽必烈之后裔，他原先生活在中亚的撒马尔罕，后来移居到了别失八里。在阿鲁台和马尔哈咱两位重臣的支持下，鬼力赤被迫主动接受他回到蒙古。对于本雅失里，明朝人也对他十分关注。

本雅失里上台之后，亲征瓦剌，却遭受了失败。朱棣一面派出使者拉拢瓦剌，一面又派出都指挥金塔卜歹和给事中郭骥去安抚本雅失里，其实是去侦测敌情。朱棣在给本雅失里的诏书里表示希望对方能认清当前形势，保持明蒙和平，希望彼此之间相安无事。为了表示诚意，朱棣还送来了最近投降的两千多名蒙古人。

本雅失里明白朱棣派遣使者的意思，也清楚他在蒙古本部鞑靼和瓦剌之间互相挑唆的手段，他对此十分愤恨。而且朱棣诏书中有一句“朕为中原之主，大汗为草原之主”，深深触及了他身为元皇室后裔的敏感之处，勾起了他对昔日盛极一时的元帝国的深深怀念。在这些复杂情绪之下，本雅失里难以控制自己的怒火，一气之下，下令将使者郭骥斩杀，准备出兵兀良哈三卫，招降三卫的蒙古人，他竟然决定挑战明朝，重新树立自己的权威。

永乐七年（1409）六月，郭骥使团中的随行人员百户李咬住等人从鞑靼汗廷逃出，向朱棣报告了本雅失里杀害郭骥的消息。朱棣大怒，当即命令淇国公丘福为征虏大将军，担任总兵官，武城侯王聪、同安侯火真为左右副将军，靖安侯王忠和安平侯李远为左右参将，带领十万精兵讨伐本雅失里。朱棣早就做好了战争准备，征调十万精兵仅仅用了二十二天而已！

可见本雅失里的冒失举动给了朱棣出兵最好的借口。对于大明王朝来说，“靖难之役”造成的国内破坏已经得以恢复，而郑和已经在第二次下西洋的旅途之中，永乐朝的国力已经达到了明朝建立后的鼎盛。再一次开展对蒙古作战的条件已经具备。

另外，朱棣虽然和蒙古之间维持了一段和平时间，但是瓦剌突然崛起，而瓦剌权臣马哈木对明朝表现十分友好，但本雅失里上台导致了鞑靼部进入内部动荡，使得朱棣看到了通过一次大规模战争击溃蒙古本部的可能性，于是明蒙之间再次爆发了战争。

明军统帅丘福本是朱棣为燕王时的藩邸旧人，他在“靖难之役”中和朱能、张玉一起立下了大功。丘福虽然谋略不及张玉，但是打仗不怕死，而且为人低调，不和他人争功，因此朱棣十分喜爱他。

在丘福出兵之前，朱棣反复叮嘱他不可贸然深入，在进入蒙古大漠后，一定要谨慎从事。

本雅失里和阿鲁台得知了明军出塞的消息后，知道对方兵力强盛，并没有尝试和明军来一个强硬对拼，他们充分利用骑兵为主的游击战术，引诱明军深入。所以丘福从北京出发，到了开平后，一路上都没有遇到蒙古兵。丘福本来还对敌军怀有戒备之心，但是大军行进了几千里，一直杀到了胪朐河，蒙古人连个人影都没有。就这样，丘福的警惕性也越来越低。有一天，前锋搜索部队千余人在胪朐河南岸发现了一小股蒙古骑兵，明军将领看到敌方人数不多，就下令攻击。

这一队蒙古军经过一番抵抗之后，就投降了明军。审讯之后，其中一个将领说自己是本雅失里任命的尚书。丘福对他亲自审问，这个人交代说，本雅失里在败给了瓦剌之后，人心离散，军无斗志，听说明军大举而来，惊恐不已，现在已经无心抵抗。剩下的人马已经渡过了胪朐河，准备撤退到北岸，离明军还有三十里远。

这些显然是蒙古人为了迷惑明军而事先准备好的口供，但是丘福却深信不疑。他命令前锋渡过胪朐河，准备追击蒙古军。但是部将们觉得情况不对，纷纷出来劝说。他们觉得此时大军主力未到，如果以前锋部队贸然渡河，就有被敌军包抄的危险。但是丘福一想到蓝玉通过捕鱼儿海一战全歼北元汗廷的辉煌，也是如同他这样千里行军，不见地方踪影，最后通过坚持追击，才一举取得了大捷。丘福贪功心切，他眼看自己有可能给予蒙古以毁灭性打击，然后超越蓝玉，成为名震古今的一代名将，自然失去了正确、冷静的判断力。

丘福不听从众将劝说，坚决要求部下追击，并且他以这些蒙古俘虏为向导，带领精锐骑兵一千多人准备发动对本雅失里的突袭。果然，在向导的带领下，追击的明军发现了蒙古军踪迹，但是蒙古军无意和明军恋战，只是一直后撤。

丘福要求大军奋起直追，就在这样的追赶中，两天的时间很快过去了。部将李远觉得这是蒙古人故意示弱，一定有埋伏，大军不能再追击了，不如等两天，等主力部队追上来，然后再行决战。王聪等部将也十分支持李远的建议。但是丘福一意孤行，他坚持认为蒙古军接连失败，兵力不足，所以才不停地退却，就算真有埋伏，只要等到大军到来，就可以将对方一举消灭。他不听部将劝说，以右副将军火真为使者，假装和蒙古人谈判，乘机带领骑兵攻击对方大营，希望能俘虏本雅失里。

火真对此充满犹豫，觉得丘福的判断过于乐观，结果被丘福以斩首相威胁，只好继续追击。就在当天夜间，几万名蒙古军突然从四面八方涌出，等丘福反应过来时，发现自己已经身陷重围之中。

本来明军战斗力也不次于蒙古人，但是经过连日追击早已经困顿不堪，而蒙古军却是以逸待劳，明军没有丝毫的抵抗力。丘福见大事不妙，只好强行突围，结果王聪和李远战死，而丘福、火真和王忠成了蒙古人的俘虏，被蒙古人杀死。明军主帅战死，虽然主力部队没有受到损失，却士气低落，在蒙古军追击之下，大败而逃。就这样十万大军在一月之间竟然全军覆没！这也是明朝建立以后对外战争所遭受的最惨痛失败。

这一次明军大败，使得本雅失里重新振作起来。当初投靠明朝的一些宁夏和甘肃等地的蒙古部众，再一次叛明北逃。而兀良哈三卫也出现了动摇。本雅失里竟然也乘着胜利，频频带兵骚扰明朝边疆。

为了扭转被动的局面，朱棣下定决心御驾亲征。永乐八年（1410），朱棣从各地抽调了五十万大军，准备对蒙古开展大规模报复战争。朱棣在二月初十日亲自带领大军出发，经过了十五天的行军，明军到达了兴和。朱棣将大军分为五部，分别以王友、柳升、何福、陈懋、郑亨、刘才为主将。由于此次朱棣亲征的队伍十分庞大，而朱棣又以丘福失败为借鉴，行军速度十分慢。

五月初八日，明军在玉华峰俘虏了一个蒙古人。经过审讯，俘虏交代明军五十万大军出动的消息，对蒙古震动极大，由于本雅失里和阿鲁台意见不同，造成蒙古主力发生了内讧。

封地在东方的阿鲁台，打算与明军讲和，他要求部下东迁。而本雅失里觉得主力应该向西撤退，联合瓦剌，一起对付明军。结果双方大吵一架后，阿鲁台带兵向东行进，而本雅失里带着部众向西边打算投奔瓦剌。

朱棣将部队分作两部，自己亲自带领精锐骑兵，准备追击。剩下的部队由王友统领，在原地休整，并在胪朐河畔修建了一个杀胡城，以此作为以后明军北上的一个据点。五月十三日，明军在斡难河南岸发现了本雅失里的部队。这里是蒙古民族走上历史舞台的起点。

公元1206年，成吉思汗就是在这里坐上了大汗之位，进而开始了他征战天下的旅程。

在一场激战之后，本雅失里仅仅带着七名随从落荒而逃。至此本雅失里主力被歼灭，他只好投靠瓦剌。永乐十年（1412），马哈木杀死了本雅失里，夺取了蒙古大汗的传国印玺。

明军的这一场胜利打破了蒙古东西两部的平衡，使得瓦剌逐渐得以振兴。

朱棣并没有满足于击败本雅失里一部，他在五月二十一日发动了对阿鲁台部的追击。六月初九日，明军在飞云壑一带发现了阿鲁台部。明军将阿鲁台部包围，朱棣亲自带领精兵实施中央突破的战术，阿鲁台部崩溃。阿鲁台本人带着家眷落荒而逃，此后几天内，阿鲁台部和明军又有几次交手，但都是以失败告终。

朱棣的第一次北征取得了丰硕的战果。本雅失里被瓦剌人所杀，而阿鲁台派使者向明朝称臣朝贡。

不过这一次朱棣亲征蒙古，最大的受益者不是明朝，而是瓦剌。明军虽然获得了胜利，经济上却付出了重大代价。而瓦剌则一点都没有损失，他们不断怂恿朱棣乘胜追击，彻底消灭阿鲁台。永乐九年，瓦剌权臣马哈木派出使者对朱棣表示，本雅失里和阿鲁台的失败，实则是天意，然而阿鲁台并没有得到应有的惩罚，他对辽东北部和兀良哈三卫依然存在威胁，如果放过他，则鞑靼势力尚存，西北各国依然畏惧蒙古，不肯臣服于大明。他希望明朝方面对阿鲁台继续用兵，不要错过时机。以朱棣之精明睿智，当然知道这是瓦剌借刀杀人，企图坐收渔翁之利。他不受瓦剌人摆布，依然将阿鲁台保留了下来，只要他对明朝表示臣服，就不再对其进行武力打击。

朱棣主张不对阿鲁台赶尽杀绝，就是为让阿鲁台、瓦剌和大明三者之间形成一个互相牵制的关系，使得大明能在三者之间始终处于优势。但是，瓦剌也有自己的打算，他们也不愿意受到大明的摆布。瓦剌在杀掉了本雅失里后，于永乐九年拥立傀儡答里巴为蒙古大汗，其权力则被马哈木、太平、把秃孛罗所控制。

瓦剌的壮大与野心

说起这个瓦剌部，是我们这本书的一大主角，在此有必要介绍一下。瓦剌，蒙古时代被称作“外剌”“外剌歹”“斡亦剌”等，明朝开始将其翻译为“瓦剌”，清代则称作“卫拉特”和“厄鲁特”等，这是蒙古部落的一支。他们的先民是“林木中百姓”，最早生活地是东北额尔古纳河流域的密林中，与蒙古祖先蒙兀室韦比邻而居。

在十二世纪蒙古部铁木真势力崛起之时，斡亦剌首领忽都合别乞与铁木真作对，联合塔塔尔、乃蛮等部落组成联盟，但是都被铁木真一一击败。铁木真被推举为蒙古大汗之后，命令长子术赤带兵西征“林木中百姓”各部。

斡亦剌等部归附后，成吉思汗同他们建立了联姻，以增强自身势力。通过这种世代联姻，瓦剌的前身斡亦剌和成吉思汗的黄金家族建立了紧密的联系。

随着蒙古的强盛，斡亦剌部逐渐向着叶尼塞河上游更广阔的地域发展，在蒙古帝国兴起之初，斡亦剌已经成为蒙古各部中不容小觑的重要势力。在此后忽必烈和阿里不哥争夺蒙古大汗之位的过程中，斡亦剌站在了忽必烈的对立面，属于阿里不哥的阵营。

最终阿里不哥失败，斡亦剌与元廷中央的距离越来越远，双方之间的隔阂也越来越深了。

在捕鱼儿海之战中，北元后主脱古思帖木儿和太子天保奴仓皇而逃，他们打算逃回和林，经过土剌河时，遭到了阿里不哥后裔也速迭儿的袭击，瓦剌人也参与其中，结果北元后主毙命。漠北大汗之位由忽必烈系转到了阿里不哥系手中。

明朝初年，瓦剌的势力范围大致是北面包括乞儿吉思，西南与正南和别失八里以及哈密卫为邻，而东面和鞑靼交界，东南则为明朝陕甘宁一带。瓦剌首领猛哥帖木儿被人称作瓦剌王，但是他毕竟不是黄金家族的后裔，所以遭到了鞑靼贵族的强力反对。

由此东西蒙古两大部落之间的争斗开始，双方争相拥立黄金家族的后裔为大汗，以便取得舆论上的优势。之后，瓦剌和鞑靼部征战不断。到了永乐年间，他们之间的矛盾也为朱棣所利用，进行牵制和平衡，力争不使得任何一方坐大。

但是在朱棣第一次北征沙漠之后，本来就处于上升期的瓦剌势力变得更为强大。曾经一分为三的瓦剌被势力最强大的绰罗斯部首领马哈木统一起来。他们连年发动战争，使得被明朝大大打击的鞑靼部更加衰落，他们甚至占领了东蒙古的核心和林地区。

打算动武了

对于瓦剌势力的逐渐增长，朱棣也保持了应有的警惕。永乐九年，朱棣命安远伯柳升在宁夏驻军，都督刘江在辽东镇守。

瓦剌首领马哈木的野心也在不断增长，他开始侵扰大明边疆。永乐十一年（1413），开平侯郭亮等上奏，从瓦剌间谍口中得知，马哈木带领大军来到了饮马河，打算袭击阿鲁台，实则是计划南下侵略大明。

面对马哈木如此挑衅，朱棣岂能容忍。他开始征调兵马，打算对瓦剌动武了。此时和大明站在同一条战线的阿鲁台，知道了明朝皇帝打算征伐瓦剌的消息，他派出使者向朱棣报告了瓦剌军队南下到了哈剌莽来，打算进攻大明的重镇开平、兴和和大同。

朱棣下令边将加强防守，一个月之后，他下达了亲征诏书。

这次明军面对的敌人更为强大，因为马哈木的军事能力要远远超过阿鲁台和本雅失里。马哈木出身于绰罗斯部，这个部落乃瓦剌三部中军事势力最强的一部，后来盛极一时的准噶尔汗国的噶尔丹就是绰罗斯部落的后代。

鞑靼部以轻装骑兵为主，而瓦剌由于偏处大明西北，得以躲避明朝开展的铁骑武器贸易封锁，从中亚购买了大量铁器，组建了一支重装骑兵。重装骑兵的冲击力远远超过轻装骑兵。这些骑兵身披重甲，就是战马也覆盖着铠甲。在作战时，重装骑兵手持三至四米的长枪，平伸向前，依靠着战马飞速奔跑的冲击力，发动不可阻挡的冲锋。瓦剌的重装骑兵受到帖木儿帝国军队的影响，他们全身披着札甲，配合锁子甲和部分布面铁甲，甚至还有一些板甲来加强部件，有着明显的突厥风格，装备比一般蒙古装束的重骑兵都要精良。

瓦剌重装骑兵的主要武器是长矛，每个骑兵腰间还携带短弯刀或者狼牙棒。大明王朝当然也有重装骑兵，这些骑兵继承并发展了宋代重装骑兵的铠甲形制，负重达到了二十公斤，装备上与瓦剌十分类似。

此次明朝与瓦剌的交锋，也堪称明蒙百年战争史上唯一一次双方都大规模使用重装骑兵的交锋。

神机营带着火器上阵

永乐十二年三月十七日，朱棣带领明朝大军从北京出发，兵力总人数依然是五十万人。从征的部将有柳升、郑亨、陈懋、李彬、王通、谭青、刘江等，皇太孙朱瞻基也随从征战。

朱棣在大军开拔之前，先命都督刘江和朱荣带领精锐骑兵到兴和一百里外，登高瞭望敌情。明朝骑兵分为两队或者三队一组，搜索瓦剌军的行踪，亲征大军则在随后出发。

由于此次瓦剌以重装骑兵为主，一般的箭头难以穿透其厚重的铠甲，只有火器的炮弹才能击毙瓦剌重装骑兵，所以此次征战神机营就显得尤其重要了。

神机营是明军中的先进兵种，他们配备的远程兵器主要是神机铳炮等管型火器。管型火器和弓弩相比，有两个巨大优势：第一，士兵只要经过简单的训练就能顺利操控火器，所需要的时间比练习射箭要短得多；第二，操控火器不需要花费很大力气就可以长时间连续射击，而弯弓搭箭则需要很强的体力，如臂力、腰力和脚力，时间久了士兵难以支撑。

所以管型火器特别适合普通人来使用。

明军之中使用管型火器的历史十分久远。朱元璋在平定天下的过程中就对此十分重视。最早于至正十九年（1359），朱元璋与张士诚之间的绍兴之战中，就使用了火铳。而鄱阳湖大决战以及后来的平定四川云南之战中，各种各样的管型火器都在明军中有着显眼的表现。

管型火器虽然在射程上超过弓箭，但是射速与之相比还是显得逊色不少，这是因为管型火器的发射程序有些烦琐。士兵在发出一发弹丸之后，需要重新装备弹药，这就要耗费一定时间，仅仅靠自己一个人难以迅速连续发射。不过，这个难题被一个名将所解决。

镇守云南的沐英在洪武二十一年和当地叛乱的土著作战时，曾经将火器部队分作了三行，第一行在完成射击后迅速退到阵地后重新装填弹药，与此同时，第二行前进到第一行的位置继续射击，其后，第三行也与此类似，这样就可以达到连续射击的目的。

在永乐年间，明军又发明了一种连续射击的新战术。这种战术也是将士兵分为三个队列，在战斗时，第一行的士兵射击完成后，立刻将火器往后传给第二行士兵，第二行士兵需要前后兼顾，一方面将用过的火器传给第三行，由第三行士兵装上弹药，另一方面要负责从第三行士兵手中接过装填好弹药的火器，向前传递给第一行的士兵，让他们可以保持连续射击。这样一来，射击的速度更加提高，将领们往往将一些射击比较精准的士兵放在第一行，以提高命中率。

明军使用管型火器的新兵种已经开始逐渐成熟，终于于永乐八年创立了神机营（神机营创立于永乐八年）。他们配备的各种管型火器有手铳、碗口铳炮、独眼神铳、神枪和神机炮等。除此之外，还有神机箭等燃烧性火器。神机营由中军、左右掖、左右哨等组成，以步兵为主。神机营参加了朱棣的历次亲征漠北之战。神机营中还有一支骑兵队伍，它拥有五千匹战马，组成了一个名叫“五千下”的队伍，由谭广率领，专门掌管操练火器和随驾护卫。

神机营总人数全盛时有七万五千人。这支队伍也是世界上最早的火器兵种，比欧洲十六世纪初由西班牙创建的火枪兵还要早一百年左右。

神机营和五军营、三千营一起并称为京师三大营，这是明初正规军之中的精锐部队。其中五军营分为中军、左右掖和左右哨五个军事单位，主要是由京城卫所和各省抽调的步骑兵组成。而三千营则是由归附明朝的三千蒙古兵组成。

神机营在对付喜欢打游击的鞑靼轻装骑兵时十分有效果，但是与攻击能力极强的瓦剌重装骑兵对战的时间一久，必然暴露出装弹速度较慢的弱点。这个弱点不能仅仅依靠排列可以连续射击的叠阵来获得彻底解决，还需要火器技术不断进步和创新。一直到了十七世纪，出现了可以携带刺刀的遂发枪，才使得火器真正可以和骑兵相抗衡，而到了十九世纪机关枪的发明，火器才最终奠定了优势。

我们再说朱棣的第二次亲征。明军前锋都督刘江带兵在康哈里孩与瓦剌军队交锋，杀死瓦剌军几十人。

朱棣一眼就看出这是瓦剌人的引诱之策，打算将明军引入埋伏圈。朱棣下令全军警惕瓦剌人中精通汉语的假扮成明军乘夜劫营。

明军从刘江俘虏的瓦剌间谍那里得知，马哈木大军驻扎在双泉海西北方向的忽兰忽失温（今蒙古国乌兰巴托东南），朱棣知道决战的时刻到了。

朱棣亲自带领精锐骑兵向着忽兰忽失温方向进军。

六月初七日，明军杀到了忽兰忽失温，马哈木带大军已经等候明军多时。这里就是马哈木选好的与明军决战的战场。他带来了瓦剌全部精锐三万重装骑兵，而且每名骑兵携带了三四匹马，战马就有十万之众！

面对强敌，朱棣毫不慌乱，他亲自带领精锐骑兵在山顶观测地形，然后做出了部署。

朱棣看到瓦剌骑兵分为三路，就命几名重装骑兵下山和他们对战。瓦剌骑兵奋力冲锋，马哈木打算乘着重装骑兵冲下山时的巨大声势，一举击败明军。朱棣对此早有应对，他命安远伯柳升带领神机营应敌。

柳升带领神机营开始向瓦剌重骑兵射击，因为火力比较密集，虽然瓦剌骑兵重装铠甲，全副武装，但是依然有人不断地中弹落马，被击毙的瓦剌骑兵有几百人之多，剩下的瓦剌骑兵因为控制不了被火铳发射声所惊吓的战马而跌落马下，被自己同阵营的战马践踏而死。就这样，瓦剌骑兵的前锋渐渐支撑不住，有了败退的迹象。

见到战机已来，武安侯郑亨连忙带领部下追击，瓦剌人不甘示弱，绝地反击。在激战之中，郑亨被流箭所射中，只好带兵暂时退却。

成山侯王通带兵攻击瓦剌右翼，瓦剌军不为所动。都督朱崇和指挥吕兴带领神机营连续发射神机铳炮，瓦剌骑兵死伤无数。

这时候，丰城侯李彬、都督谭青和马聚带兵攻击瓦剌军左翼，瓦剌大军拼死抵抗，顽强的战斗力令人惊讶。双方的重装骑兵展开了一场惨烈的厮杀，明军之中很多勇猛的蒙古归附将官血战而亡。

这时候朱棣在山上远远向下观望战场局势，明军和瓦剌军对战已经进入了白热化，尤其是明军在东西两侧的战斗中已经处于胜败的关键时刻。朱棣见形势已经不容自己多考虑了，他身披重铠，跨上战马，亲自带领几千名重装骑兵，从山上向下冲击瓦剌军的中央主力。朱棣带领的重装骑兵乃是精锐之中的精锐，分为重装弓骑兵和重装重甲的铁甲骑兵。这些战士都是身经百战的老兵，就连他们配备的战马也是经过精挑细选的。

刚才已经在激战中耗尽了体力的瓦剌骑兵，突然迎头遭到了朱棣亲率的精锐骑兵冲击，已经难以支撑，纷纷开始败退。

明军方面看到瓦剌败退，士气大振，开始了全军追击，就连步兵也投入了战斗。战斗之中，瓦剌将领有十几人被杀，骑兵被斩首几千级，牛羊驼马十几万成了明军战利品。马哈木带领残兵败将向西边逃窜。明军乘胜追击，马哈木眼看被追上，只好再一次硬着头皮迎战，但只能再一次被明军击败。明军一直追赶到了土剌河，生擒了瓦剌军几十人。马哈木和太平等人像狡猾的兔子，再一次从乱军之中逃出。

此时已经是黄昏时分，看到明军还没有收兵，皇太孙朱瞻基派人侦察，得知了瓦剌败退的消息。朱棣刚回到了大营，皇太孙来拜见，爷孙两人就是否继续追击展开了讨论。朱瞻基认为瓦剌人已经败退，现在没有地方休整，他们无力反击，应当及时班师。朱棣接受了孙子的建议，第二天，部将们请求朱棣追击瓦剌残余，但是朱棣以穷寇莫追为理由拒绝了众人的请求。

此时的明军实力强大，足以对瓦剌残兵开展深入追击，朱棣为何要放弃全歼瓦剌人的良机呢？

因为朱棣对漠北蒙古的战略一直都是维护蒙古各部势力的平衡，只有如此，才能使得蒙古不能统一，永远处于分裂的状态。忽兰忽失温之战后，瓦剌元气大伤，如果此时彻底消灭瓦剌，东边的鞑靼就会迅速崛起并统一蒙古。这些是朱棣所不愿意看到的结果。所以，保留一个衰落的瓦剌对大明王朝是有帮助的。当然，我们也不能以事后诸葛亮的标准来要求朱棣此时就消灭瓦剌全部势力。即使没有瓦剌，鞑靼强势崛起，日后的“土木堡之变”也是难以避免的。

虽然没有全歼瓦剌，朱棣对于瓦剌依然充满了警惕之心。回军途中，他预料到瓦剌残兵败将可能会藏到山谷之中，就命令部将们严阵以待。在明军开拔之后，果然有瓦剌的残兵登高在窥探明军动静。朱棣派人去消灭他们，瓦剌骑兵知道不是对手，只好仓皇逃窜。

忽兰忽失温大战是大明王朝征伐蒙古历史上少有的具有决定性意义的大胜。不过，根据史料记载，明军仅仅是斩首几千级。在战场上，一般来说，斩首数字都远远低于真正的杀敌数字。蒙古这种游牧民族，往往会将战死者尸体带走，因为这样可以得到死者一半或者全部家产。

对于明军来说，在塞外作战获得敌军首级十分不容易。可以肯定的是，在忽兰忽失温大战中，明军歼敌数量当在一万人以上，瓦剌的伤亡应该超过了两万人，可以说在此次大战中瓦剌的三万精锐全部被消灭了。

当然，明军损失也很惨重，一方面，瓦剌骑兵战斗力强于鞑靼，另一方面，重装骑兵之间的正面对抗，双方都没有赚便宜。

在这场巅峰对决之中，朱棣和马哈木都展现出了极高的军事指挥能力。马哈木先是用蒙古人惯常使用的诱敌深入之术，将明军引入了事先精心布置的战场，打算在此一举全歼明军。等明军到了预定的战场，瓦剌以重装骑兵发动了宽正面密集队形冲击，打算利用重装骑兵强大的破坏能力，一举摧毁明军主力，将明军分割为几个部分各个加以击破，最终将他们全歼。马哈木的战术很厉害，但是他遇到的是“马上天子”朱棣，这位从刀光血海之中夺取皇位的皇帝更富有军事天赋。

朱棣的火器兵、骑兵和步兵的多兵种协同作战运用得十分娴熟。他先是将计就计，进入瓦剌事先布置的战场。他在发现瓦剌大军分为三路进攻的态势后，就制定了诱敌深入、以火器伏击的作战方案。马哈木果然中计，他认为明军不堪一击，就放弃了有利地形冲到了对明军地形有利的空旷阵地之前。明军神机营首先击溃了瓦剌前锋骑兵，趁着他们后军也出现了不同程度的混乱后，明军各将领迅速带领重装骑兵实施正面突袭和两翼包抄。等到两军杀到难解难分之时，朱棣亲自带领战斗力爆表的精锐重装骑兵从高处俯冲而下，攻击瓦剌主力。他们在瓦剌军中来回切割，使得瓦剌军全军崩溃。之后，明军长枪步兵军团加入战场和骑兵配合攻击瓦剌人。在明军这一整套行之有效的战术打击下，瓦剌军损失惨重。

朱棣对于战术的创新，也在这一战中得到了充分展现。他大力发展火器作战效力，十分重视火器在战场上的作用。他的多兵种协同作战，已经具备了近代多兵种复合攻击的雏形，可以说朱棣是当时最为耀眼的军事统帅！

瓦剌在忽兰忽失温的惨重失败，对于此后的历史发展产生了深远影响。首先，在战败后的第二年，瓦剌马哈木、太平和把秃孛罗一起向明朝廷谢罪。从此之后，永乐十二年一直到正统十四年三十五年间，瓦剌和大明王朝之间的关系基本比较和谐，没有爆发战争。其次，在马哈木丧失了自己的全部主力后，原先臣服于他的太平和把秃孛罗开始与马哈木分庭抗礼，瓦剌一分为三，一直到马哈木的儿子脱懽才得以再一次统一瓦剌。最后，称霸蒙古的野心被朱棣无情地摧毁之后，马哈木只好将自己的战略目标转向了中亚地区。永乐十四年（1416），马哈木在里海地区败亡，一代枭雄就此灰飞烟灭。

率军出击鞑靼

瓦剌被明军打败之后，鞑靼趁此机会经过几年的发展，势力日益强盛起来，从而改变了对明朝的依附政策，并侮辱或拘留明朝派去的使节，还时常对明朝边境进行骚扰和劫掠。

永乐十九年冬，鞑靼围攻明北方重镇兴和，杀死了明军指挥官王祥，由此，朱棣决定第三次亲征漠北。永乐二十年（1422）三月，朱棣率军从北京出发，出击鞑靼。其主力部队至宣府东南的鸡鸣山时，鞑靼首领阿鲁台得知明军来袭，乘夜逃离兴和，避而不战。七月，明军到达煞胡原，俘获鞑靼的部属，得知阿鲁台已逃走，朱棣下令停止追击。明军在回师途中，击败兀良哈部，九月，回师北京。朱棣第三次出击漠北，虽对鞑靼部有一定的打击，但成效不大，并没彻底解决盘踞漠北的蒙古三个部落对大明王朝边境的侵扰。

永乐二十一年（1423），鞑靼首领阿鲁台再次带领部众侵扰明朝边境，朱棣得知消息后决定再次亲征。明军八月初出征，九月上旬，明军到达沙城（今河北张北以北）时，阿鲁台的部下阿失帖木儿率部投降明军，并得知阿鲁台被瓦剌打败，其部已溃散，明军暂时驻军不发。十月，明军继续北上，在黄河以北击败鞑靼西部的军队，鞑靼王子也先土干率部众来降明，朱棣随即封也先土干为忠勇王，改名为金忠。十一月，明军班师回京。

永乐二十二年（1424）正月，鞑靼阿鲁台出兵扰袭大同等地，朱棣决定第五次亲征。忠勇王金忠自降明后，屡请出兵攻击阿鲁台，愿作前锋效力。朱棣批准了他的请求。

四月，明军出北京北上，进军途中，命金忠所部捕获阿鲁台部属，得知阿鲁台远遁，分兵搜查，未见敌军踪影。朱棣下令班师。七月，回师至榆木川（今内蒙古林西北），十八日朱棣病死在军中。明朝除了朱元璋以外最富军事谋略的一代风云皇帝退出了历史舞台。这对于明朝来说也是一个巨大损失。

明朝边防隐患

主动进攻到防守为主

朱棣死后，他的继承人明仁宗朱高炽在继位的第四天，就对大明王朝的边境做出了军事调整。永乐二十二年八月，他任命郑亨镇守大同，孟瑛镇守交趾，李隆镇守山海，朱荣镇守辽东。

朱高炽通过重用永乐朝的靖难将领为边镇守将，将军事进攻改为了边境防守，这就稳定了朱棣驾崩之后的北疆形势。

永乐帝驾崩之后，经过朱高炽的调整，在大明北疆形成了大同、辽东、宣府、甘肃、宁夏和蓟州六大军事防御重镇。除了在各个重镇指定将领防守外，朱高炽还沿袭父皇派出监军太监的政策，在各地边境重镇派出宦官来协同镇守，实则起到监视边防将领之作用。就这样，在洪熙一朝，形成了大明边境的总兵官和镇守太监为核心的二元军事格局。到了宣德朝，随着地方上派驻的巡抚总督大臣，边镇又形成了镇守内官、总兵官和巡抚总督为核心的三堂共理制。

在“十月天子”朱高炽驾崩之后，朱瞻基继位。令人感到意外的是，富有军事才能的朱瞻基在北疆一改皇祖父朱棣主动出击的策略，而采取的是防守为主的策略，这与他的冒险性格不相符合。那么到底为什么朱瞻基要采取防守策略呢？

首先，朱瞻基登基之初，大明王朝刚刚经历了两场国丧，一年之内，朱棣和朱高炽先后驾崩，这时候是皇权交接最为敏感和紧要的关头。朱瞻基知道此刻不适宜对外用兵，最重要的是稳定内部和自己的皇权。

其次，当时朱瞻基面临南北两线的外患。南边的交趾战争从永乐朝开始已经进行了十几年，明军一直没有取得完胜。另外，在乐安州的朱瞻基的二皇叔朱高煦一直觊觎皇位，蠢蠢欲动。朱瞻基深知首先要集中力量对付南边的威胁，才能腾出手对付北方的强敌。所以，他对北疆边防采取了隐忍不发的防守态势。

宣德元年七月，朱瞻基对兵部尚书张本做出了指示："北虏只是鸡鸣狗盗之徒，我们只需要严密防守，他们来就将他们打跑，他们逃走则不要追赶，保境安民才是上策。"

这个北疆的防御政策一直贯穿整个宣德一朝。为了贯彻这一国策，朱瞻基也做了不少工作：首先，对北疆的边防工事和城池加强修整。朱瞻基考虑到永乐朝放弃大宁，从而导致北方重镇开平陷入三面受敌的境遇，他于宣德二年下令修建独石城以作为开平的后备基地。

朱瞻基在巡视大明王朝北疆的时候发现了一个重要问题，就是作为重镇的宣府城竟然是一座土城，每年遇到大雨就会坍塌损坏，于是他下令宣府总兵官谭广征发百姓来修建宣府的砖城。这样一来，宣府的防守更加稳固了。

再次，勾补逃军和清理军队，加强北疆边军的建设。

朱瞻基将北征前哨从开平向南移动到了独石。因为开平处于北京正北三百多里，军需供应十分困难。而且此地条件十分艰苦，没有多少人愿意去那里驻守。更何况开平孤悬于蒙古腹地，极其容易遭受攻击。从表面来看，朱瞻基将朱元璋、朱棣的国防线内缩了，只是他南移开平卫，也是无奈之举。

朱瞻基在立足防守之外，还十分注重与蒙古之间的贸易往来，也就是他也有抚的一手。宣德年间，明朝同蒙古各部之间的贸易分为朝贡贸易和边境贸易两种。除此之外，朱瞻基还三次亲自巡边，十分重视北疆的军事建设。宣德三年八月，朱瞻基亲自带兵对兀良哈发动了军事打击；

宣德五年十月，朱瞻基带领大军开展了半个多月的北巡；宣德九年九月，朱瞻基又组织了历时一个月的第三次北巡。朱瞻基作为大明皇帝，亲自对边关巡视，检查边关的城池建设、检阅边军铠甲和兵马、旗帜等军需供应，还鼓励将士们加强训练，严防蒙古人南下，这些对于巩固帝国的北疆都有帮助。但是他的两次西北之行都忽略了对独石地带的巡视，还有对西北地区日益崛起的瓦剌缺乏足够的重视，他的这些失误也为儿子朱祁镇日后的悲剧埋下了伏笔。

不仅如此，朱瞻基对自永乐末年开始的大明王朝边防危机的整顿效果有限，很多方面甚至还加重了边防和军事危机。

边疆军士大逃亡

明太祖朱元璋于洪武二十六年（1393）在全国推行了卫所制度，这项制度是在总结了历代兵制成败得失的基础上，遵循了唐代府兵制寓兵于农的精神而推行的具有明朝特色的军事制度。卫所设置大多是因地制宜，在全国设置卫所，卫设有指挥使，所有千户、百户所，各个卫所联比成军，都统属于都指挥使司。地方最高军事长官就是都指挥使司的长官都指挥使。全国的都司卫所全部隶属于中央的五军都督府。前、后、中、左、右五军都督府长官是左右都督。为了防止军权集中，又以兵部与五军都督府相制衡。兵部尚书负责天下各卫官军的政令，而五军都督府负责全国卫所军队的训练。

如果遇到大的战事，皇帝在五军都督府中任命统帅，挂将军印或者大将军印带兵出征，部队则是由各卫所抽调的士兵联合组成。等到战事结束，将军将大印交还内府，出征的士兵们各自回到原先的卫所。卫所制度有两个重要特点，一是将军不能形成私人势力，无法拥有自己的私兵，将不识兵，兵不识将，这样可以稳固皇帝的军权。二是养兵而不耗财，有利于减轻国家财政负担。朱元璋就曾经自豪地说他养兵百万，不废百姓一粒米。明初卫所制下的士兵还是十分有战斗力的，但是随着卫所制度本身出了问题，明朝的边防也就出现隐患。

明中期以来，卫所士兵们的生活十分艰苦，他们月粮本来就不高，还经常遭受军官的克扣，导致难以养家糊口。既然士兵的月粮不够使用，正军服役期间所需的许多费用，就只能依靠家中的余丁来供应。军士们不堪忍受这种盘剥和艰苦，只好纷纷逃亡。早在洪武时期，就发生过零星的军兵逃亡现象。永乐时期渐渐加重，到了正统年间，逃亡变得更加严重。

明代卫所兵主要有四种来源：从征、归附、谪发和垛集。从征是朱元璋当年在淮西起兵时候的旧部；归附则是战争中收编的敌对方的军队；谪发是罪人充军的士兵；垛集是明代卫所兵的主要组成部分，是明朝建国后从民间征发而来的士兵。不管卫所军是哪种来源，只要为军，世世代代子孙都要进入军籍，不得随意变更，如果脱离军籍逃走，则要清军和勾军追回。

在明朝卫所军四种来源之中，从征和归附军因为在建立明朝的过程之中多有战功，他们的子孙一般也都是军官，待遇优于普通士兵。而谪发和垛集的军人是被强制从军，他们离开了自己的家乡，到遥远而艰苦的边疆从军，生活条件又十分艰苦，因此经常出现逃亡现象。在明朝初年，因为法令和军纪都比较严明，卫所军逃亡现象不是很严重。但是随着后来吏治败坏，法令废弛，卫所士兵渐渐被军官所盘剥，加之对故乡的思念，因此相继逃亡，不可收拾。军人逃亡的主要原因之一就是军官们的腐败。

他们克扣军士的月粮和军服，导致了军士生活困难，只好逃亡或者干脆落草为寇。边疆军士们的生活是十分艰苦的。正统末年，巡按御史张鹏在北疆重镇大同和宣府目睹了两大重镇的士兵们衣不遮体，所食用的都是难以下咽的糙粮，如果患病还没有钱医治，最终病死后也没有棺木来收殓。这样悲催的生活境遇下，边军们的战斗力可想而知。

正统三年兵部核查全国卫所后提供了一个统计数字说，天下的都司卫所有逃亡士兵一百二十万，清军找回的不过十之二三，但是这些逃军归队不久，又发生了逃亡。按照他们的估算，天下逃军占据了大明王朝军队总数的一半左右！朱祁镇面对如此严峻形势，并没有不闻不问，他几次在诏书中都提到了要解决军队逃亡问题，只不过他没有抓住问题的关键，只是一味强调清军勾军。

此十年之后，也就是正统十三年，军队逃亡问题依然十分严重。当年兵部报告天下逃军一共六十六万六千八百多人，只追回六万一千二百多人。这个严重问题难以解决，实则与各级军官直接相关。一些军官对于逃军不但不约束、不追究，反而故意放纵。他们一方面借此来贪污逃走士兵们的月粮；另一方面还勒索收受逃亡军士家属的贿赂，中饱私囊。经过调查，在京城卫所之中，竟然发现了指挥、千户、百户这样的军官二百二十二人收受贿赂放走逃军。军官鹿麟收取贿赂，放走了操练士兵三十九人；而指挥佥事陈玘也因为大规模收取逃亡士兵的贿赂被揭发。正统年间，山东巡按御史李纯巡察某百户所，按照军制规定应该有士兵一百二十人，结果绝大多数已经逃亡，仅剩下了士兵一人而已！

不但卫所士兵大规模逃亡，剩下的精壮者又往往被军官们占用为自己服务，这影响了操练和军屯的收入。这些军官或者私自役使士兵们为自己捕鱼砍柴，或者为自己种田，最终获取的私利都流入了军官们的腰包之中。对于这些现象，虽然朱祁镇三令五申禁止私自役使士兵，但是各级军官依然我行我素，置若罔闻。

卫所军大量逃亡，剩下的精壮士兵被军官私自役使，导致军屯难以维系了。明朝初年，建立卫所制的时曾经实行军屯制度，也就是规定边境卫所军有十分之三来守城，其他十分之七来种田；内地的卫所军有十分之二守城，十分之八种田。每个士兵授田地五十亩，官府给他们耕牛农具和种子，教给他们种植方法，然后从中征收租赋。国家养兵百万，军费基本靠军屯收入来供给。军屯制度是卫所制度赖以存在的经济基础，随着军屯制度的败坏，必然动摇卫所制度。在宣德后期，军屯的破坏已经十分严重了。宣德六年（1431），山西巡按御史张勗就说大同一带屯田大部分被豪强所占。到了正统年间，这种情况更加严重，军屯被军官豪强所占种，士兵们被军官私自役使，屯田收入渐渐减少，已经无法满足军队需要。明政府不得不每年拨出军费也就是年例银来作为支撑边防之用。正统十二年，朝廷一次性拨给辽东军银十万两，给了宣大银十二万两，这些都称作“年例银”。年例银的多少，又与军屯破坏的程度和军费支出多少成正比。

战斗力锐减

到了正统年间，卫所的兵器器械也十分缺少，而且很多还不能使用。正统初年，陕西边境各卫所士兵缺少的兵器有成千上万之多。兵器装备的缺乏和破敝，使得卫所军战斗力低下。正统二年，镇守陕西的副都御史陈镒曾经给朱祁镇写了一份报告，里面提到他在沿边各城堡巡视时候，发现了士兵们的兵器都不堪使用。最初给下面材料制造盔甲，每副铁四十斤，结果完工之后只有二十多斤重。现在士兵的衣甲，不过才八九斤重，有的甚至是皮叶粘连而成。这样的盔甲，怎么能抵御敌方兵器的伤害呢？陈镒请求小皇帝将负责制造兵器的监造官绳之以法，朱祁镇批准了这个奏疏的要求。在惩处了克扣物资自肥的监造官和工匠之后，君臣都希望能起到以儆效尤的效果。但是到了正统四年，工部上奏皇帝说，去年军器局打造的盔甲兵器六万四千多件，都发给了神机营和总兵官任礼所管辖的卫所，结果士兵们多反映兵器质量不合格。兵器不堪使用的原因除了管理不当之外，往往是官吏和军官肆意克扣侵夺物料所导致。

卫所的士兵们不仅拿不到合格的兵器，还缺少御寒挡雨的军装和衣帽。在朱祁镇登基之后，情况变得更加严重了。镇守蓟州的总兵官都督同知王彧报告说沿边官军缺少衣服盔甲，镇守大同的太监郭敬和总兵官方政奏报说边军缺少衣服盔甲鞋帽共计四万多件，兵部上奏说京军三大营缺少战马两万七千八百多匹。朱祁镇虽然年龄小，也知道这些大明的官兵缺少衣服鞋帽，甚至到了衣不遮体的地步。这样的军队怎么来保卫大明的边疆呢？！他将这些棘手的问题交给了工部来处理。工部虽然加班加点赶制了一批，但是这类问题却难以得到根本解决。究其原因，这些不是因为财政困难所导致，最主要的是此时军政吏治败坏，是人为导致的结果。

各级军官们不仅侵夺物料，还经常冒领盗取边仓军粮，使得士兵们的月粮和月俸都不能及时发放。士兵们叫苦连天。正统初年，镇守山西的都督佥事李谦上奏朝廷，说山西官军已经二十七个月没有给俸禄和粮米了，军队情绪极其不稳，随时有哗变的可能。这些沿边军队的粮草都被各级军官贪污占用私自卖掉了。正统三年，西宁卫掌卫指挥佥事穆肃和镇抚李恒相互勾结，冒领了兰县俸粮八千一百一十石，竟然没被人发现。只是后来因为分赃不均，互相攻击，才导致东窗事发，双双被治罪。

面对如此糜烂的形势，朱祁镇屡次发布诏书，严禁克扣士兵。但是这是一个积重难返的问题，并非皇帝的一道诏书就能解决的。士兵们被军官占用私自使用，就形同主仆关系，而士兵的粮饷等被克扣，没有了生活保障，形同乞丐。这样的军队哪里来的战斗力呢？就拿明朝卫所军中最艰苦、最危险的被称作“夜不收”的侦察兵来说，他们经常单独行动，深入敌后，昼伏夜出，刺探敌军情报。但是他们的月粮才有四斗，虽然后来增加到了五斗，但是在寒冬腊月，他们在敌后执行任务，经常因为缺少防寒衣服被冻掉了手足耳鼻而成为残疾人。

正统年间明朝君臣面临的局势是边防不断败坏，隐患严重，而北方的瓦剌人却逐渐变得强大，成为明朝的劲敌。

血色土木堡

脱懽统一东西蒙古

话说瓦剌在遭受了忽兰忽失温之战的惨痛打击之后，马哈木被人所杀，他的儿子脱懽乃是一代枭雄。他不甘心部族的失败，在孛罗那孩斜坡战役中迎战鞑靼阿岱汗和阿鲁台，此战十分激烈，脱懽战败被阿鲁台的军队抓获了。他随即被押送到东蒙古地区。为了防止脱懽途中逃跑，鞑靼士兵将一个大大的无足圆底锅压在了他身上，脱懽被关押了很久，一直到他的母亲萨木尔公主出面，多次向阿岱汗和阿鲁台求情，才被放回。

脱懽自幼就深受父亲马哈木影响，立志做一个统一全蒙古的大汗。他对孛罗那孩斜坡之败念念不忘，立志一定要报仇雪恨。在脱懽家族失败之后，太平统领的土尔扈特部和把秃孛罗统领的辉特部逐渐开始变得强大。在当时的瓦剌三部之中，脱懽地位要低于太平和把秃孛罗。

脱懽其人能屈能伸，他甘愿服从太平和把秃孛罗领导，带兵向西南攻打别失八里，迫使他们迁都到亦力把里。他还利用永乐末年朱棣远征鞑靼的契机，在饮马河击败了阿鲁台，从而扩展了瓦剌的地盘和势力范围，也树立了个人的威望。

脱懽在逐渐树立个人威信和培养个人势力之后，开始实施自己的下一步计划。永乐二十二年，脱懽袭击并杀死了太平，随后在洪熙元年（1425），脱懽和把秃孛罗又展开了争斗，并最终获得胜利。就这样，脱懽成为瓦剌部首领人物。

实现了瓦剌内部统一后，脱懽将矛头对准了宿敌阿鲁台和阿岱汗。阿鲁台所拥立的阿岱汗是成吉思汗二弟合撒尔的后裔，对忽必烈后裔来说，他的黄金家族的血统显得不是那么正统。因此脱懽就想方设法找到了一个正宗的黄金家族的后裔，也就是脱脱不花。此人虽然是黄金家族后裔，但是生不逢时，幼年他生活在鞑靼，后来鞑靼与瓦剌作战，将他和家人打散了，他的堂叔本雅失里逃亡到饮马河后被拥立为可汗。而脱脱不花一开始逃亡到甘肃张掖河边的亦集乃，又归附了大明王朝。明朝将他安置在陕甘边地居住。马哈木曾经向明朝讨要脱脱不花，但是朱棣并没有答应，如此一来，脱脱不花又在明朝生活了十几年。一直到了宣德中期，脱脱不花找到机会重新回到漠北，被脱懽拥立为可汗。

脱懽还将自己的女儿嫁给了脱脱不花。在稳定了内部之后，脱懽开始实施他的第二个大目标，那就是统一蒙古。他打出的旗号是脱脱不花乃是蒙古黄金家族正宗后裔，号召人们拥戴他，并联合了兀良哈三卫，一起讨伐鞑靼阿岱汗和阿鲁台。就这样，在宣德九年二月，脱懽女婿脱脱不花带领的瓦剌军在哈海兀良袭击并杀死阿鲁台的妻子部属，阿鲁台和失捏干只带着一万三千残兵，退回到了母纳山等地。到了七月，脱懽又带兵杀死了阿鲁台和失捏干，他们的部众溃散，阿鲁台所立的阿岱汗带领一百多人逃亡到了阿察秃。

那此刻明朝方面的反应如何呢？宣德帝朱瞻基三次巡视北疆，还打击了兀良哈部，但是对于正在强势崛起的瓦剌脱懽势力却缺少应有的重视，更没有拿出应有的措施。朱瞻基得知脱懽袭杀阿鲁台的消息后，仅仅对甘肃总兵官刘广下发了加强防守的训令而再无下文。

如果是同样的情况发生在永乐朝，雄才大略的朱棣必然会对强势的一方予以打击，保持蒙古各部的势力平衡。但是朱瞻基却没有这样做，他这种漠视强敌的态度也给自己的儿子留下了无尽的隐患。

脱懽的野心不仅是统一蒙古，他还致力于四处扩张。在西边，他将另一个女儿嫁给了归附明朝的哈密忠顺王卜答失里，打算进一步控制西域地区，他还派出长子也先到东察合台汗国，和国君歪思展开了多次角逐；在东边，脱懽几次派出使者和兀良哈以及女真各部交好，使得这些部落为他所用，为其收集明朝方面的情报；在南边，他派人到陕甘宁地区来侦探明朝北疆的军事动态。

脱懽东征西讨大半生的目的很明显，就是要自己做全蒙古的大汗。在杀死了阿岱汗和阿鲁台之后，他曾经打算在成吉思汗陵寝前举行即汗位大典，但是他并非孛儿只斤黄金家族出身，由此遭到了那些具有浓厚正统观念的蒙古权贵的强烈反对。为了缓和激烈的矛盾，脱懽只好奉脱脱不花为全蒙古大汗，让他带领原先阿鲁台和阿岱汗的部众，居住在他们的旧地，也就是今天克鲁伦河下游和呼伦贝尔草原一带。

有了这个傀儡在前台，脱懽就自命为太师，在漠北哈喇和林驻扎，掌握了蒙古的实权。此后，他征服了开平北面的哈喇嗔等部落，其军队甚至深入了漠南北部和哈喇莽来（今二连浩特北）、沙净州（今呼和浩特北）一带。

为了麻痹明廷，脱脱不花和脱懽时常派出使者向明朝朝贡，大同马市的开辟加强了瓦剌和明朝的贡市贸易。

脱懽正打算进一步有所作为的时候，却不明不白地死掉了。《蒙古源流》这本书站在了东蒙古贵族正统观念上说脱懽自诩为蒙古大汗的外孙，打算自立为可汗，结果遭到了成吉思汗在天之灵的惩罚，两肩胛之间中了箭，然后口鼻喷血而亡。这个传说虽然是虚构的，却也反映了两点事实：脱懽曾经觊觎蒙古大汗之位，但是东蒙古贵族和部众反对非成吉思汗黄金家族的人来当可汗，结果脱懽有可能被不满他的人暗害而死。

脱懽是瓦剌历史发展进程中一个至关重要的人物。他戎马一生，兼并了贤义王太平和安乐王把秃孛罗的部众，联合脱脱不花，击败了阿鲁台和阿岱汗，再一次统一了东西蒙古，为日后瓦剌的强盛奠定了坚实基础。

也先投石问路

脱懽死后，他的长子也先继承他的权势，自称太师、淮王，脱脱不花依然是一个傀儡大汗。

也先的名字也被翻译为“额森”，他自幼跟随父亲脱懽东征西讨，在实战中锻炼和增强了自己的军事能力，可谓瓦剌部中一颗冉冉升起的政治和军事新星。由于具有丰富的政治军事和外交经验，在正统四年脱懽骤然离世后，也先很快就掌控了蒙古大局，顺利地继位。

也先上台之后，不急于称大汗，而是继续保持了和脱脱不花的君臣与联盟关系。他封脱脱不花的弟弟阿噶巴尔济为济农，让他管辖右翼，还把女儿齐齐克嫁给了济农之子哈尔固楚克为妻，结成了联姻，以牵制脱脱不花。也先和脱脱不花利用军事征伐、设置官员和联姻联盟等方式拉拢和征服周边部族，使得蒙古高原之上已经没有任何势力敢于与他们对抗。

也先知道父亲图谋汗位失败的一个重要原因就是缺少个人权威。于是，他一上台就致力于建功立业来树立个人权威。他的大战略依然是沿袭脱懽的联合东西两翼势力，来包抄南面的大明王朝。已经统一了漠北蒙古的瓦剌，其东西两翼分别是东边的兀良哈三卫和西边的哈密沙州各卫。

这些卫所名义上都是归属明朝的，但是其首领和部众多是蒙古人，因此从民族归属习惯来说，瓦剌如果要南下进攻明朝，以这些卫所作为前哨还是有一定可行性的。

瓦剌的西边是沙州、罕东、赤斤蒙古和哈密等卫，称作“西北诸卫”。这些卫所最初设置于明太祖洪武年间，在蓝玉捕鱼儿海大捷之后，北元遭受了致命一击，西域地区的故元后裔割据势力也深受震撼，他们纷纷向朱元璋称臣纳贡，表示臣服。朱元璋出于国防考虑，在西北设置了一些重要的军事卫所，也就是西北诸卫。其中沙州和赤斤卫隶属肃州管辖，安定、曲先、阿端、罕东等卫归属西宁管辖。在朱棣继位后，对西北诸卫也十分重视，给予其相对完备的建制，使得它们成为大明王朝西边最为重要的屏障。

哈密是西域各民族和明朝通贡的要道，又是瓦剌和西域各族以及中原地区进行贸易的中转站。元朝灭亡后，东西蒙古都与哈密保持紧密联系，这里成为它们争夺的焦点，常常为此大动刀兵。早在永乐十九年，贤义王太平就曾经侵扰哈密。脱懽和也先一方面用联姻和征伐结合的方式来控制哈密上层权贵；另一方面利用哈密等处回族商人善于经商的特点，与他们一起朝贡和经商。

因为脱懽曾经将女儿弩温答失里嫁给了哈密忠顺王卜答失里，所以脱懽和忠顺王卜答失里之间往往以舅甥相称。也先打算利用这种特殊关系，采取政治拉拢和武力征服的手段，来控制要道哈密。

正统四年，卜答失里的长子倒瓦答失里继位，到了第二年，哈密都督皮喇纳等人暗中勾通在哈密北面巴儿思阔的猛哥卜花等人，打算谋杀政治上倾向于瓦剌的倒瓦答失里和他的弟弟卜列革。也先派出了捏列骨和归附瓦剌的哈密人陕西丁带兵包围了哈密，结果却被猛哥卜花所击败。哈密的政局被皮喇纳和撒满赤等人控制。

正统六年，弩温答失里派遣撒满赤到明朝进贡，却在暗中给明朝写信要明廷扣留撒满赤，于是明朝就将其扣留不回。

正统八年，也先趁着罕东、沙州和赤斤等卫先后侵扰哈密的时机，派遣那那舍利王等人带领部众三千攻击哈密，然后派款哥伯等人带兵两万劫掠沙州、赤斤和肃州等地，接着奄克土剌等带领人马寻找猛哥卜花，哈密城被围困一个月之久。瓦剌人杀死哈密将领，然后劫掠了无数牛马驼，还将哈密王的母亲和妻子掠走。瓦剌人与陕西丁和忠顺王共同管理哈密政事。到了正统十一年秋，也先派人到了哈密，邀请哈密王和他的母亲以及头目陕西丁亲自到瓦剌也先的牙帐，对他们热情款待，赠给他们豹皮、马羊等，还将之前劫掠的人口六百多人放回。在他们临行之前，也先还叮嘱陕西丁回到哈密之后，要约束本部人马，等待亦纳失里王的调用。这个时期，瓦剌已经将哈密完全控制在自己手中了。

也先与哈密除了军事联合外，还发展了商贸关系。瓦剌在控制哈密的同时，还对哈密东边的沙州、罕东、赤斤蒙古卫也加强联结。这三卫地处要道，是瓦剌和哈密等往来甘凉地区以及北京朝贡贸易的必经之路。

因此，也先为了达到在军事上以兀良哈三卫和沙州三卫为左右翼包围明廷，从而在经济上控制西域贸易通道的目的，瓦剌对他们采用了联姻或者加官晋爵的方式加以拉拢。如正统八年，也先派使者送马和酒，打算迎娶赤斤卫且旺失加之女为儿媳，以沙州卫困即来的女儿为弟媳，结果遭到了拒绝。也先还与罕东卫都指挥使班麻思结为姻亲，交往十分密切。正统九年，也先派出了使者授沙州卫都督佥事喃哥为平章，撒离为三平章，别立哥为右参政，锁可帖木儿为大使，并设置了甘肃行省进行管辖。

也先在向西发展的过程中，别失八里阻断了他的道路。别失八里又称作“东察合台汗国”，包括整个南疆直到费尔干盆地，北面从额尔齐斯河延伸到天山，向西包括巴尔喀什湖和其东南地区。早在十四世纪末，瓦剌和别失八里为了争夺贸易通道和领地，就展开过战争。瓦剌曾经一度占领过别失八里。也先与别失八里的歪思汗进行过六十一次大大小小的战争，曾经两次俘虏了歪思汗，还逼着他将妹妹嫁给自己的次子阿马桑赤为妻。

也先还将自己的势力扩展到天山西部一带。

对于瓦剌的东翼，也先又是如何处理的呢？兀良哈三卫是典型的墙头草，对于蒙古各部和大明，哪个势力强，他就倒向哪个。为了防备这些反复无常的部众，朱元璋在构建北疆防线的时候，将辽东最外面一道留给了兀良哈，而中间最为重要的骨干防线留给了自己的儿子宁王、辽王和谷王等。

朱棣继位后，对辽东地区防务进行了全方位的调整。

他将分封辽东地区的藩王调到了南方，将大宁都司迁到了保定，兀良哈三卫由此迁入了大宁地区，而辽东东胜卫迁到了永平和遵化。如此一来，原先用于防御蒙古的塞外重镇大宁被废弃，成为不设防地区。而更为直接的后果是，原先辽东和北京西北的两大军事重镇宣府和大同之间声援被隔绝了，朱元璋时代布置的由大宁、开平和北京组成的铜墙铁壁一样的三角形军事防线被彻底打乱，开平成为孤悬塞外的孤城。也正是在这种无奈的情形下，朱瞻基从务实的角度出发，只好将开平南迁到了独石。到了宣德正统时期，长城一线成为大明王朝北疆的第一道军事防线，宣府和大同也从内镇成为抵抗蒙古的前沿阵地。

对于蒙古来说，如果想进攻大明的内地，只需要突破屏障京城的宣府和大同防线就能得逞。而想夺取宣府、大同，就首先要将宣府、大同以北外围地区的明朝势力或者亲明势力完全铲除。从辽东大宁到北京和西北宣府、大同这一线的北部外围地区几乎全部被兀良哈三卫等北方蒙古势力占据。所以，脱懽和也先父子必然会将兀良哈三卫作为其向东扩展的主要对象和目标。

宣德十年，脱懽就拉拢兀良哈三卫，打算向东攻击鞑靼阿岱汗。正统六年，也先迎娶泰宁卫都督拙赤之女为妻，同时又和泰宁卫都指挥隔干帖木儿结为了姻亲，让自己的女儿嫁给了他。由此，泰宁卫成为瓦剌人的联盟。

靠着瓦剌这棵大树，原先就对明朝时降时叛的兀良哈三卫更加显现出自己的小人本色。自从正统初年，他们就经常骚扰打劫大明北疆地区，甚至还一度到了西南方向的独石进行偷袭。不过，他们被当地守将杨洪给迎头痛击了一番，只好灰溜溜地退了回去。不死心的兀良哈人又到了大同和延安等地抢劫，结果又让明朝边军一一击退。

怀恨在心的兀良哈三卫打算报复明朝。泰宁卫首领拙赤和隔干帖木儿亲自到也先的牙帐求见，请他出兵援助一起对付明朝。但是出乎他们意料的是，也先对他们的要求不理不睬。

不仅如此，在正统九年九月，兀良哈首领拙赤和安出等带领部众和别里格带领的女真部众在格鲁坤展开大战，没有想到作为兀良哈人女婿的也先不但没有去救援，还在背后偷袭，导致兀良哈人损失惨重。

也先本打算乘机一举征服兀良哈，但是他考虑到兀良哈三卫和明朝之间的紧密关系，明朝方面会有所动作，他就采取了投石问路的方式。

正统十一年十月，也先派出一个叫作奄克的人到了大同向明朝将领透露，也先打算带领部众攻击东北兀良哈，但是因为路途遥远，担心回来大军困乏，所以打算向大同的明军借一些粮食。明朝方面的将领不敢擅作主张，就派人到北京请示朱祁镇。朱祁镇对于瓦剌的借粮要求，命大同守将这样答复，说没有朝廷命令，他们不敢擅自做主，太师也先如果真需要粮食，可以到北京来取。与此同时，朱祁镇让人告知也先，朝廷听说太师和兀良哈作战，已经严令边将守卫，太师的人也不要侵犯我大明边疆！换句话说，也就是明廷方面默认了也先进攻兀良哈的军事意图，对此不理不问，只要他们不侵犯大明就可以。

也先的投石问路有了结果，他就更加无所顾忌地开展下一步的行动了。

纵容下的迅速扩张

其实我们看一下明朝的对瓦剌政策，在宣德时期，面对正在崛起的但是还没有完成统一蒙古大业的瓦剌部落，朱瞻基实施的是保境安民的防守策略，这个还是比较有合理性的。但是到了正统年间情况发生了重大变化，原先漠北蒙古各部分裂争雄的局面被瓦剌所终结，瓦剌强大到了足以威胁明朝的程度。在这种情况下，明英宗朱祁镇君臣应该效仿明初朱元璋和朱棣主动出击的策略，先发制人，首先打击瓦剌，阻止也先的南下和扩张。

但是朱祁镇君臣却没有根据变化的外部形势，对国防部署做出相应调整，只是继续实行被动防守为主的政策。一个很明显的事例足以反映朱祁镇君臣对于当时瓦剌崛起的漠视。当也先东征兀良哈取得大胜之后，他派出使者将缴获的兀良哈人口和马匹带到北京来进献给朱祁镇。朱祁镇不仅照单全收，还颁发了敕书褒奖和赏赐也先，说太师也先乃是对大明忠诚之人。试想如此掩耳盗铃的朱祁镇，岂能采取合理有效的措施来抑制和打压瓦剌的强势崛起呢！

当然朝臣之中也有明白人。在正统九年，也先设置了甘肃行省并且授予明朝罕东各卫都督喃哥为平章之后，镇守陕西的右都御史陈镒将此事迅速上报了朝廷，希望朝廷能引起警惕。但是朱祁镇接到消息之后，并没有引起重视，他仅仅是下令靖远伯王骥巡视甘肃、宁夏和延绥等地防务，根据情况便宜处置，就再没有了下文。

作为大明王朝的藩属，瓦剌擅自设立行省并且委任官员的行为，就是一种另立中央的反叛行为。面对挑衅，朱祁镇君臣理应奋起反击，至少应该考虑军事制裁，但是他连象征性的下诏申斥都没有，还一味地纵容也先的行为。

面对也先在哈密的军事行动，正统十一年九月，甘肃总兵官宁远伯任礼上奏朝廷，说也先日夜图谋南下侵犯大明，现在苗头已经十分明显，希望朝廷能加以防备。

朱祁镇的答复是先让人调查实际情况，然后再召集群臣讨论对策。就在这种无休止和无结果的讨论之中，瓦剌的势力在一天天增强。五个月之后，也就是正统十二年正月，兵部尚书邝埜在得知一个消息之后再也坐不住了，那就是也先远征兀良哈三卫。他奋笔疾书，上奏皇帝："瓦剌首领也先自从他父亲脱懽吞并阿鲁台部落后，逐渐变得强大，而西北一带的部众被他胁迫，都纷纷跟从。只有兀良哈三卫不服从他，也先亲自带领人马，分道攻击掩杀。从此之后，北面沙漠东西万里之地，都再没有人敢和他对抗了。大明应该挑选精锐兵马，乘着瓦剌东征刚开始还没有取得完胜的机会，加强和巩固北京西北两大边关重镇宣府和大同的防卫，同时要让修建北京皇宫和边境城池已经劳累了一年以上的将士们稍微得以休息，然后便于应付以后的危机。”

邝埜的建议还是十分有建设性的。面对瓦剌不断崛起的事实，大明王朝不能再坐视不理，而是要采取积极有效的应对措施。面对邝埜如此忠心耿耿的上疏，朱祁镇的回答包括了两层意思：首先，他秉承先朝严守边境国策，已经让总兵官和镇守官员加强了防务。只要军中将领加强防守，北疆不会有太大的麻烦，京城的官军也暂时不用调动。其次，在北京修建皇宫和北京城池的官军只劳累了一年，只要军官不擅自役使他们干私活，他们有什么劳累的？要等修完了这些工程再说。

就这样，朱祁镇将臣子的忠言、劝告放置一边，专心去营建皇宫和北京城了。

到了正统十二年闰四月，瓦剌再一次劫掠朵颜卫，侵扰广宁和开原等地。五月，也先弟弟赛罕王带领部下杀死了朵颜卫指挥乃尔不花，然后大肆劫掠一番而走。之后也先又来攻击兀良哈三卫，朵颜和泰宁实在无法抵挡，只好归附了也先。而福余卫的部众则躲避到脑温江，也就是今天的嫩江流域一带。就这样，也先完全征服了兀良哈三卫，将矛头指向下一个目标——女真各部。

这时候的朱祁镇才如梦初醒。正统十二年十月，朱祁镇给辽东镇守官王翱等人的敕文中提醒他要加强防备，防止也先来袭击。果不其然，也先在袭击了海西女真部后，将自己的势力发展到建州女真和黑龙江地区。女真各部也成为瓦剌的藩属。同时，也先还派人到朝鲜进行宣谕和威胁。

就这样，在也先的不断扩张下，正统十四年初，瓦剌势力已经扩展到了东起兀良哈三卫、饮马河也就是克鲁伦河和呼伦贝尔草原，西到额尔齐斯河上游和西亚，北面到了安格拉河以南、叶尼塞上游，南边到了大明王朝北疆，可以说瓦剌帝国的广袤领土已经接近成吉思汗统一中原之前的面积。也先放眼四周，各部落对他俯首称臣，只有南边还有一个庞然大物在阻挡他的大业，那就是大明王朝。

不怀好意的进贡者

也先在周边扩张自己势力的时候，对大明王朝一直保持着表面上的恭敬，双方的马市贸易和瓦剌对大明的朝贡开展得热火朝天。

明朝马市贸易开始于洪武时期，不过那时候的马市贸易数量十分有限。到了朱棣时候，马市贸易才得以大力发展。永乐时期，明朝在西北、西南和东北等少数民族相邻地区都设置了马市，马市的开展使得大明王朝拥有了数量惊人的马匹。

到了洪熙和宣德两朝，平均一个或者两个月就要举办一次马市。明朝方面已经不缺马，为何还要开展马市贸易呢？这其实是为了笼络蒙古各部，如果不开展马市，蒙古各部需要的生活用品就难以从大明得到，时间一久，必然引起他们的仇恨。为了抚慰蒙古各部，才要开展马市。这是马市所肩负的重要政治使命。在交易的时候，大明王朝为了显示天朝上国的慷慨大度，往往以高于马匹的实际价格将蒙古人的马匹买下。

对于获得这种好处，蒙古人自然是乐在其中。宣德、正统年间瓦剌崛起，他们要求增开马市的愿望越来越强烈。朱祁镇在开原、广宁两处马市基础上再增开了大同马市，主要的贸易伙伴就是以瓦剌为首的蒙古部众。

再则，朝贡贸易也被明朝所看重。所谓朝贡贸易，就是大明国境之外的国家或者部落因为仰慕传统中华文明而主动前来，向大明朝廷进贡货物特产等，而朝廷往往以超过贡物价值的一倍或者几倍、几十倍予以回赐。这是一种不等价交换，这是中华帝国的一种形象工程，看重的是一种政治面子和天朝上国的权威。

洪武年间，大明和北元殊死决战，二者之间并不存在朝贡贸易。到了永乐年间，随着兀良哈、瓦剌和鞑靼部先后归附大明，朝贡贸易开展了起来。永乐时期，兀良哈三卫一般是一年三次朝贡大明，而鞑靼则是一年一次或两次来朝贡，瓦剌是一年一贡。

按照明太祖朱元璋的规定，外藩来朝贡大明，只需要三年一次就可以了，每次来的使者三到五人即可，至于进贡的礼物则随意，并没有强行规定。不过，到了永乐朝，朱棣对于蒙古各部来朝贡的次数并没有严格按照洪武朝祖制来限制。

到了宣德年间，随着瓦剌势力不断增强，他们来朝贡的使团人数也渐渐增长到将近一百人，而且次数从一年一次变为了一年两次。到了正统初年，瓦剌使团来朝贡的次数干脆变成一年二至四次。面对瓦剌使团人数不断增多，而且普遍对内地造成了一定扰乱的情况，明朝方面做出明确规定：今后外藩来朝贡使团人数要控制在四至五人，而且必须要有通关文牒，否则就不予承认。但是瓦剌对于这些规定置若罔闻，正统四年十月，瓦剌使团一次性来了一千多人，比规定的整整超出了二百倍！

对明显超标和不符合规定的瓦剌使团，朱祁镇本着宽待远人的原则，热情予以接待，还赏赐对方财物等。这就是明朝方面将自己先前的敕令当作一张废纸。这也在客观上鼓励了瓦剌人派出更多的人来朝贡。

正统五年十一月，脱脱不花派出六百六十四人的使团来朝贡，贡马匹一千六百多匹。朱祁镇对使团进行了大方的赏赐。尝到甜头的瓦剌人也明白了一个道理，明朝方面规定的限制外藩来朝次数人数的限令，都是糊弄人的，他们来一次，大明皇帝就赏赐一次，有这样的好事，何乐而不为呢？

瓦剌使团规模不断扩大，他们也给沿途的明朝边城造成了沉重的经济负担。例如正统六年底，瓦剌使团朝贡经过了大同，他们所需要的粮食和吃穿用度都是大明沿途地方官府来供应。经过大同的瓦剌使团有两千四百多人，他们在大同连吃带住一共六十多天，光是吃掉的羊就有五千多只！正统七年二月，瓦剌也先派出的朝贡使团两千两百多人经过大同，为了招待使团，明朝方面一共耗费了粮食三十一万石之多。这是一个什么概念？正统六年大明全国田赋税粮数为两千七百多万石，而这一年仅仅大同招待瓦剌使团的粮食就耗费了三十一万石，这大概能占到明朝田赋税粮总数的百分之十一！而这还不包括使团到了北京的吃喝用度等费用。

面对如此沉重的经济负担，大明王朝虽然是泱泱大国，但是次数多了，也着实难以承受。

朱祁镇给瓦剌颁下敕文，要求对方将使团人数限定在一百到两百人。但是瓦剌使团如果不听从呢？明朝君臣也一筹莫展，拿不出具体办法。

就在朱祁镇下达了敕令的这年，瓦剌两千多人的使团再一次来朝贡，朱祁镇面对这些蜂拥而至的使团，再一次自食其言，对他们予以热情的招待和赏赐。就这样，从此以后，瓦剌朝贡使团人数不仅不减少，反而变得越来越多。正统十三年十二月，脱脱不花和也先派遣的使团规模达到了惊人的三千五百九十八人！当然这只是瓦剌自己报的数目，实际上是有两千五百二十四人。就是这样，也足够大明王朝手慌脚乱地应付和招待一阵了。

瓦剌为什么要一而再，再而三地扩大朝贡使团的人数规模呢？

第一，也先的政治目标比其父脱懽还要更进一步，那就是要做全天下人的大汗，致力于恢复大元王朝昔日的辉煌，找机会要南下灭亡大明王朝。为了达到这个目的，也先打算借助朝贡贸易寻找事端，作为战争的借口。

第二，在正统时期，太阳黑子进入频繁活跃期。自然条件本来就十分恶劣的漠北地区遭受了极端天气的袭击。漠北的蒙古人为了获取更多的物资和经济利益，才不断扩大朝贡使团的规模，以期获得更多的赏赐和经济收入。

漠北蒙古人的植物性衣食资料和其他生活必需品要通过对周边的劫掠或者与周边的贸易来获得。如果碰上极端气候，他们的生存压力就会空前增大。为了缓解这种压力和解决生存问题，蒙古人频繁侵扰大明边关或者扩大朝贡贸易，甚至打算恢复大元王朝，灭亡明朝。

对于瓦剌使团的所作所为，大明方面已经到了无法忍受的地步。首先，规模不断扩大的瓦剌使团朝贡贸易给大明王朝带来了沉重的经济负担。这些规模庞大的使团来到大明之后，明朝方面需要给他们提供吃穿用行方面的服务，使团一般是深秋或者初冬来明朝，到了第二年开春才依依不舍地返回，一般一住就是几个月。这几个月明朝皇帝还要给予他们隆重的赏赐，这个花费可能是朝贡使团在地方上被招待费用的几倍甚至几十倍。

好不容易盼着瓦剌使团离开，大明方面还要派专人护送他们回到瓦剌，并回访瓦剌。一般明朝回访使团大概有一百多人。

第三，瓦剌使团还给大明王朝带来了严重的社会治安问题。这些朝贡使团来到明朝之后，往往利用自己的特殊身份在内地胡作非为。由于这类案件关系到外交，地方官员不敢管理，只好上报给中央朝廷，然后皇帝再出面敕戒瓦剌人。瓦剌使团来到北京之后，在北京会同馆前面醉酒闹事，抢夺明军士兵的武器，还将士兵打伤。这不但有损于大明的国体和颜面，还破坏了社会治安。尽管朱祁镇对此多次申饬瓦剌使团要严加管理，但是他们依然我行我素，实际效果并不大。

第四，瓦剌使团的朝贡贸易给大明王朝带来了严重的边防军事安全危机。在使团之中，夹杂着很多不怀好意的间谍。他们使用朝贡贸易的机会，一路上窥探明朝山川关隘和军事部署，甚至还有人暗中私下交换明朝的弓箭等武器。瓦剌人越来越猖獗，他们在朝贡回去的时候将大明严厉禁止交易的盔甲和刀剑等武器夹带回漠北。就连当时被视作最高端武器的火铳也让瓦剌人想方设法弄到了手中！

朱祁镇对此十分重视，他派出锦衣卫进行秘密调查，发现在北京郊外的官员、士兵和百姓往往暗中勾通制造工匠，让他们私下打造一些武器，然后等待瓦剌使团来京城朝贡回去的时候，选择比较僻静的场所进行私下交易。更有一些军官假借给瓦剌使团送礼为名，将一些箭头暗中藏在了酒坛子里面，然后把弓等用棉布等东西包裹，将他们送给瓦剌人。

尽管朱祁镇对此行为恨得咬牙切齿，也下达了严厉的禁令，但是还是屡禁不止。这种走私武器的行为依然十分严重。

战争借口：马云私诺和亲事件

在这种无法承受之重的瓦剌使团屡屡来大明滋扰的情况下，大明派出出使瓦剌的使团居然也出了问题，成了接下来瓦剌发动侵明战争的一大借口。

正统十二年春夏之间，受命出使瓦剌的马云和马青带领使团来到瓦剌，受到了也先热情的款待。在筵席间，也先对使团十分恭敬，还让许多妇女吹奏胡笳等乐器，并安排了歌舞供使团欣赏。席间，马云等人喝得酩酊大醉，嘴上开始胡言乱语，他大声说："你们这些人乱唱歌，乱跳舞，有什么好看的？我们中原有的是美女，歌舞女乐，笙箫管笛，是何等整齐。"

也先听了这番话，心中生出许多羡慕，手下的部将们纷纷应和说中原确实有不少美女。伯颜和昂克两个人开口说："听说汉朝时候曾经有公主嫁给咱们塞外之人，如今我们和大明两家和好，为什么不联姻？"众将领听了这话，一片附和。而马云一开始没有答应，不过由于酒醉导致头脑不清醒，在稀里糊涂之间竟随口应诺下来大明嫁公主之事。也先听了之后，心中大喜过望。

由于马云等人是在酩酊大醉的情况下，糊里糊涂答应了也先的和亲要求，所以他们回到大明之后，只字不敢提及此事。不过后来此事暴露，成了也先进攻明朝的一个借口，明朝方面对马云和马青也予以严惩。

在"土木堡之变"后，为了解救成为瓦剌人俘虏的朱祁镇，南京翰林院侍讲学士周叙曾经向郕王朱祁钰提出与也先和亲的建议。不过这个建议被朱祁钰和朝臣们否决。

话说回来，中国历史上的强大王朝如汉唐都曾经实行过和亲政策，那明朝为何就一直没有实施和亲呢？

首先，明朝的立国政策与前代相比更加强硬，历史上有所谓“刚明”之称，就是指明朝对外政策的强硬。和亲这种事情自然就很难出现在明朝。

其次，明朝华夷之分更加明显，秉承这种观念的明代君臣难以沿袭汉唐和亲的做法。

最后，和亲毕竟是汉唐处于弱势地位下不得不采取的措施，从明朝历史进程来看，大多数时间对外战争方面都不落下风，不需要采用和亲这种相对带有一些屈辱意味的无奈之举。

导火索：王振减缩马价事件

如果说马云的和亲事件是也先出兵的一个借口，那么另一个直接导火索就是朝贡事件。在正统十三年，也先又派遣使者来明朝进献马匹，这次使团一共两千多人，诈称三千人。王振验看使团人员，发现瓦剌虚报人数过多，他大怒，命令将马价减少。以往瓦剌使团也常常用劣等马以次充好，当成好马卖给明朝，以往明朝睁一只眼闭一只眼，做了冤大头，花了不少冤枉钱。没有想到瓦剌人得寸进尺，把明朝当成了摇钱树，变本加厉，这次不但送劣马充好马，更是虚报使团人数以期得到更多赏赐。

是可忍孰不可忍，王振这次忍无可忍了。他在减少马价的同时，又下令按照瓦剌使团实际来明人数赏赐，并不许多给。

后人提及“土木堡之变”发生的原因，很多人都要归咎到王振减损马价事件。比如《北使录》就提到因为王振减少瓦剌朝贡团的马价，导致也先大怒，从而发兵扣留了英宗皇帝。王圻在《续文献通考》中也将也先南下原因归咎为王振裁减其马价。

平心而论，在减损马价这件事上，王振并没有做错。在外交上，明朝处理此事有礼有节，并没有因为瓦剌虚报人数而给予其他处罚，而是照实际人数赏赐，马价也是按照实际劣等马的价格给予。可以说，于情于理，王振的处理方式都无可置疑。

那些文人笔下，此事成为王振无事找事，惹怒了也先，从而导致了战争。那按照这些文人的逻辑，若是王振吃了哑巴亏，继续认尿，任凭也先使团为所欲为，就能避免战争啦？很可惜，这只是一厢情愿的臆想而已。且不说王振实事求是的处理方式本没有错，就是有错，瓦剌挑动战争也是迟早之事，王振减缩马价之事只是战争的借口罢了，而绝不能成为发动战争的原因。

瓦剌势力不断膨胀，也先的经济贪求不断增长，希望通过军事征伐，以获取更多的经济利益。如果有可能，还可以乘机攻占明朝的领土，这才是瓦剌发动战争的真正原因。

正统十四年对于大明王朝来说，注定是一个多事之秋。东南的民军起事方兴未艾，西南各族民众暴动此起彼伏，而在这一年的二三月间，明朝军队已经在辽东地区与蒙古军队发生了三次小规模的战事。

二月间，广宁发现蒙古军队来袭，辽东总兵官曹义、太监亦失哈、右都御史王翱等带领大军出战，结果杀退了敌军并斩首一级，另外还生擒了敌军五十多人和一些战略物资。

三月初十日，辽东总兵官曹义和太监杨宣各自带领明军巡哨，在光平山再次遇到敌军，双方交战，擒获敌军四十九人，斩首一级。

四月十三日，大同左参将都督佥事石亨和备倭署都督佥事马麟各自带领一队兵马巡哨，结果在山前山后各自遭遇兀良哈部众几百人，经过一番交战，明军获胜并擒获了敌人四十六人，斩首四级。

种种迹象表明，大规模的战争一触即发，蒙古势力大举南下的意图十分明显。为了防止敌军大规模侵入，明朝方面也开始了一系列备战。

四月十三日，明朝政府给居庸关驿马七十六匹，同时升任和奖赏有功将士，向前线调动马匹和粮草等战略物资。

六月间，朱祁镇通过谍报得知也先要攻击大同的消息。他派遣驸马都尉西宁侯宋瑛统率大同三路军队，严防以待，一旦瓦剌入寇，给敌军以狠狠打击。

朱祁镇还不放心，在六月三十日午后，召开左顺门晚朝，派出成国公朱勇带领精锐马步京军四万五千人，由平乡伯陈怀、驸马都尉井源统领，前往大同、宣府协助防卫。七月初，朱祁镇又得报，说瓦剌有大举入犯之意，连忙派出御史、给事中等前往边镇犒赏将士，准备迎战。

朱祁镇不纳劝谏亲征瓦剌

正统十四年七月初八日，瓦剌大军分四路全面入侵明朝边境。中西路由也先亲自率军侵入大同，东路由脱脱不花大汗率军进攻辽东，中东路阿剌知院入寇宣府，西路派人攻击甘州。

七月十一日，也先亲率的中西路军大举进攻大同城。镇守大同的参将吴浩带兵在猫儿庄与瓦剌军血战，最终失败阵亡。同时，阿剌知院率瓦剌军围攻宣府东北的赤城堡。

当天，猫儿庄之败报就传到了北京，朱祁镇在这一天下诏亲征。

对于瓦剌的大举进攻，朝中大部分大臣根本没有预料到战争会如此快速爆发，尤其是兵部的大臣们唉声叹气，束手无策。面对这种紧急局势，二十多岁的朱祁镇却异常兴奋，他知道自己建立不世之功的机会来到了。

朝会上英宗朱祁镇宣布亲征令之后，下面站立的文武官员各怀心事，多数人不赞成此意。可是看着眼中喷火的年轻皇帝，那架势仿佛谁劝就要吃了谁一样，再看看朱祁镇旁边的那位“杀伐果断”的王太监，大家选择了集体沉默。

亲征令发布的次日，朱祁镇开始给京军将士们发放兵器、粮饷和赏银。七月十四日，吏部尚书王直牵头，带领京官们联合署名，上奏皇帝劝谏亲征。大家的理由很简单：一、后勤保障困难。二、皇帝亲征，国家事务不能及时处理。三、亲征难保无虞，万一失利，皇帝安危事大。兵部尚书邝埜和兵部侍郎于谦又各自单独上奏疏，请朱祁镇以社稷为重，不要亲征。

应该说，上疏劝说皇帝不要亲征的官员出发点各不相同，有的是沉浸太平岁月已久，厌烦兵戎之事，有畏战心理；有的是真心为国，担心皇帝亲征失利，会导致国家危亡。

群臣的劝谏和兵部正副部长的上奏，都没能够阻止年轻的皇帝。

七月初，在瓦剌大军刚开始入侵之际，宣府北路都指挥佥事杨俊得到了瓦剌大军来袭的消息，他竟然带领本部人马，放弃了城堡举家逃走。杨俊起了一个相当恶劣的带头作用，其他将领也纷纷效仿。守备赤城堡的指挥郑谦、徐福和守备雕鹗堡的指挥姚瑄等人看到杨俊逃跑，也随后纷纷带着家小弃城逃跑。雕鹗堡、长安岭、马营、龙门堡、独石、云州、赤城堡等八座城池失陷，军粮九十四万石被遗弃，随后怀来城、永宁和保安等城的守将也纷纷效仿，都逃往居庸关等处，逃兵有几万人之多，以至于宣府辖区内许多城堡都成了空城。万幸还有一座宣府重镇在杨洪的掌控之中。

对于杨俊的逃跑行为，身为父亲的杨洪不能大义灭亲，反而极力为其袒护。他利用手中职权安排杨俊在居庸关驻扎，美其名曰京师外援。他在七月十五日上奏欺骗朝廷说，蒙古大军围困马营三天之久，而且将河水断绝，城中无水，杨俊才不得不放弃了城堡而走。这种说辞是典型的欺君罔上了，杨俊明明是没有跟瓦剌大军交锋就提前逃走了。杨洪的这种护短作为确实令人不齿。

而怀来城守将都指挥康能也效仿杨俊，早早放弃了怀来城，只留下几个士兵防守。对这些情况朱祁镇还被蒙在鼓里。这也是后来瓦剌阿剌知院没有费一兵一卒就轻易踏过赤城堡的原因，也直接导致之后英宗朱祁镇君臣退守到了土木堡时孤立无援的结果。

效仿杨俊逃走的各级军官达到了二十多人，但是在杨洪的偏袒下，杨俊、康能和黄宁的罪行被宽宥，只有易谦和温海两人被问罪斩首。其他的都遇到了新帝朱祁钰登基，被大赦，送到了石亨那里，后来皆复职。

在土木堡之战后，朝廷为了聚拢有生力量，下诏说逃跑的普通士兵只要回归队伍就有奖赏。景泰元年四月，朝廷一次性赐给了怀来等九卫主动归队的士兵九千八百五十八人每人白银一两。由此可见，逃亡士兵人数之多。

七月十五日，驸马西宁侯宋瑛、武进伯朱冕、都督石亨率大同军又在阳和城与也先瓦剌军激战。结果明军全军覆灭，宋瑛和朱冕阵亡，石亨独自一人逃脱。也就是这一天，明英宗朱祁镇命弟弟郕王朱祁钰留守北京，自己带着二十五万京军加私属浩浩荡荡，踏上了北征瓦剌的征途。

"挟帝亲征"的王振是替罪羊

朱祁镇亲征瓦剌之事，一向被文人士大夫们认为是王振最大的罪过，一句"挟帝亲征"就给王振定了性。如果没有这个死太监，英宗陛下岂能亲征？若不是亲征，又岂能落入敌手，成为瓦剌俘虏？

清修《明史》中就言之凿凿地认为正是王振逼迫皇帝亲征，才导致了土木堡之难。

王振胁迫皇帝亲征的目的是什么？事后，明廷众臣认为王振是山西人，他看到瓦剌军锋直逼大同，担心故乡被攻击，为了保护故乡，同时又想带着皇帝到自己老家炫耀一番，才想出了亲征的主意。

只不过，这种"挟帝亲征"说是站不住脚的。

其一，英宗朱祁镇当年已经二十二岁，是独立处理国政的皇帝，而不是大权旁落的傀儡皇帝，亲征决策不是他自己提出，王振又怎么能挟持？

其二，朱祁镇正是在明军猫儿庄大败之日，收到消息，做出了御驾亲征的决策。以朱祁镇和王振判断，精锐的大同边军竟然惨败给了瓦剌，局势之严峻也到了必须御驾亲征的地步。

其三，永乐朝京军设置了三大营之后，皇帝处在军队最高统帅的地位。武将只能统率部分军队，或者担任偏将，率领全部京军出征之最高统帅必须是皇帝本人。这就是朱棣之所以五次亲征漠北的重要原因，也是朱祁镇在意识到局势危急之后，带领几乎全部精锐京军亲征瓦剌的原因。

其四，御驾亲征在明初一直是传统。从明太祖朱元璋身冒镝锋打下江山，到明成祖朱棣五征漠北，再到明宣宗朱瞻基平定汉王之乱和巡边兀良哈，历代皇帝都建立了赫赫武功。应该说，这是朱祁镇一直仰慕和极力想效仿的。

前文我们讲过，幼年的朱祁镇面对父皇朱瞻基的提问，就能果断说出亲征的话来。等长大以后，朱祁镇在王振的刻意教导下，更加留心武事，关注戎政。

朱祁镇羡慕历代先帝的武功，想模仿他们，御驾亲征，再次创造属于自己的辉煌。

其五，三征麓川的大胜，也让英宗朱祁镇信心满满，觉得瓦剌军在他面前也会大败而逃。

总之，英宗朱祁镇是自己做出的亲征决定，并不存在什么王振胁迫的可能。朱祁镇是在高估了明军实力、低估了瓦剌军战斗力的情况下做出的决定。

当然，亲征的决定又不能说完全跟王振没有一点关系。王振在正统年间，一直提醒小皇帝不要忘记战事，从正统初年两次检阅京军到力主用兵麓川，王振的这种思想对朱祁镇影响不可谓不大。

这次朱祁镇提出御驾亲征之决定，王振也属于坚定的拥护派。也许在他心中，还有个理想，想协助皇帝御驾亲征，大败瓦剌军，从而进一步提高皇帝的威望，建立不世之功。

作为大明王朝的天子，朱祁镇面对瓦剌大军来袭，看到他们在边境烧杀抢掠，无数的大明子民陷入了水深火热之中，他岂能坐视不管？这不符合朱祁镇的性格，也不符合祖制。他深知退缩不前只能助长敌人的嚣张气焰，皇帝亲征是大明王朝的传统，是显示国威、震撼敌军的必要手段。亲征这个决定本身并没有错，但是具体战略如何开展，仗如何打才是关键问题。

再说此次明朝方面出兵的兵力，其中流传最广也是最夸张的一个说法，就是朱祁镇带着五十多万大军，却被瓦剌两万多人轻松击败。持有这种说法的人大有人在，以至于以讹传讹，引申出了各种诸如明军不堪一击的推论。

那么明军到底出动了多少人呢？在一些诸如《明实录》《明史》这种官修正史之中都没有记载，而较早的记录来源于刘定之的《否泰录》。天顺年间，刘定之根据自己的见闻，还参考了杨善、李实等人所著之书，著成此书。刘定之记载"土木堡之变"中明军战斗人员和非战斗人员总数达到了五十万人，明代和清代很多人都引用了刘定之的说法。到了清代谷应泰写《明史纪事本末》的时候，直接不提非战斗人员也就是"私属"的问题，直接写官军有五十万人。这也是影响最大的一个说法。而与他同时代的李贤却记载，"土木堡之变"中明军人数为二十多万，但是他的记载当时不被人重视，引用者也很少。

大明王朝的军队总数，在明清史书中也有详细记载。永乐年间，全国都司卫所一共四百九十三个，一个卫所额定士兵为五千六百人，这样算来，永乐时期明朝总兵力达到了二百七十六万八百人！

永乐时期北京周边的兵力，我们也可以做一个推算。朱棣在迁都北京之后，设立了京营七十二卫，总兵力四十多万。各种文献记载，京畿地区卫所军人总数也在二十多万人无疑。

到了宣德年间，明朝军事制度又有所改革，朝廷设置了班军制度。从宣德元年开始，每年都要定期在春秋两季征调河南、山东、中都留守司、淮阳等卫所以及宣府的士兵到京城北京操练。这些被称作备操军，他们分春秋两班，每班八万人，满额士兵一共为十六万。由此得名为"班军"。如此算来，在明英宗正统之前，算上京营预备队的二十多万人，大明王朝京营额定数量是五六十万人。

如果按照这个数字来看，朱祁镇亲征投入五十万人似乎也有可能。但是这些数字是额定数字，并不等于实际数字。这个情况我们在前面也有提及，那就是明朝军队中存在的逃兵问题。到宣德时期，京城三大营之中的五军营总数为五万七千多人，比额定人数十万人少了近一半，其中有士兵逃亡和征调等原因，同时，神机营等规模也有所减少。到了正统年间，京营缺额的现象更加严重。正统二年朱祁镇命选军操练之前，五军营因为抽调了不少士兵到各边镇卫所防守，以至逃亡人数更多，兵力已经缩减到了二万五千人，还不到宣德时期的一半人数！

在正统十四年前后，京营额定数字是四十八万九千多人，但是实际上只有一半人数。更何况这四十八万京营人数并不都是战斗人员。按照明太祖朱元璋规定卫所屯田比例来说，有十分之三为守军，十分之七为屯田军。京营之中，操练但是不屯田的人数满额应该是十四万六千多人。这样算来，当时京营战斗兵力是十四万加上班军八万，应该是二十二万。

因为权贵、豪强和军官侵占屯田，所以全国屯军逃亡现象十分严重。通过减去逃兵数量，正统十四年京营战斗兵力人数大致十一万多一些。算上满额的班军数量，京城明军实际战斗兵力也不会高于二十万。就是这不到二十万的人也无法全部跟随皇帝亲征。因为前面我们说过，朱祁镇命朱勇选京营四万五千人，其中陈怀、井源等人带领三万人赶往大同加强防务，王贵、吴克勤带兵一万五千赶往宣府，准备抵抗瓦剌大军入侵。这时候的京营因为抽调了四万五千人，总人数不会超过十六万了。

在土木堡明军全军覆没后，朝廷召集新选余丁和官舍等新招募士兵防守。可见土木堡惨败后，北京城内除了战斗力比较弱的幼官舍人营外，已经没有多少可战之兵了。这就说明，朱祁镇亲征把京城不到十六万的有战斗的军队能带走的几乎全部带走了。

京畿地区的卫所兵是京营的预备军，但是朱祁镇亲征准备很不充分，可谓仓促出兵，短时间内难以调集很多卫所兵跟随皇帝亲征。追随朱祁镇亲征的有战斗力的士兵不会超过十六万，顶多十五万，其他的私属也就是辎重民夫和仆从之类，并不能视作战斗部队。

在朱祁镇亲征的过程中，兵力发生了几次变化。在亲征大军从大同向土木堡行进时，之前战死的陈怀、井源、吴克勤等人带领的败兵已经归入朱祁镇大军之中。这些归入的兵马不超过四万，亲征大军有战斗力人员不会超过二十万。

大明军队到土木堡的时候，兵力再次发生变化。恭顺侯吴克忠带领一万五千兵力阻拦也先军时，全军覆没。之后，朱勇和薛绶阻击敌军，再一次遭受失败，五万兵力再 次全军覆没。到达土木堡时，明军总兵力不过十三万左右。

不过，就算土木堡明军只有十三万人，但是被瓦剌大军全歼，依然是大明开国之后军事上最惨痛的失败。

全军覆没的宿命

那就让我们看看这一支明朝大军是如何走向全军覆没的宿命吧。

从朱祁镇下达亲征之命到七月十六日正式出征，皇帝仅仅给了出征大军五天准备时间。当然，当时军情紧急，明廷确实也没有更多的时间来准备亲征了。

就这样，这一支庞大的明军仅仅用五天时间就完成了从动员到粮草、武器等一系列准备工作。

二十五万京军和私属仓促就道，大军八日之后，抵达宣府。到了宣府，天气忽然变坏，大风大雨。跟随皇帝亲征的文武官员纷纷请求皇帝在宣府驻扎，不要继续前行，以免出现差池。

面对这种畏战情绪，朱祁镇大怒，命王振将劝说驻军的大臣们遣送到军队里面，跟着大头兵们一起行军，让他们感受战争的气氛。

第二天，亲征大军继续西行，到达鸡鸣山。这时候军中的畏敌情绪更加严重。为了压制此风，在朱祁镇授意和默许下，王振故意凌辱群臣，命成国公朱勇觐见时，膝行向前。管理大营的户部尚书王佐和兵部尚书邝埜，无故擅离职守，王振罚令二人跪在草地之中，夜晚才让他们回去。

军情紧急，王振身边的亲信、钦天监监正彭德清劝说他："敌人强大，不可继续前进，万一皇帝失利被俘就坏了。"内阁学士曹鼐也以皇帝之命关系到社稷安危相劝，要求退军。结果，都被王振拒绝了。

王振明白，年轻气盛的天子朱祁镇不可能同意回师。他满怀信心地要建立不朽功绩，二十五万大军没有跟敌军交手就退师，岂不成了天下人的笑柄！

明军继续前进，到达前线大同。大同镇守太监郭敬秘密告诉王振，若大军继续出战，将正中也先下怀。郭敬显然是得到某些军事情报，才禀告了王振。因为就在朱祁镇进军时，以往战无不胜的瓦剌军竟然悄无声息地退出到了塞外。

这不正常，瓦剌军绝对不可能是畏惧亲征大军才撤走，他们必然隐藏着更大的阴谋！

当时跟随的文官李贤也看出了端倪，他后来的笔记记载下了这段往事，说敌人故意退却，以引诱明军深入围歼。

说来也巧，亲征大军到达大同的当天夜里，风雨大作，令人胆寒。

在群臣和王振的极力劝说下，朱祁镇极不情愿地同意大军班师。

针对回师的路线，亲征大军的文武官员又产生了极大的分歧。镇守大同的都督佥事郭登向随军的大学士曹鼐建议，亲征大军应当从紫荆关回师。但是朱祁镇却没有同意这个建议，他的路线是向东，从居庸关回师北京。

关于回师路线，《明英宗实录》给出的说法是王振想邀请朱祁镇亲自驾临其故乡蔚州，才决定亲征大军从紫荆关回师。但是，王振又考虑到亲征大军会踩坏了故乡的庄稼，给乡亲们造成重大损失，才建议朱祁镇改道宣府经居庸关回京。也就是他这么一建议改道，才导致了朱祁镇在土木堡中了瓦剌埋伏，全军覆灭。

如果真是这样，王振对"土木堡之变"可要承担重要责任了。可是，事实并非如此。

朱祁镇自己不想从紫荆关返回京城，而是执意要从居庸关回师。

王振跟郭登意见一致，也请求朱祁镇从紫荆关回师，这样更远离敌军，相对更安全一些。《明英宗实录》刻意将这个决定的责任推到王振身上，就是为了给皇帝推脱责任，从而坐实“宦官误国”这一说法。

反正王振已死，他的党羽也一网打尽，对他缺席判决，总不会听到什么辩白之词了。

朱祁镇不选择紫荆关回师是有他自己的想法。

首先，本来回师就是他极不情愿的决定，如果走居庸关东北一线，在山川众多、地形不利于敌方骑兵展开的情况下，还有可能遭遇瓦剌军，打上一场胜仗，给自己的回师挽回些面子。年轻气盛的皇帝是不甘心一战不打，就这样灰溜溜退军的。

其次，即使选择走紫荆关一线也并不能保证万全。正统十四年之前，明朝从大同到蔚州的路途中，并非后世人们想象中那种城堡众多，贯通联结为一体，有密不通风的防守工事。当时的边墙只是断断续续，在正统之前，据《明实录》记载，明朝只在永乐十年有过一次修筑边墙的行为。明朝大规模修建长城是嘉靖朝的事情。土木堡之变时的宣府边墙长度只有嘉靖时的十八分之一。

宣府这样的重镇在正统年间，正是处在没有墩台、城堡、关隘、边墙连接为一体的状态，大小城堡之间各自为战，难以相互救援，也无法形成合力阻击敌军。宣府等边镇犹如一个到处漏风的篱笆院，瓦剌骑兵可以随意进入内地，来去如风，防不胜防。

在这种情况下，明军即使选择走偏南的紫荆关一线，也充满了危险。万一瓦剌骑兵深入内地，就可能在南线一带平原地区追击上明军，发挥骑兵优势，将明军全歼。

那么如果两条回师路线都不选，明朝亲征大军留在大同是否就是安全的呢？答案依然是否定的。因为在朱祁镇向东回师后不久，大同就遭受了也先的毁灭性打击。大同城几乎落入也先之手。在也先猛攻之下，大同城池日夜死守，守军死伤惨重，侥幸活下来的也基本非伤即残。大同的守将郭登亲自慰问伤兵，给伤兵敷药，他的目的是鼓舞士气，凝聚人心。但是大部分人对于当前的战事十分消极，还有人委婉提出了要开城投降也先的想法。郭登面对这种投降情绪，义正词严地予以驳斥："我发誓和大同城共存亡。如果城池被攻破，我也不会让各位独死，到时候我也会自杀以谢国恩！"

也先进犯大同到朱祁镇亲征大军回师共两个月时间，也先一直都不敢正面进攻防守坚固的大同城，为什么却在朱祁镇大军驻跸大同后不久就杀到了大同城，还几乎拿下了大同城？这表明也先完全了解到大同城甚至整个大明北边防御体系的弱点，也就是一旦将几个重要城池攻克，明朝方面也就必然崩溃。只有给予大同城以重大打击，也先才能寻找最佳时机来和明军进行决战。这也是也先的第一步战略。

也先在打残大同守军之后，到处寻找明军主力决战。当然明朝方面也知道也先在寻找亲征大军决战。

此时的明军如果驻扎在大同城，大同防务确实可以得以加强。但是大同周围地形不适合与瓦剌大军开展野战，之前宋瑛的惨败就是前车之鉴。更何况二十五万战斗人员和后勤随行人员如果进驻小小的大同城，也必然造成沉重的后勤压力。如果瓦剌对大同长期围困，则明军也将陷入绝境。

明朝方面因为发现了也先的战略意图，才放弃紫荆关的回师路线，而改走宣府一线。那也先的瓦剌军为何此时又全部退出到塞外呢？这是也先准备合围明军的一种战略欺骗。

当时也先派出的探马到处在打听明朝亲征大军的路线，他们一旦掌握准确消息，必将对明军进行合围攻击。明朝亲征大军离开大同后不久，大同就被瓦剌军重创，仅仅能守住城池不丢失，实在无力再去救援亲征大军了。这也使也先达成了自己的目标。他不管明朝大军从哪个路线回师，瓦剌都要围攻大同城的。这也从一个侧面说明从大同到蔚州再到紫荆关的路线并不可行。因为这一路都是平原，根本无险可守，一旦被瓦剌的探马得知消息，他们必然如同追逐猎物的狼群一样对明军进行不离不弃的追逐。在没有事先得知战报的情况下，明军就是发现了瓦剌大军，也无法短期内列阵对敌。在如此广袤空旷的平原上，明朝大军的结局也只有一个，那就是全军覆灭。

这样看来，明军选择宣府这一条回师路线还是正确的。因为宣府地区多是山区，不利于瓦剌骑兵展开作战，这对于明军是有利的。当然朱祁镇也有自己的打算，那就是利用不利于骑兵作战的地区与瓦剌展开决战，说不定能一举击败瓦剌大军，这样这次出师也不算是徒劳无功了。

那么明朝亲征大军的回师路线又是怎样的呢？

朱祁镇亲征大军回师的路程如下：八月初三日，明军一日行军二十里，自大同回师，到达了双寨儿；初四日，大军一日行军六十里，到达了滴滴水；初五日，大军一日行军二十里，到了阳和北沙岭；初六日，行军四十里，到达白登；初七日，行军七十里，抵达洪州方城；初八日，大军行军九十里，到达怀安城西边；初九日，车驾行六十三里，到了万全峪；初十日，大军行军六十里，到达宣府。

前面我们说过，朱祁镇在拒绝了郭登和王振从紫荆关的回师建议之后，沿着北线以便寻找瓦剌主力决战。初七日，亲征大军到达了白登后，大军又转向东南，向着蔚州方向前进四十里。为何朱祁镇又走了一段被自己否定的路线？

这就跟朱祁镇内心的反复不定有关系了。在阳和城外见到了尸横遍野的场面，最初一心要寻找瓦剌军决战的朱祁镇内心也有所触动，毕竟是他第一次亲征，众多文武官员还有王振出于对皇帝安全的考虑，也在旁一直劝说皇帝走蔚州方向，朱祁镇也考虑到蔚州一线虽然平川无险，但是毕竟远离边塞，瓦剌骑兵到来的可能性不大。于是在众人的压力之下，才有了这绕道四十里的行程。

在洪州方城堡休息了一夜之后，朱祁镇又改变了主意，他不甘心就这样回师，于是不顾文武官员的极力劝说，继续执意前往宣府，便于寻找瓦剌军决战。王振见朱祁镇陷入巨大舆论压力下，主动站出来替皇帝圆场，说皇帝不去蔚州，是担心大军践踏了家乡庄稼。这才有了之后实录里面的记载，将绕道之罪归于王振。

其实，仲秋之时节，地处塞北的蔚州并没有庄稼可以供大军践踏，王振此说辞只是为皇帝解围随口一言。

清修《明史》里面抓住了这绕道四十里之事，说绕道导致了亲征大军疲倦不堪，从而耽误朱祁镇安全返回。可是，绕道四十里之后，接下来连续三天，大军都在夜间休息驻扎，充分休整应无大碍。

绕行又耽误了多少时间呢？回师时，亲征大军从大同到宣府一共花费八天，比出师时从宣府到大同多花了一天。多用的这一天行程是在大同到阳和道路上，而且是因为遇到了雷雨恶劣天气，大军前行速度有所减缓。

八月初九日，大军在万全左卫花园驻扎时，文书官袁敏曾经建议，派遣一大将率兵三至四万人，在宣府城南边或者鹞儿岭驻兵，以防止敌军攻击亲征大营。应该说，这个建议是非常正确的。很可惜，朱祁镇想自己亲自对战瓦剌军，这个无比正确的建议，也是很可能挽救亲征大军的建议被他无情地拒绝了。

八月十一日，大军到达了宣府东南，一日之内行军五十六里。

朱祁镇亲征大军回师道路上，是一路顺风的，没有遇到什么瓦剌军队。

八月十二日这天，大军不紧不慢，放慢行军速度，行军二十里，到达雷家站。

八月十三日，大军正要启程，警报终于拉响了。明军得到谍报，也先亲率瓦剌军，准备袭击亲征大军后部。

那问题来了，雷家站距离宣府并不远，也先大军深入宣府腹地，为何守将杨洪坐视不理，置英宗亲征大军安全于不顾，按兵不动呢？

宣府镇守兵力只有区区一万三千多人，就这点人，还要被布置防守广大地区。即使杨洪带全部兵力去救，也无异于杯水车薪，这点人也会被瓦剌军全歼。而结果就是宣府镇被攻陷，瓦剌军必然横行京畿地区，整个明帝国可能会陷入不可挽救的地步。

相反，杨洪意识到情况的严峻，只能尽自己的职责严密防守宣府，为大明保护了一座重要边镇的安全。

当时的宣府明军既然侦探到也先带兵袭击大明亲征军的后路，那么必然掌握了也先大军的一些情况。根据推测，从大同一路杀来的也先主力部队大概有十万人，拥有如此大规模的兵力，这也是也先能重创大同守军的重要原因。此时的宣府城周长二十四里，换算成现在的单位，大概是一万两千八百六十四米，按照宣府守军一万三千五百人的数量，如果平铺到整个城墙，平均一米才能有一名明军士兵守卫。当然，全部的宣府城守军也不能全部上城墙防守，很多人还需要在附属的各种防御工事中防守，更不用说这些士兵中还有老弱病残和不能战斗的。宣府城城大人少，杨洪自保已经实属不易。

对于也先来说。他已经重创了大同守军，还将宣府守军压制，并且还靠着优势兵力，已经驱赶着明军进入了自己早已经布置好的天罗地网。

而再看明英宗朱祁镇，在十三日接到了谍报说瓦剌军已经到来时，不但没有加速回师速度，反而还停军不动，并派出断后部队截击瓦剌军。

雷家站地势开阔，北临八宝山，南边是一望无垠的广阔平川。这是非常有利于大军团展开作战的地形，正是跟瓦剌对战的好地界。

一路上一心要寻瓦剌主力决战的朱祁镇，终于等到了跟敌军对战的机会。听说敌人追击的消息，他一点都不害怕，反而摩拳擦掌，跃跃欲试。终于有机会跟瓦剌军面对面决战了，自己马上要重现祖宗的赫赫武功了，想到这里，朱祁镇的脸庞兴奋得通红。他感觉体内热血沸腾，有一股上阵杀敌的冲动让自己难以自抑。

那此时也先参加追击战的军队有多少人呢？瓦剌统一蒙古草原之

后，可动员的兵力不少于二十万。这一次四路入侵明朝，可谓是倾巢而出。北京保卫战中，也先带领九万多人的军队围攻北京。根据这一人数逆向推算，土木堡之战中，也先应该至少动用了十万多兵力参战，而非常见史籍中所言的两三万人。

在鹞儿岭之战中明军四万精锐顷刻间覆灭，要实现全歼京军精锐，瓦剌至少拥有多于明军一倍的兵力才能实现。

不得不承认，也先是卓越的军事指挥家。他得知朱祁镇御驾亲征的消息后，故意示弱退却，然后在漠北设下埋伏，引诱明军进入包围圈，然后围歼。若明军没有上当，他就攻击大同，阿剌知院进攻宣府，这两地都是明朝亲征大军的必经之路。

两路瓦剌军队在围攻的同时，通过探报传递消息，一旦亲征大军到了有利于他们围攻的地区，他们两部就迅速合兵一处，将亲征大军围而歼之！

亲征大军在大同得到了情报，知道瓦剌设伏故意引诱明军深入。虽然明军没有上当，但是回师肯定要走大同到宣府一线，大军的一举一动肯定逃脱不了瓦剌探报的视线。

更加糟糕的是，早在七月初，瓦剌大军已经开始围攻马营。这就意味着宣府北边的独石城已经落入敌手。独石城的城防能力在整个宣府地区仅次于镇城，此地失守，意味着其他更小些的城堡更加无力抵抗瓦剌军的猛攻。

独石城失守后，马营城守将杨俊也不战而逃。他这一逃，带来的恶劣影响，就是怀来、永宁等地的守军纷纷效仿，弃城逃跑。这样一来，有十一处城池落入敌手，整个宣府北路和东路的防守全线崩溃。永宁卫的丢失，又使得瓦剌军可以来去自由，长驱直入，切断了明军可能取水的水源地桑干河。后来的事实证明，这正是明军惨败的一个重要原因。

对独石、怀来、永宁等城池的成功攻占，使得瓦剌大军已经具备了合围明朝亲征大军的可能。而明军的探报系统却根本没有探测到如此重要的情报。

二十多万亲征大军丝毫没有意识到，正是从踏入雷家站开始，他们已经一步步走进了也先设计好的包围圈口袋。

八月十三日，明英宗朱祁镇正信心满满地准备在雷家站痛击瓦剌主力，这时他突然接到探马回报。一听探报，他惊诧地差点从马上掉下来。原来，瓦剌军已经袭击了亲征大军的断后部队，勇将恭顺侯吴克忠、其弟都督吴克勤所部二万人陷入敌军埋伏，几乎全军覆灭！吴克忠兄弟英勇战死殉国。

吴氏兄弟本是蒙古人，吴克忠本名答兰，吴克勤乃是他的三弟，他们作战勇敢，指挥有方，朱祁镇对他们寄予厚望。哪里想到战况瞬息万变，都督吴克勤刚出发不久，就进入了也先布置好的埋伏圈。吴克忠部经过了长途跋涉，早已经饥渴交加，十分疲倦了，而且士气也极其低落。在匆忙之间，明军与追赶而来的瓦剌主力也先部交战。战斗之中，吴氏兄弟英勇无比，但是明军已经被瓦剌大军分割包围，各个击破。瓦剌骑兵占据了有利地势。瓦剌军万箭齐发，明军士兵死伤惨重。瓦剌军大举砍杀，吴氏兄弟带领的部队大部分阵亡，吴克忠战马也被射死。他只好下马跪着射击瓦剌军，等他射出了最后一支箭后，被瓦剌士兵层层包围。面对绝境，吴克忠丝毫不畏惧，他用短枪杀死了几十个瓦剌兵，最终因为力气耗尽，被一拥而上的瓦剌士兵砍为肉泥！在战斗之中，吴克勤也被瓦剌兵所杀。就这样，这支明军除了吴克忠的儿子吴瑾带着少量士兵突围之外，其他全部阵亡。

得知消息后的朱祁镇立刻派出成国公朱勇、永顺伯薛绶率领精锐京军四万人迎战敌军。

朱勇虽然是将门之后，但也是赵括一般的人物，是有勇无谋之人。他不顾地形对明军的不利，冒险进入了鹞儿岭（宣化东南三十里，也就是古药儿岭）一带的山沟之中，结果被瓦剌兵包围。瓦剌兵杀来，因为山沟地势险要狭隘，明军的骑兵阵势大乱，一时间人马自相冲撞，自相践踏，瓦剌军乘机射出一阵乱箭，明军伤亡惨重。薛绶英勇奋战，最后弓弦被拉断，箭矢耗尽，他依然用一张空弓在击打瓦剌士兵。瓦剌军对他的顽强抵抗十分恼怒，最后一拥而上将他杀死之后，残忍地肢解了。当瓦剌人得知薛绶也是蒙古人时，不禁纷纷落泪说："此人乃是我们的同族，所以才如此勇敢啊！"

就这样明军四万人全部覆灭，主将朱勇、薛绶阵亡。

至此，亲征大军已经损失了七万兵力。明英宗朱祁镇在这一刻才真正见识到了瓦剌军令人恐怖的战斗力，第一次上战场的他似乎闻到了那令人作呕、挥之不去的血腥味！

而且更加糟糕的是，瓦剌十万大军已经切断了宣府镇和亲征大军之间的联系，宣府镇的杨洪就是有心救援，也无力出城了。

八月十四日，明军进入了土木堡，他们的士气，已经被前面两次惨败打击得荡然无存。恐惧占据了每一个士兵的心头。马上就是八月十五中秋团圆之日了，可是彪悍的瓦剌骑兵却要用手中的利刃收割他们的生命！没有人能预测，自己能否活着回到京城，再见到自己的父母妻子儿女。

亲征大军这一日行进了三十三里后，在土木堡驻扎休整。

土木堡二十里处有一处城池，就是怀来城。

明末清初的谷应泰，在他的《明史纪事本末》中悲愤地写下这样的语句："王振让亲征大军停下，等待一千多辆辎重车，那些都是他的私人财物，落在了后面。因为这一等待，才错过了大军进入怀来城的时机，从而最终导致了车驾陷落土木堡。"

而《明英宗实录》提出了另外一种说法：亲征大军每当到达一地驻跸，英宗都要派遣司设监太监吴亮勘察地势，选择营盘所在地。王振因为大军屡屡失利，心中愤懑，心不在焉，也没有让吴亮勘察地形，就选择了在土木堡地势较高之处驻营。

这高地是大大选错了。大军又饿又渴，掘地二丈，都没有发现一滴水。

驻营的高地南边十五里处，有一河流，已经被瓦剌占据。《明英宗实录》由此提出，正是王振选择驻跸土木堡的重大失误，最终导致了大军的崩溃。

其实，谷应泰和《明英宗实录》的说法都站不住脚。

首先，瓦剌设伏鹞儿岭的军事行动，是在亲征大军到达雷家站之前就已经完成的。千余辆辎重应该是在成国公朱勇和恭顺侯吴克忠的断后大军中，两路大军被瓦剌击败，那千余辆车的辎重岂能完好无缺？必然已经是落入瓦剌之手。

再说王振行军为何要将自己的大量私财带入军中，哪里有打仗还要带着自己的财产四处炫耀的道理。退一万步讲，如果那些真的都是王振重要的财物，何不随身带着，让辎重车跟随在自己和朱祁镇的左右？在明明得到探报，有瓦剌追击的情况下，还要放在断后部队，这在情理上也讲不通。由此可见，谷应泰说法之错谬。

其次，怀来城早在亲征大军到来之前，就已经被守军放弃，从而被瓦剌军进占。驻跸土木堡，正是明军在瓦剌大军紧逼下，无奈中的选择而已，而非王振一时愦懑做出的错误决定。由此可见，《明英宗实录》记载之不确切。

八月十四日晚，瓦剌军连夜攻击土木堡北面的麻峪口，守卫此处的明军都指挥郭懋拼命抵抗了一夜，最终不支，败下阵来。

在明军到来之前，也先已经先行到达了土木堡附近，并控制了土木堡南边的妫水河水源。这里地势荒芜，历来缺水。距离土木堡东边不远的土木驿站里面没有水井，西边的旧土木堡内两口水井水位很浅，连续打几十斗水就干枯了，对于明朝大军来说，可谓是杯水车薪。本来土木堡东边还靠着一条沙河，正常情况下有沙河水流经，此河水源来自北山石河山泉，石河泉乃是间歇泉。明朝大军也是倒霉，他们来到土木堡时，正好赶上了北山石河山泉间歇，沙河从而干涸无水，就是临时掘井两丈多也看不到水。而土木堡东南十五里处妫水河已经被敌军占领。

关于土木堡水源的事情，还有一则故事。在嘉靖十三年（1534）秋天，蒙古部再次侵入土木堡，明军在大同作战后路过土木堡，就有人询问当年明英宗在此被俘虏的经过。当地有一个退役的老百户说："当初，英宗皇帝亲征出关，因为此地有水草之便利，所以在此安营扎寨。忽然有枭鸟在大营上空来回盘旋，军中人心惶惶。原来此山以前有一道泉水流入浑河，之前河水常流，大军到的时候已经干涸。当时，英宗君臣商议移动大营靠近浑河寻找水源，敌军看到军马移动，乘机冲杀过来，还没有交兵，大军已经自乱阵脚。由此，英宗皇帝被俘虏，太师英国公和兵部邝尚书等，都死于乱军之中。"这个老百户的话可信度比较高，可以作为了解土木堡之战的一个剖面。

朱祁镇中计被俘

八月十五日，中秋万家团圆之日，土木堡的明军已经陷入了绝境。

当然，此刻的明军并没有放弃最后的努力，他们筑造堑壕工事，对抗瓦剌军，使得瓦剌军一时间难以靠近。

自从桑干河上游被瓦剌军控制后，明军在近两天陷入了无水饮用的绝境，但他们能坚持守卫工事，不让瓦剌军攻破，这足以证明，明军的战斗力仍然不可小觑。

如果明军阵脚不乱，瓦剌军还真一时难以啃下这块硬骨头。

麻峪口战败之后的明军将领郭懋此刻还没有远去，他知道皇帝被瓦剌大军围困，带领部下人马继续冲击瓦剌军阵，打算营救皇帝突围，但是他的人马实在太少，几次都被瓦剌军杀退。

此时土木堡的明军防守严密，还没有崩溃的迹象。也先深知如果时间一久，难保其他地方明军不会再来救援。正在愁眉不展的也先突然计上心来，他派出使者到明军阵前议和。明英宗朱祁镇命内阁大学士曹鼐起草敕书，派出千户梁贵到也先营中打算议和。

也先假意同意撤军，饥渴难耐的明军将士们看到瓦剌军后撤，在这一刻他们紧绷的弦终于放松了。他们的意志已经到了临界点，干涸的嘴唇已经渗出了鲜血。接到了移营寻找水源的命令之后，明军纷纷跳出堑壕，寻找水源。

就在明军阵形大乱之时，佯装撤军的瓦剌军杀了一个回马枪，冲杀向前，将明军将士们打了一个措手不及。

接下来的战斗，简直可以用杀戮来形容了。很多失去抵抗意志的明军坐等敌军杀戮，仿佛成了待宰的羔羊。也有不少明军坚持抵抗，拿起手中的兵刃跟敌人战斗到生命的最后一刻。

只见战场之上，瓦剌重装骑兵挥舞着长刀肆意砍杀明军将士，尽管明军将士们也奋起抵抗，但是怎奈已经两天滴水未进，加上军心不稳，很快就难以抵挡了。瓦剌骑兵在明军之中横冲直撞，刀剑并举，所有人高声大喊："解甲投刀者不杀！"有的明军士兵为了活命，争相扔掉了手中的兵器，脱掉身上的盔甲，只是希望瓦剌人能兑现自己的诺言。

但是言而无信的瓦剌人见此场景，丝毫没有怜悯之心。也先冷酷一笑，命令部下一齐开弓射箭，一时间箭如飞蝗般射向了明军。那些裸体袒背的明军士兵被纷纷射中，一时间哀号遍野，血流成河。

明军已经被打乱，单纯依靠几位大将的奋勇抵抗，根本不是瓦剌人的对手。在瓦剌骑兵的攻击之下，明军士兵争先逃跑，场面已经无法控制。整个土木堡大地，尸横遍野，血染黄沙，腥风弥漫，一片人间地狱景象。

血色夕阳，一场大战之后，土木堡伏尸遍野。"可怜无定河边骨，犹是春闺梦中人。"月明团圆夜，六万多明军将士却已经长眠他乡。

混乱之际，有不少明军还是脱离了战场，保得了性命。

瓦剌军在砍杀明军的同时，不忘记强夺辎重兵器。一名瓦剌兵看到一个盔甲鲜明的年轻人坐在地上，仿佛这杀戮的修罗战场跟他无关似的。

他伸手强夺年轻人的甲胄，将其俘虏。后来经过瓦剌将领辨认，才知道此人正是大明皇帝朱祁镇。

还有一点要补述，根据蒙古史籍的记载，在混战之中，有三百侍卫始终不离皇帝左右，最终他们战斗到最后一人，全部殉国。

让我们再看看王振最后的结局吧。关于王振之死，也有三种说法：

一是为瓦剌军所杀。傅维鳞《明书》和小说《醒世姻缘传》中皆持此说。

二是为护卫将军樊忠所杀。谷应泰《明史纪事本末》中的记载颇具英雄悲剧情怀：土木堡之战，明军崩溃，护卫将军樊忠睚眦俱裂，他痛恨奸臣王振，挥舞着手中大锤，大声喊道："我要为天下诛杀此贼！"说完，他一锤下去，将王振砸了个脑浆迸裂，死于当场。杀了王振，樊忠想突围，却死于瓦剌军中。

三是北京智化寺中留存的《英宗谕祭王振碑》中提到：英宗朱祁镇目睹王振挥刀自刎，自杀殉国。

第二种说法应该是最不靠谱的。这种颇具小说色彩的描述，显然是作者的一种情怀的寄托。祸国太监死于忠臣之手，这符合文人们罗曼蒂克式的幻想结局。真可惜，这只是个传说。

首先，若王振死于樊忠之手，为何不见以弘扬正义为宗旨的史家们大书特书，记载下这位英雄的一生事迹？其次，若真有如此忠心的樊忠，何以杀了祸国的王振之后，又不顾皇帝死活，自己突围想要逃跑？最后，王振若是死得如此不堪，朱祁镇后来为他立碑，又岂能掩天下悠悠之口，公然篡改事实？

应该说，王振自杀的可能性是最大的。因为王振和朱祁镇情感之深厚是毋庸置疑的。眼看明军全军覆没，朱祁镇又被俘虏，自己没有尽到保护责任，愧对了皇帝对自己的恩遇，又辜负了历代先帝对自己的嘱托和厚待，王振感觉无颜活在世上，遂挥刀自杀。

朱祁镇后来在智化寺的祭文中记录了他目睹的场景：跟随他二十多年，忠心耿耿的王振，在乱军之中，看到自己被俘虏，绝望之际，挥刀自杀。

朱祁镇成为瓦剌人俘虏一年之后，被也先放回。到了景泰八年（1457）正月，他通过夺门之变复位成功。复位没有多久，他就下令将发配到辽东铁岭卫充军的王振家属全部放回，改为在京城卫所充军。这显示出朱祁镇要给王振平反的信号。有个叫刘恒的太监见风使舵，上奏给皇帝说王振是忠臣，朝廷应该给他祭葬。于是，朱祁镇顺水推舟，就命人用香木雕刻了王振的身体形状予以隆重下葬。

到了天顺三年（1459）朱越，僧录司右觉义兼任智化寺住持然胜上奏说太监王振有功于社稷，已经赐祠额名为“旌忠”，在祠堂前立了旌忠碑，乞求皇帝赐给谥号，以表彰王振的忠心。

当时的满朝文武，对于皇帝大肆追祭王振的行为，没有一个人出来表示强烈反对。当时有名的文官典范李贤，还为王振撰写了碑文，在碑文中，李贤对王振的功劳予以了大书特书。这位李贤差点葬身于土木堡，但是他如此歌颂满朝文武视作土木堡之败“罪魁祸首”的王振，也没有见谁来反对他。由此可见，对王振的痛恨，主要还是土木堡之败激发的。如此严重的失败，总得有人承担责任，为天子讳，朱祁镇肯定不能成为责任人，那么“死太监”王振就成为最合适的人选了。现在朱祁镇重新登位，没有大臣敢骂王振了，大家心里门清到底王振该担负多少责任。土木堡之败最大的责任人是当朝皇帝，而皇帝朱祁镇也不是昏君，他历经大变，还能对王振念念不忘，说明了他心中也清楚王振是受了委屈，作为他的替罪羊而被口诛笔伐呢！

而到了天顺年之后，文人们又开始对王振口诛笔伐，其实那时候王振已经成为了代表宦官专权的一个符号罢了。

再说朱祁镇为怀念王振在智化寺为他立的像和碑文，到了清朝乾隆年间才被推倒。大太监王振享了将近三百年的香火，到了改朝换代之后，才作为前朝敝政的象征而轰然倒地。

我们再说战场之上。王佐穿着皇上的服饰挡在了朱祁镇面前，只是希望能为皇帝赢得逃生的机会，最终瓦剌军将他乱刀砍死。之后，后人在为他建的祠堂中书写对联纪念这位忠臣：“一代中正志，碧血溅黄衣。”

而工科给事中鲍辉虽然是一介文弱书生，在危难之际，依然死死护卫着皇帝朱祁镇。眼看瓦剌人冲着皇帝杀来，他奋不顾身迎面挡住杀来的敌军，结果身受重伤，一头倒在了黄沙之上，为国殉难了。

太常少卿戴庆祖在乱军之中紧紧护卫朱祁镇，瓦剌军杀来之时，他怒骂敌军，不肯投降，从而触怒了敌人，瓦剌人将他五马分尸。后来其家人赶到土木堡战场寻找他的尸首，仅仅在一条绳索之上找到了一些头发和指骨。景泰元年，朝廷感念其忠义，追封他为太常寺卿，建祠立坊予以纪念。

当时殉难土木堡有名有姓的文武官员和太监共有六十七位，兹列姓名官职如下：

户部尚书王佐、兵部尚书邝埜、文渊阁大学士兼吏部左侍郎曹鼐、刑部右侍郎丁铉、工部右侍郎王永和、右副都御史邓棨、翰林院侍读学士张益、左通政使龚安全、太常少卿黄养正、太常少卿戴庆祖、太常少卿王一居、太仆少卿刘容、尚宝少卿凌寿、吏科给事中包良佐、兵科给事中姚铣、工科给事中鲍辉、中书舍人余拱、中书舍人潘澄、中书舍人钱昞、御史张洪、御史黄裳、御史魏贞、御史夏诚、御史申祐、御史尹竑、御史童存德、御史孙庆、御史林翔凤、御史黄绥、兵部车驾司郎中齐汪、工部郎中冯学明、郎中滕员、员外郎王健、兵部员外郎程思温、员外郎程式、员外郎逯端、兵部职方司主事俞鉴、刑部主事张瑭、主事郑瑄、大理寺左寺副马预、行人司正尹昌、行人罗如墉、钦天监监正廖羲忠、夏官正刘信、太医院使钦谦、序班李恭、序班石玉、太师英国公张辅、太保成国公朱勇、恭顺侯吴克忠、泰顺侯陈瀛、西宁侯宋瑛、驸马都尉井源、永顺伯薛绶、武进伯朱冕、平乡伯陈怀、襄城伯李珍、遂安伯陈埙、修武伯沈荣、都督吴克勤、都督梁成、都督王贵、都督蓝睦、侍卫百户雷震、司礼监太监王振、司礼监太监范弘、司礼监太监钱安、司礼监太监吴诚。

为了纪念这些殉国于土木堡的文武忠臣，明廷在土木堡建造显忠祠。

除了这些有名有姓的文武官员，更多的殉难者是那些没有留下姓名的普通士兵和宫女。尤其是那些随驾朱祁镇亲征的宫女，非死即落入瓦剌士兵之手，成为他们的玩物，而最终惨遭杀害。红颜何辜，受此惨祸！五百年之后，犹然让人可发一叹！

在战争之后，也先瓦剌大军获得了丰厚的战利品。明军之中骡马二十多万匹、无数的衣服盔甲器械还有细软、辎重一千多车，大多数都成了也先的囊中之物。另外战后，明军在打扫战场的时候，捡到瓦剌军队无法带走的明军头盔九千八百多顶、盔甲五千二百多副、号牌二百九十多面、神枪一万一千多把、神铳火器两千八百多个、炮八百门、火药十八桶、神箭四十四万支。

景泰元年十二月，阳和、高山等卫所明军又在土木堡战场捡到了大量被遗弃的神枪进献给朝廷，并受到了嘉奖。

“土木堡之变”是震惊古今的重大事件，古往今来，无数文人墨客写下了怀念的诗句。在此，仅录一首清朝金文淳的诗句。

土木城

旭景照荒城，行行指土木。
按鞍话前朝，铸此一大错。
万乘等儿戏，一掷向沙漠。
千官为鬼雄，碧血染剑镞。
天地十年闭，庙堂三日哭。

正如诗中所说“万乘等儿戏”，这次亲征失败的惨痛后果和原因确实发人深省。

就“土木堡之变”对明朝的打击而言，是建国以来最惨痛的军事失败。

首先，精锐的京军损失惨重，二十五万京军死于鹞儿岭和土木堡之战的总共有十三万人之多，随军的军械辎重被瓦剌掠夺一空。

其次，皇帝朱祁镇成为了瓦剌军的俘虏。这也是明朝的最大国耻，对明朝军心士气的打击沉重。

最后，随行的六十多名文武重臣死于土木堡，这摧毁了几乎明朝半个朝廷。死于土木堡之难的以张辅为首的勋贵为数不少，勋贵集团遭受了沉重打击。那些年轻的新一代将领还没有机会经受更多的血火考验，就埋骨他乡。这也直接导致了明朝权力中心的重新洗盘。

作为一场惨痛的军事失败，“土木堡之变”在当时和后世都一直被研究和探讨：为何明朝在建国不到百年之际，就遭受了如此惨重的失败？要知道，此时距明成祖朱棣对蒙古各部“犁庭扫穴”也不过二十五年时间。

土木堡之败原因众多，归结起来不外乎以下几点：

首先，自永乐朝以来，北部边防线的全面收缩，导致了北部边防态势的恶化。永乐大帝将东胜、大宁迁徙到内地，对蒙古的防线开始大范围南移。正统年间，北部边防已经形成了这样的态势，塞外一有风吹草动，蒙古人就能很快杀到宣府、大同城下，这使得明朝边防情况日益严峻。

其次，瓦剌军力强大，加之宣府镇附近的防守脆弱，导致了宣府北路、东路各城堡纷纷落入敌手。宣府镇遂成孤城，无法援救亲征大军，坐视土木堡之败的发生。

再次，朱祁镇年轻气盛，在没有充分准备的情况下，贸然亲征。在回师途中，进退失据，缺乏对敌军的正确判断，这些指挥失误也是导致战败的重要原因。在最后一刻，朱祁镇君臣轻易相信了瓦剌的议和，使得敌军得以越过军事工事，最终导致了全军崩溃。

最后，对手的强大和也先卓越的军事才能也是明军失利的原因。

“土木堡之变”被后世史家认定为明朝中衰的标志，这并不确切。其是很多偶发因素导致的军事失败，并没有动摇明朝根本，更何况，在“土木堡之变”之后，大明王朝依然存在了近二百年。其间，也多次出现经济繁荣的大幅度发展期，并没有什么衰世之征。

通过前文的详细分析，我们也看到文人士大夫们笔下的历史书写中，王振是作为罪魁祸首成了替罪羊。至于替谁的罪，那很明显，就是明英宗朱祁镇和一帮子文武重臣。

古人为君者讳，失败的责任当然不能明指朱祁镇本人。更何况，朱祁镇虽然成为瓦剌俘虏，后来却又成功复辟，再次登基，而且之后历代明朝皇帝都是英宗朱祁镇之后人。不管是皇帝和臣下，都不可能将责任诿过于朱祁镇。

既然王振专权已经对文官士大夫权力造成了影响，而王振又成为土木堡“烈士”，永远不能开口，秉承痛打落水狗的精神，文官士大夫自然不会放过这么好的机会：好，就让你个死太监再来当个土木堡之败的罪魁祸首，永远钉在历史的耻辱柱上！

土木堡之败到底是谁的责任？

首先，明英宗朱祁镇至少要担负一半以上的责任。他是军事总指挥，二十二岁的成年人，完全有自己的判断和思考能力，对亲征大军的一举一动负有直接责任。正是他在整个亲征过程中，对瓦剌的轻视和对自己的高估，最终导致了亲征大军走向了险境。

其次，随征的文武重臣们都有责任。以张辅为首的勋贵重臣饱经战事，尤其是张辅，在此次军事行动中表现奇怪，自始至终保持着沉默。对于朱祁镇在军事指挥上的错误决定，并没有及时指正，也没有运用自己的威望在行军中发挥作用。另外部分文官，在行军途中，甚至想到谋杀王振。面对强大敌人，他们想的不是同仇敌忾，而是内斗，拥有这样的态度，他们对亲征大军的失利肯定要负一定的责任。

最后，杨俊对怀来、永平等十一城的接连失陷负有不可推诿的重大责任。而正是这十一城的丢失，直接导致瓦剌大军合围圈的形成。

说了这么多，王振到底有没有责任？答案当然也是肯定的。他不谙军事，在亲征途中，又未能团结广大文武官员，而是依仗皇帝，凌辱了部分重臣，导致了上层人员离心离德。但是也仅此而已。他不是亲征大军的军事总指挥，只是皇帝的传声筒和指挥棒，有责任，也是极其次要的了。

一方面，王振被文官士大夫集团作为典型无限放大，成为排斥宦官集团参政的集中表达。另外，文官士大夫将王振作为误国宦官的典型大加鞭笞，也是为了夸大宦官干政的严重后果，劝说皇帝远离宦官，从而为文官集团夺取政治话语权提供有力保障。

当然，除了这些殉难土木堡的官员和士兵之外，也有不少文武官员和士兵侥幸逃得性命，比如杨善、李贤、项忠等人。

其中项忠的逃亡经历尤其传奇。项忠，嘉兴人，是正统七年进士，被授予刑部主事，进员外郎。他跟随朱祁镇北征瓦剌，于土木堡被俘，敌人命他喂马，他乘瓦剌人不注意挟持了两匹战马南奔。由于日夜赶路，战马疲倦无法再行路，项忠只好放弃战马，鞋子也跑掉了，他光着脚走了七天七夜才回到了宣府。

第四章

不屈的北京城

血溅左顺门

从天子到俘虏

话说成为瓦剌人俘虏的朱祁镇做梦也想不到此次亲征竟然是如此结果。前一刻他还在想着自己曾经多次登上紫禁城午门的五凤楼，亲自抚摸着当年明太宗朱棣使用过的御用长矛，追念祖宗时代的赫赫武功，渴望有朝一日也能在战场上冲杀陷阵，光大祖宗的事业，为大明王朝的伟大武功再添上自己浓墨重彩的一笔。

可是，理想很丰满，现实很残酷。

眼看自己的亲征大军死伤惨重，朱祁镇内心痛不欲生，他知道所有的希望都破灭了。此刻的他反而不再害怕，只见他下马之后，盘膝向南而坐，在危急时刻，还摆出了一副大国君主的气派和尊严。

这时候一名瓦剌骑兵看到了朱祁镇那一身非同寻常的服饰，他十分喜欢，赶上前去要求朱祁镇脱下衣服盔甲，朱祁镇不肯听从。瓦剌骑兵大怒，打算手起刀落结果了他。正在这千钧一发之际，这个骑兵的哥哥也飞马赶来，他看到朱祁镇举止非常，就对他的弟弟说："这个人不是一般人，我们先不要杀他。"说完之后，这两人将朱祁镇押解去见自己的将领。

此刻的朱祁镇被几名如狼似虎的瓦剌士兵推推搡搡，押解到了一个瓦剌将领面前。此人正是赛罕王，他是也先的弟弟。

朱祁镇抬眼看了一下赛罕王，丝毫没有慌乱的表情，反而大声问他：

“你莫非是也先，或者伯颜？还是赛罕王，还是脱脱不花大汗？”赛罕王也在上下打量着这名俘虏。他看到对方言语不俗，穿戴也与众不同，心中不禁十分诧异。赛罕王知道此次土木堡明军之中有他们的皇帝御驾亲征，莫非这个人就是大明天子！？

想到这里，赛罕王兴奋无比，如获至宝般小心翼翼地将朱祁镇带到了也先面前。

也先听说此人有可能是大明天子，心中十分惊诧。他连忙叫来两名曾经出使大明的朝贡使者，一人叫作哈巴国师，一人叫作罕哈者哈里平章，他们两人曾经见过大明皇帝。两人在经过了仔细辨认后，给了也先确切的答复，此人正是大明天子朱祁镇！

也先简直不敢相信自己的耳朵，昔日高高在上，如同天神一般的大明王朝的天子竟然成了自己的俘虏！想到这里，也先心中不禁一阵狂喜。他仰望苍天，口中念念有词：“我常常祈祷长生天，乞求大元能再次统一天下，今天果然有如此大胜！”瓦剌将领和士兵们纷纷跪倒，齐声高呼：“长生天保佑太师！大元万岁！”

面对这个地位最为高贵的俘虏，该如何处置，也先一时间拿不定主意。他征求部下意见：“各位首领，大家看看今天我们该如何处置大明皇帝？”有一个叫作乃公的将领回答道：“长生天赐福，将我大元祖先的仇人之后送到了我们面前，还用多说吗？杀了他，为大元报仇雪恨！”旁边的伯颜帖木儿听了之后，连忙快步走到了也先面前，劝阻道：“那颜（蒙古语，意思是“大人”），您不能听此人胡言乱语。两军交战，明军之中多有死伤，或者被刀箭杀伤，或者被马蹄践踏而死。而大明天子一点没有受伤，这说明上天也在庇佑他。再说，我们世代受到大明皇帝恩典赏赐，就是上天发怒将他送到漠北，我们也不见得要杀了他呀。我等岂能违背上天之意？我看，不如派出使者到大明，让他们派人将大明皇帝接回去，这样对我们双方都有好处。”

也先听了之后沉吟半晌。他觉得此事需要从长计议，就命伯颜帖木儿负责看管朱祁镇。

朱祁镇成为俘虏之后，也先没有对他立刻下杀手，而且给他特权，身边允许跟随随从。也先是有自己的考虑：首先，朱祁镇是天子，名义上也是天下之主，自己作为曾经臣服大明的外藩臣子，如果对昔日的宗主太过分，在舆论上说不过去。其次，大明天子昔日朝贡贸易和马市贸易对瓦剌人十分大度慷慨，现在他成了自己的俘虏，正好可以借此敲诈大明更多的财物。最后，也先也怀有统一天下之志，现在的朱祁镇奇货可居，在自己下一步的军事行动上，他有巨大的利用价值。

想到这里，也先决定，先留着朱祁镇不动，等以后再说。

不过，俘虏了大明皇帝的意外胜利，并没有促使也先做出立刻杀向北京的决策。这可谓是也先最大的失策。如果他乘着如此大胜，立刻带领十万精锐骑兵杀到北京，明朝方面就没有时间来进行政治军事方面的调整和准备，那时候鹿死谁手，真的难以预料了！

再说朱祁镇从尊贵的天子一朝变为俘虏，这地位反差之大令他实在难以承受。虽然身边有袁彬、哈铭、蒋信、刘浦儿、沙狐狸等人忠心护从和服侍，但是毕竟失去了自由，且不知道何日能重获自由。

朱祁镇想到这里问袁彬："你能写字吗？"袁彬是江西新昌人，是锦衣卫校尉，跟从天子亲征，此次与皇帝一起成为瓦剌人的俘虏。

袁彬连忙回答能写字。朱祁镇嘱咐他写一封救援信，他说袁彬来写。就这样，信件写好了，朱祁镇让袁彬将先前曾经出使瓦剌的使者梁贵叫来，然后对他做了当面交代。梁贵得到了朱祁镇的面授机宜之后，飞身上马，向着怀来城方向狂奔而去。

他来到怀来城前大声喊叫，让守军开城门。守城将领命人放下大箩筐将他吊进了城中。城内明军将领看到了梁贵带来的皇帝书信和御宝，也被惊呆了。这才知道皇帝也成了瓦剌人的俘虏。

守将稍微镇定了下情绪，立刻派出探马飞速奔向北京城，报告这个惊天消息。

探马经过十几个时辰的拼命赶路，终于在八月十六日夜里三更天左右，到达了北京城。此时紫禁城西华门已经关闭。探马对守门人说边关有十万火急的警报。守门人不敢怠慢，连忙将他带来的紧急信件带进了皇宫之内。

在看完了皇帝的信件之后，孙太后和钱皇后惊愕万分，她们万万没有想到，带领着精锐京营大军亲征的皇帝竟然会成了瓦剌人的俘虏。她们先是一阵痛哭，然后第一反应就是要赎回皇帝！

经过大半夜的一番折腾，孙太后和钱皇后翻箱倒柜，搜罗了她们珍藏的金银珠宝，命令几个心腹太监，押送着这些宝物，连夜赶到瓦剌，送给也先，请他放人。在他们临行之前，婆媳两人又反复叮嘱这些太监和押车之人，千万不能将皇帝被俘虏的消息传出去，以免人心大乱。

不过她们的想法实在过于天真。也先可不是普通的绑匪，他有更大的目标，那就是鲸吞大明！八月十七日，也先接到了明廷送来的珠宝和黄金二百两、白银四百两，他全部笑纳，对于放人之事却绝口不提。朱祁镇也只好继续做他的俘虏。

更出乎孙太后和钱皇后意料的是，皇帝被俘虏的消息很快就在京城内外传开了。

原来土木堡大败后，那些侥幸逃命的士兵，浑身带血，蓬头垢面，衣衫褴褛，他们翻山越岭，好不容易逃回了北京城。那些普通百姓看到京城的闹市出现了一些伤兵败将，才知道大明的亲征军遭受了惨败，皇帝也不知道去向了。之后几个大臣如杨善、萧维祯等人回到京城，大家围着这些人询问皇帝的下落，这些侥幸逃回的大臣痛哭不已，边哭边说："天子被俘虏了！"得到这个消息的大臣们如丧考妣，大家如同被闷雷击中了一样，很多人半晌都说不出话来。等大家反应过来以后，也是一片哭声。

后来这些大臣觉得在大街上哭似乎不雅，他们又自发地聚集到了朝堂之上，一片痛哭流涕，仿佛世界末日将近。这一次"土木堡之变"确实是大明王朝面临的生死劫难。自从大明开基以来，武功赫赫，对外战事更是胜多负少。没有想到如日中天的大明王朝，竟然在土木堡一战中全部精锐覆灭，连皇帝也成了瓦剌人的俘虏！要知道，中原王朝的对外战争历史上，曾经遇到的奇耻大辱，莫过于晋朝怀帝和愍帝成为匈奴人的俘虏，宋朝徽宗钦宗父子成为金国人的俘虏。如今难道历史又要在大明朝重演了吗？想到这里，又想到大明有可能国破家亡，大臣们哭得更加伤心了。

朱祁镇在出征之前，曾经留下了自己的弟弟郕王朱祁钰留守北京。朱祁钰看到大臣们如此哀痛，又一片议论纷纷，自己也没了主意。对于接下来应该怎么办，殿内朝臣们的意见基本可以分为两派：一派主张加强北京城防卫，防止也先乘机南下进犯都城；另一派意见是目前北京已经危如累卵，瓦剌大军杀到必将玉石俱焚，不如放弃北京，迁都南京！

而后一派主张的朝臣代表就是徐珵。此人之后更名为徐有贞，也就是被后人称作杀害于谦的帮凶。此人字元玉，乃是苏州府吴县人，他是宣德八年进士，后被授官翰林编修。徐珵身材短小，但是却十分精明，头脑极其灵活，博学多才。他精通天文、地理、兵法、水利、阴阳方术等学问。徐珵精通这些在旁人看来是“旁门左道”的学问，就有人问他：“这难道是一个朝廷大臣所应该经常把弄的事情吗？”没有想到徐珵反而笑着回答：“等到我完成职责再学这些东西，就晚了！”

在仕途上，徐珵可谓是一个郁郁不得志者。从宣德八年成为翰林院编修到正统十二年被提拔为翰林侍讲，徐珵足足熬了十四年。在这十四年之中，尽管徐珵也曾经兢兢业业，不断努力，但是机会总与他失之交臂。失望透顶的徐珵才开始更加沉迷于象数之术，他内心深处从没有放弃一鸣惊人的梦想。

这个机会还是被徐珵等来了。正统十四年初秋，徐珵夜观天象，发现异常，他对自己的朋友刘溥说：“大祸将至了！”他回到家里，连忙让妻子准备行李，打算带上细软和家小一起逃回苏州老家。妻子不同意，徐珵就训斥她："你如果不走，恐怕接下来想做汉人的妻子都不可能了！"他的意思是瓦剌人即将南下，攻下北京城，全城官民都会大难临头。此事过后没有几天，朝廷突然发布了皇帝要御驾亲征的消息。在亲征大军出发之际，徐珵指着天上的星象对身边人窃窃私语："大军此行，必然失败，皇帝恐怕也不能回来了！"后来事态的发展果然如他预料的一模一样。徐珵的这个预言也不知道怎么就传遍了京城，这下他成了能掐会算的活神仙。

当朝臣们大哭之际，徐珵乘机发表自己的意见："我观察星象和历数，大明天命已去，只有南迁才能避祸。"他话音未落，群臣之中突然传来了一声怒喝："一派胡言！"原来此人乃是礼部尚书胡濙，先朝留下五位顾命大臣，此时也只有胡濙一人尚存人世。胡濙情绪十分激动，他继续说："文皇帝（朱棣）将陵寝定在北京，就是为了给子孙表达坚决不能放弃的信念！"不过胡濙的话引发了一些人的非议，人群之中有人低声议论："当年仁宗皇帝在位的时候，他也曾经带头要求还都南京，现在怎么又不愿意南迁了？"

听到这番话，群臣之中又是一片哗然，有些人对胡濙的话嗤之以鼻，还有的人觉得徐珵说的有理，南迁避祸确实是当前最好的办法了。这时候群臣之中有一个人听到这些南迁的言论，实在是按捺不住，他对着群臣大喊："打算南迁的，可以斩杀！当今之计，应该速速调集天下勤王兵马，誓死保卫京城。"说到这里，于谦停顿了下，继续对着众人说道："京师，是天下的根本，一动则大事去了。当年太祖皇帝定都南京，是那时候的根本。而成祖文皇帝迁都到北京，至今已经有三十年，当今天下都将北京视作大明的根本。如果在此国家生死攸关的紧要关头迁都南方，极有可能助长也先的嚣张气氛，也先必然会带兵攻入大明内地。而大明将士刚刚战败，士气低落，如果这时候再南迁都城，那么大家就难以坚定信心抵抗瓦剌，那时候一切就完了。各位不要忘记历史上宋徽宗、宋钦宗两个皇帝被金人俘虏，宋朝皇室南迁，从此之后再也没能收复失地的历史教训。”

于谦的话掷地有声，充满了浩然正气，将徐珵等人主张的逃跑主义驳斥得体无完肤。他的主张赢得了朝堂上一些朝臣的大力支持。翰林学士陈循说：“于侍郎所言极是！”众人纷纷表示支持于谦的主张。这时候，站在郕王朱祁钰身旁的太监金英走到了徐珵面前，呵斥他赶紧离开大殿。

徐珵只好灰溜溜地走出大殿。后来的历史发展证明，如果大明王朝真的按照他的主张来做，恐怕就要重演南宋的历史和悲剧，提前二百多年上演一个南明王朝了！

朝堂之上群臣的议论传到了后宫孙太后耳中。她心神不定，问侍奉在旁边的太监李永昌应该如何是好。李永昌说：“太宗皇帝历代先帝陵寝都在北京，大明都城宫殿也都在这里，仓库、官府和百官百姓都在这里，要是现在南迁的话，大明朝江山社稷也大势将去。难道不借鉴南宋的历史教训吗？”李永昌又引经据典，侃侃而谈，将历史上南宋南迁的故事一五一十、详详细细讲给了孙太后听。孙太后听到宋徽宗和宋钦宗因为南宋迁都，再也没有回到宋朝的时候，不禁心头一震，她一心要迎回自己的儿子朱祁镇，就下定了主意，死守北京，绝不南迁！

国不可一日无君

再说也先，他打算带着俘虏朱祁镇到宣府、大同等边城去敲诈勒索，如果有可能，还可以利用大明天子这块招牌，让守将打开城门，乘机杀进去抢掠一番。朱祁镇在也先的胁迫下，只好派人告知明朝宣府守将杨洪等人，命令他们迅速打开城门。但是令也先万万没有想到的是，守将们的回复是他们守卫的是大明皇帝的城池，对于其他事情一概不知。现在天色晚了，更不敢开城门，何况主将杨洪也不在城中，他们不敢擅自做主开城。

其实杨洪就在城头之上。他心中深知瓦剌人的阴谋，故意让部下推说自己不在。为了进一步坚定军心，在城头的大同宣府巡抚、右副都御史罗亨信手持宝剑，对着众人高声喊道："敢出城者斩！"听到这话以后，明军将士们谁还敢拿自己的生命开玩笑。所以不管城外瓦剌人和皇帝怎么大声叫喊开门，他们也不为所动了。

朱祁镇为了能尽快回到大明，又派出贴身太监喜宁和通事岳谦到北京，请皇太后和皇后再想办法搜罗一些金银珠宝将自己尽快赎回大明。

接到书信的孙太后一筹莫展，她也认识到了也先的贪婪无度，这样无休止的赎金难以满足他的巨大胃口。对付欲壑难填的瓦剌也先，最好的办法就是尽快稳定人心，先找个人来代理一下皇帝的职责，毕竟国不可一日无君啊！

正统十四年八月十八日，孙太后迫于内外紧张的局势，下达了懿旨，让朱祁钰暂时总理百官，全权处理朝政事务。她的目的也很明确，就是希望国难之际，朱祁钰能勇担责任，带领文武百官保卫京城，稳定大明王朝，从而安然渡过危机。

孙太后发布懿旨的当天，驸马都尉焦敬等人给郕王朱祁钰上言：瓦剌人极有可能进攻京城，如果官吏军民有能奋勇抗战或者出谋划策的，都给予赏赐。另外，锦衣卫和五城兵马司要负责查获北京城内的瓦剌间谍人员。

接到姑父的建议，朱祁钰命令出榜告民，使得北京城内的人们都知道此事。在国难当头之际，北京城中的文武官员们上下一心，同仇敌忾，就等着瓦剌大军的到来了。

不过在形势逐渐好转的时候，朝野上下也有一个最大的隐忧，那就是现在大明王朝没有皇帝了！之前，孙太后和钱皇后为了赎回朱祁镇，准备了大批珠宝金银送给了也先，但是也先却依然扣押朱祁镇，丝毫没有放回的意思。如果皇帝之位长期空虚，必然造成人心不稳，对于即将到来的大战是十分不利的。

为了保住大明江山，当务之急就是要立一个新皇帝，统领军民团结抗敌。朝中大臣于谦认识到了这个严重问题，他联合了一些朝臣，上奏请求孙太后速立新君，来安定人心，鼓舞士气。

但是孙太后为了自己的权势，又想保住朱祁镇一系的皇位，于是她采取了一个折中之计，那就是传旨立朱祁镇长子朱见深为皇太子。不过当时的朱见深才两岁，在国家危亡之际，孙太后又宣诏让朱祁钰辅国政，来总理朝政。

出于私心，孙太后就是不想将众望所归的朱祁钰推上皇位，她还幻想着尽量为自己的儿子朱祁镇一脉保留住皇位。朱祁钰的生母是吴贤妃，一旦他继位，吴贤妃将取代孙太后的地位，这是她万万不想看到的。更何况，朱祁钰继位，如果有一天朱祁镇回来，他的处境也将十分尴尬。不过，孙太后的想法只是她一厢情愿。在国家危亡时刻，于谦等朝中重臣提出了“民为贵，社稷次之，君为轻”等传统儒家观念来说事，这就将孙太后打算保留朱祁镇皇位的想法给打了回去。不过也正是于谦的这个主张，为他日后的悲剧命运埋下了伏笔。

中流砥柱“于青天”

说到这位于谦，他是中国历史上有名的英雄人物，在此我们详细介绍一下于谦的早年经历。

于谦，字廷益，是浙江钱塘人。于谦自幼聪颖。有一次清明节，于谦的叔父带他去扫墓，当经过一处凤凰台的地方，叔父就随口说了一句上联：“今朝同上凤凰台。”没有想到小于谦很快就对了下一句：“他年独占麒麟阁。”小小年纪才思如此敏捷，而且胸怀大志，着实令叔父惊叹不已。

还有一个传言，在于谦七岁的时候有个和尚给别人相面，他无意中看到了小于谦，经过仔细打量后，这位和尚惊叹道：“这就是以后的救时宰相啊！”

于谦不但勤奋好学，刻苦用功读书，而且自幼就怀有救国救民的抱负。他喜欢收藏宋朝爱国英雄文天祥的画像，常常学习他的诗文，并立志以其为榜样报国报民。于谦流传后世的一首著名的诗《石灰吟》，诗作是这样写的："千锤万凿出深山，烈火焚烧若等闲。粉身碎骨浑不怕，要留清白在人间。"这首诗表达了于谦宏远的志向和高风亮节。

经过多年苦读，永乐十九年于谦高中进士，担任监察御史的职务。这是明朝的言官，需要由有一股浩然正气、敢说敢做的人来担任。而于谦正是具备了这样的情怀和品质。

宣德元年，刚登基不久的朱瞻基征伐叛乱的皇叔朱高煦，于谦也跟随皇帝一起南下山东乐安。

面对朝廷大军，朱高煦不敢抵抗，只好认怂投降了侄子朱瞻基。为了让众人了解朱高煦的罪行，朱瞻基需要找一个人当众来以自己的口气训斥这个不争气的皇叔。找来找去，朱瞻基选中的人选是于谦。

因为于谦不仅长得帅，一身正气，而且口才十分好，虽然是浙江人，却说得一口流利的官话。这样难得的人才当然是皇帝眼中最好的人选。

于谦义正词严，声色俱厉，昔日不可一世的朱高煦在这位御史的凌厉声讨下，被骂得抬不起头，趴在地上不停地发抖，自称"罪该万死"。

看到此情此景，朱瞻基十分满意，对于谦进行了奖赏。从此之后，"于谦"这个名字也深深地刻在了朱瞻基脑海之中。

宣德朝著名的清官、都察院都御史顾佐对待下属极其严厉，很多人都被他训斥和责罚过，但是对于谦却十分谦虚温和。因为在他眼中，这个年轻人将来前途不可限量，必然是大明王朝的中流砥柱！

之后，朱瞻基委任于谦到江西巡察。于谦不负所托，在江西任上执法严厉，那些土豪劣绅为之胆寒。他平反冤狱，一次就为几百名囚徒昭雪。由此，于谦的官声也在地方上广为流传。于谦以良好的表现赢得了朱瞻基的重用，他将于谦升迁为兵部右侍郎，命他巡抚山西、河南两省。

当时的河南和山西两省灾害频仍，百姓生活十分困苦艰辛。于谦一上任，就到地方上巡察，走访父老百姓，勘察时事所应该兴革之处，然后上奏给朝廷。与此同时，于谦还整饬吏治，兴利除弊，当地百姓受惠很多，都称赞于谦是“于青天”。

在正统初年，于谦面对地方上日益严重的流民问题，也推出了相应举措。经过于谦的大力整治，山西一带的流民问题得到了很好的控制，这也是他为大明王朝做出的一大贡献。之后，山西是明朝和瓦剌双方交战的主战场之一，尽管外敌来犯，山西内部却十分稳定，没有发生大乱，这一切都要归功于于谦之前所做的努力。

当时朝廷上的三杨等重臣也十分器重于谦，他的建议和进言很快能得到以三杨为首的顾命大臣的支持。也因为如此，于谦在地方上做官风生水起，得以充分发挥自己的能力。

到了正统十三年，在地方上任巡抚十九年的于谦终于被朱祁镇调回了朝廷，任命为兵部左侍郎。在兵部任职期间，兵部尚书邝埜与于谦之间关系十分融洽。凡是兵部的事务，邝埜都会与这个下属一起商量。看到上级如此重视自己，于谦也对这位好领导充满了尊重和感激之情。

朱祁镇下达了亲征瓦剌的命令之后，于谦也曾经上疏极力反对，但是朱祁镇不听从众人建议，执意亲征。不过他亲征没有带走于谦，而是留下他在京城处理兵部事务。就是这个不经意的决定，最终挽救了大明王朝。这恐怕是信心满满御驾亲征的朱祁镇所没有想到的。

“土木堡之变”后，于谦在朝堂之上怒斥徐珵等人的逃跑主张，这才使得大局得以稳定。

大明朝廷当务之急就是要保卫北京。因为种种迹象显示，也先极有可能利用土木堡大胜，乘机来攻击北京。要保卫北京，必须要解决好军队备战、粮草供应和人心士气三大问题。

由于朱祁镇亲征基本带走了北京所有的精锐京营部队，现在北京城内的士兵多是老弱病残或者战斗力不强，总数也只有十万人左右。

针对这些情况，于谦上奏郕王朱祁钰，建议从河南等地都司和南北直隶的卫所之中调集官军到北京，从山东和南直隶的备倭军之中选调四千五百名精壮士兵，然后再调集三万六千名运粮官兵，让他们在北京防守操练，以备不时之需。

如此一来，原本薄弱的北京城防得以加强。

北京防卫得以加强，但是却缺少足够的粮草储备。如果瓦剌来袭，必然是历时长久的守城之战，十几万军队和满城的官员百姓必须要有充足的粮草供应，才能获得最终的胜利。这可是关系到北京城生死存亡的大问题。

储备粮草备战

不过，自从永乐朝迁都北京之后，京城的粮草供应是通过南北大运河直接运送到距离北京东面六十里的通州城，在那里有专门的仓库存放粮食，还有户部仓场侍郎负责管理。在永乐朝之后，通州城俨然成了京师北京的大粮仓。

和平岁月，明朝政府会组织人从容地由通州运粮到北京城。不过由于土木堡之变的突然，大明亲征军惨败，瓦剌人随时可能以迅雷不及掩耳之势杀到北京城下，万一他们杀来，通州的几百万石粮草就有可能落入敌手，到时候北宋末年的悲剧就要重演。要知道，当年正是金兵占据了开封城外牟施冈粮库，才使得城中弹尽粮绝，最终不得不投降了金人。

为了防止历史重演，有大臣建议一把火烧掉通州粮仓的粮食。既然粮食不能为大明所用，但也绝不能资敌，为瓦剌所用。

有些大臣觉得好不容易积累的粮草就这样烧了实在可惜，大家正在争论不止的时候，出差到北京公干的江南巡抚周忱听说了此事，他立刻提出自己的对策："通州的粮仓有米几百万石，可以供应京军一年使用，如果让他们自己去取，很快就搬到北京了，为何要付之一炬呢？"

周忱提出的这个建议确实比较好，但是问题是如何让士兵们去通州取粮运粮呢？周忱有条不紊地向大家介绍了自己的办法："首先，给予京城守军和自愿参军报效国家者布匹和银两，顺天府紧急筹备五百辆车，然后大家抓紧去通州抢运粮食。其次，在京城的文武百官，自下个月到明年五月的俸禄粮米，现在朝廷预先发放，不过需要官员们自己想办法到通州去运回。最后，北京城内有车的人家，如果能去通州运粮二十石到京城粮仓的，朝廷给予一两银子的奖励。”朱祁钰听到了这个建议，连连点头称赞“妙计”。于是他依计而行，还特命一些文武官员负责沿途提督巡察运粮队伍。

朱祁钰还担心这些激励措施不够，运粮大军缺少人力，就下令罪犯如果能从通州运粮到北京的，根据运粮数量也相应给予减刑政策。就这样，周忱和朱祁钰将个人利益和保家卫国巧妙地结合在了一起，大家的热情空前高涨，也提高了运粮的效率。很快，通州的粮食全都被运送到了北京城内。这就为即将到来的大战做好了粮草准备。

挟持天子敲诈勒索

回头再说也先这边。他之前带着俘虏朱祁镇打算在宣府捞取一点好处，却被杨洪巧妙地挡了回去。也先只好押着朱祁镇再去大同试试运气。

八月二十一日，也先大军到了大同城下。他派人向着城头喊话：“我们只要金银财物，没有其他要求。你们的天子在我手中，只要你们将我们要求的财物按照数量送达，我们就放了你们的皇帝。”大同的守将是总兵官刘安，负责具体防务者乃是都督佥事郭登。前文我们也提到郭登，此人可谓大有来历。

郭登，字元登，是明初开国功臣武定侯郭英之孙，从姻亲关系来看，郭英是明太祖朱元璋的小舅子，而朱祁镇按照辈分，应该喊郭登一声舅公。郭登出身将门，却不完全像那些将门子弟，靠着祖上战功而混吃混喝，他颇有些能力，自幼就喜欢读书骑射。一旦谈论起军事和排兵布阵，郭登也往往侃侃而谈，说得头头是道。不过他可不是赵括式的人物，可谓是在战争中饱经历练的一代名将。

郭登早年跟随名将王骥征伐麓川，因为战功被授予锦衣卫指挥佥事职务。正统十四年，郭登跟随朱祁镇亲征，到了大同的时候，他被任命为参将，辅佐总兵官刘安镇守大同。前文我们提到，郭登面对也先大军的围攻，将大同城守卫得如同铁桶一般固若金汤。

八月二十一日，也先挟持朱祁镇来到了大同城下。朱祁镇在瓦剌人胁迫之下对城头喊话，说郭登和他是姻亲，为何将他拒之门外？郭登就派人回话说他奉命守卫大同，不知道有其他。这时候紧紧跟随朱祁镇的锦衣卫校尉袁彬十分着急，他担心也先因此会恼羞成怒，加害于皇帝。于是，袁彬手举着驾牌，快速到了大同城下，然后用头猛烈撞击大同城门，还大声哭喊。

郭登看到这番场景，只好命人放下箩筐，将袁彬吊上了城头。听到了袁彬的诉说，郭登和刘安才得知“土木堡之变”的前后经过。他们经过商议后，决定由刘安、给事中孙祥和大同知府霍瑄出去探听究竟。

经过一番仔细观察，城中人终于确定城下确实有当今天子朱祁镇。于是，郭登带领镇守大同的文武官员走出了大同城，来跪迎朱祁镇。郭登边哭边问朱祁镇：“亲征大军本来可以安然回京，怎么会发生这样的事情？！”朱祁镇听了之后，无奈地回答：“将士骄横，士卒懒惰，朕被他们所误，还能说什么？”然后朱祁镇又询问郭登，大同库存银两数量。他命郭登从大同库中取出了两万二千两白银，然后将其中五千两给了也先，五千两给了伯颜帖木儿等三名瓦剌权贵，还有一万二千两分给了其他瓦剌将领和士兵。郭登也知道也先如果不得到一些好处，必然会对皇帝不利，他只好硬着头皮命人搬出这些银两给了瓦剌人。

朱祁镇看四下无人，又暗中叮嘱郭登：“你坚守城池，如果有人来以我的名义传报，一定要认真查看真假，不要轻易相信！”

郭登频频点头称是。他回到城中之后，对当今皇帝的境遇十分担心，他反复思索，下定决心打算劫营救出朱祁镇。他从将士之中精选了七十个敢死勇士，然后让他们先是大吃大喝一顿，对他们晓以大义，许诺事成之后向朝廷申请给他们高官厚位。没有想到事机不密，被瓦剌的探报得知了消息，连夜报给了也先，也先连忙带着朱祁镇离开了大同这个是非之地。

弹劾王振及其党羽

再说，北京方面在做好了守城和迎战瓦剌的准备之后，很多大臣提出要惩办“土木堡之变”责任人的要求。

正统十四年八月二十三日，郕王朱祁钰来到了午门旁边的左顺门召见群臣，要跟大家一起共商国是。左顺门始建于永乐十八年，乃是午门内东庑正中之门，在明朝，这里发生了很多重大事件，从某种程度上来说，也是政治动荡之地。

对于“土木堡之变”这样惨痛的失败，朝野上下包括民间舆论都要求有人来承担责任。但是本着“为君者讳”的原则，很多大臣不便直接指责朱祁镇的失误，而将罪责全部推到了司礼监太监王振身上。

这天的朝会，都察院右都御史陈镒首先发难，弹劾王振及其党羽祸国殃民，导致了国变。紧接着，六科给事中和十三道监察御史跟着上疏，要求清算严惩王振一党。朱祁钰也没有想到，今天群臣会突然提出严惩王振余党。他之前是藩王，并没有什么政治经验，突然要面对这样严重的政治问题，他有些手足无措，只好搪塞道：“你们说得很好，朝廷自有处置。”说完，朱祁钰起身就朝左顺门内走。

群臣此刻的情绪已经异常激动，他们眼看着皇帝要闪，哪里肯罢休。大家一起跪倒边哭边说：“圣驾受难，都是王振所导致。今天殿下如果不速速决断，何以安慰人心？”没想到，看到群臣这样这番表态，旁边有一人早就按捺不住，跑出来大声斥责群臣：“王振为国，已经死于土木堡，你们还要怎样？”

此人正是锦衣卫指挥马顺，他之前跟王振关系密切，也可以说是王振的同党。群臣此刻情绪已经到了爆发的临界点了，马顺不合时宜地跳出来，正好成为大家发泄愤怒的最好对象。

给事中王竑首先一跃而起，死死地抓住了马顺的头发，并且不断地用另一只拳头猛捶马顺，边捶还边骂道："马顺，你这个王振同党，你的主子完了，你还敢如此猖狂！"

王竑越骂越气，还觉得不够解气，他突然用嘴咬住了马顺身上的肉，马顺发出一声惨叫。马顺毕竟出身武将，他不甘被打，用拳头不断击打王竑，予以还击。眼看王竑就要吃亏，众臣一起冲了上去，将马顺团团包围，大家左一拳右一脚，对马顺拳打脚踢。就是马顺有三头六臂，此刻也全然没有了施展之处。这些平时看似文质彬彬的文臣，怒火已经燃烧，大家将愤怒化作了力量，一阵拳打脚踢之后，马顺已经变成了一具尸体，血溅当场。

众位官员余怒未消，大家一起上前要求朱祁钰立刻派人去抄没权奸王振的家。朱祁钰当场就答应了，但是大臣们还没有退去的意思。大家的愤怒已经到了极点，不停地哭着，就连朱祁钰身边的卫兵们也跟着哭了起来，朝堂之上一片混乱。

郕王朱祁钰哪里见过这场景，他惊得目瞪口呆，半天没有回过神来。直到太监金英在他旁边说"殿下请立即回宫"。

这时候，兵部左侍郎于谦冲上前来，一把抓住了郕王的袍袖，恳切地说："今日之事都是大臣们出于义愤，大家要清算王振余党，为了大明的稳定，请殿下主持公道！"郕王见今天的局面已经失控，为了安抚激愤的群臣，他只好对于谦的建议表示赞成。

于谦转身以郕王的名义宣布："今日大家是为忠义而打死了马顺，马顺是王振同党，祸国殃民，死有余辜。今日打死他，不会追究。不过诸位也要注意，朝堂之上岂能如此喧哗混乱！"

由于于谦平时在众臣之中威望甚高，大家听了他的话，都静了下来，朝廷之上又恢复了平静和庄严。

郕王朱祁钰这才得以脱身，回到宫门内。没有想到，宫门外，大臣们再次喧哗起来。朱祁钰派出金英询问群臣，群臣要求将宫内王振的另外两个余党，也就是宦官毛贵和王长随交出来。朱祁钰只好将二人从宫门缝中推了出来。

群臣见了这两人，犹如猛虎搏兔，三下五除二，一阵捶击，将这二人打得脑浆迸裂而死。群臣打死马顺等三人，还不解恨，拖着他们的尸体，到了东安门外示众。

朱祁钰还顺应了百官的意愿，将王振侄子王山捉拿并处死，将王振家财抄没。就这样，才最终安抚了群臣的情绪。

值得注意的是在此次事件之中表现最为抢眼和积极的仪铭和王竑两人都和朱祁钰有着紧密联系。仪铭是郕王府的王府官员，而王竑曾经做过郕王府官员，他们在此事之中如此积极，也有肃清朱祁镇所依仗的王振余党势力，为自己的主子上台扫清道路的意味在其中。

左顺门这惊心动魄的一幕终于结束了。众位大臣散朝之后，一路都在称赞于谦在今天的表现，其中吏部尚书王直走上前去，紧紧拉着于谦的手表示感谢。他说：“今天的事，真的太突然，幸亏于公镇定自若，来维持大局，您是国家的中流砥柱。如果换作是我，今天就是有一百个王直，又有什么用啊！”

可以说自左顺门事件以后，以郕王朱祁钰和治国能臣于谦为首的大明新中央不仅已经形成，也成为了众望所归的领导核心。

风雨欲来

拥立新君登基

左顺门事件可以说给于谦等朝廷重臣提了一个醒。郕王朱祁钰毕竟只是个监国或者说代理皇帝，之所以能发生左顺门这种混乱，跟他并非正式的皇帝，缺乏皇权威严有关。另外，也先带着朱祁镇到处敲诈勒索，对于边关的防务和军心士气影响都极其恶劣。于谦等人想到这里，觉得有必要马上拥立一个新皇帝，否则后患无穷。

于谦就将自己的担心告诉了王直、陈镒和胡濙等朝中重臣，大家也都感到必须尽快拥立新君才是当务之急。

正统十四年八月二十九日，于谦联合文武官员一起上奏孙太后说当今国家有难，皇帝北狩（也就是皇帝被俘虏的一种委婉说法），大明王朝处在生死攸关之际，人心汹涌。古话说："国有长君，社稷之福。"请立刻拥立新天子，来稳定局势。

面对所有朝廷重臣的一致强烈请求，再想想大明王朝现在面临的危机，孙太后也只好勉强答应了众人的请求。

得到了孙太后的首肯，于谦等大臣来到了郕王府禀告朱祁钰，孙太后请他登基即位为新天子。朱祁钰听到这话，不禁大吃一惊，表露出极其惊讶和恐惧的表情，他极力推让。众人一再力请，朱祁钰以皇太子尚在为理由再行推托。兵部左侍郎于谦表情严肃，他进言道："臣等是为了国家考虑，并不是出于私心。愿殿下考虑国事艰难，以安定社稷江山，来安慰众人之心。”看到于谦等人说得如此义正词严，朱祁钰这才知道自己无法再推托，也就顺应了众人的请求。

朱祁钰要登基为帝的消息传遍了北京城，也传到了朱祁镇耳中。他虽然心中五味杂陈，但还是派出岳谦和梁贵等人到了北京，口传自己的谕旨，同意弟弟朱祁钰继承皇位。

就这样，九月初六日，大明王朝历史上第七位皇帝朱祁钰在紫禁城举办了隆重的登基大典，遥尊朱祁镇为太上皇，以明年为景泰元年。在即位诏书中，朱祁钰反复强调自己登基是迫不得已，上台之后还要想办法将太上皇迎回，绝无半点私心。另外他依然重申太上皇之子朱见深的皇太子地位。

不过，当时的朱祁钰虽然言之凿凿，天下人也信以为真，但是随着后来他的地位得以稳固，皇帝越做越有意思，就改变了初心，也最终酿成了兄弟之争和夺门之变的发生。

在于谦的辅佐下，景泰帝朱祁钰升任石亨为右都督，掌管军事和操练；驸马都尉焦敬管理神机营，忻城伯赵荣管理三千营。另外朱祁钰又升任于谦为兵部尚书，俞士悦为都察院右都御史，邹来学为都察院右佥都御史……

十月初八日，朱祁钰在一系列事件之中目睹了于谦的能力和担当，他觉得目前京城的防务必须由他来全权负责。于是，朱祁钰任命兵部尚书于谦提督内外各营兵马。而于谦面对国家危机，当仁不让，受命于危难之际，以救国救民为己任，展现出了一代名臣的风范和勇气。

对于谦来说，目前守卫京师的军事力量虽然得以大大增强，但是从各地调集的兵马还需要有专业的军事将领来统率和训练。但是在“土木堡之变”中，以张辅为首的众多名将战死沙场，现在大明缺乏的就是军事人才。经过一番仔细的观察，于谦向景泰帝推荐了石亨。虽然此人曾经在大同阳和之战中单骑逃回，但是就当时边将总体来看，最为有勇有谋的首推杨洪，其次则是石亨。

杨洪负责宣府的防守无法离开，石亨是目前保卫北京的最佳将领人选了。于是，朱祁钰再升任石亨为武清伯，充任总兵官，命其统领京营，管军操练。

要加强军事防御也必须严肃军纪。以朱祁钰、于谦为核心的朝廷接受了众臣建议，严惩临阵脱逃和违法乱纪者，整肃军纪。

景泰帝严惩了黄宁、郑谦、顾兴祖、刘宁等失事将领，然后对于勇敢杀敌的王竑、张瑛、宫端、张怀等予以升迁奖赏。

为了鼓励将士们奋勇杀敌，景泰帝朱祁钰还接受了太监兴安的建议，将战功分为奇功、头功、齐力三等，凡是杀入敌阵之中斩将夺旗的，给予奇功牌；凡是生擒敌人或者斩首一级的，都给予头功牌；其他虽然没有战功但是受伤者，给予齐力牌。

对于土木堡之败中回到大明的败兵，朱祁钰予以奖赏，仅是“土木堡之变”后存活下来的厨子就有两千三百多人。这样做的目的是安抚军心人心。

与此同时，朱祁钰还命人清理土木堡等地战场上的阵亡士兵尸骨，予以埋葬，祭祀阵亡的将士，来激发将士们的忠勇精神。

战争需要大量的武器，朱祁钰下令在北京就近增造兵器，然后还赶造战车和牛皮等战略物资。

在内政方面，朱祁钰号召朝廷内外和军民等群策群力，共赴国难，勇敢杀敌。在他的鼓励下，大明上下一心，大家积极建言献策，而朱祁钰也虚怀若谷，对于那些有益于国计民生的建议，都予以采纳。

景泰朝廷对于内奸的清除力度也十分大。在朱祁钰刚登基半个月后，郭登上奏说通事指挥李让以讲和为名，暗中结交也先，将明朝方面的防务情况透露给了也先。朱祁钰大怒，命令郭登将这个祸国殃民的李让给秘密处死了。

为了防止瓦剌人在大明内部安插内奸，在于谦等大臣的建议下，朱祁钰下令边关守军警惕敌军利用亲征大军中被其缴获的御用器物和棋牌等物，混入大明王朝内部。

对于整体防务而言，宣府和大同是北京的重要屏障，居庸关、紫荆关、白羊口、倒马关和雁门关是北京的咽喉，因此要防守北京，就要加强以上地区的防卫。

九月间，朱祁钰命右副都御史罗通防守居庸关，右副都御史孙祥防守紫荆关。在朱祁钰和于谦为核心的景泰朝廷不断努力下，到了正统十四年十月初，首都北京和周边地区的军事防务得到了大大加强。那么此刻的瓦剌又在忙些什么呢？

也先在得知了郭登打算营救朱祁镇的计划后，连忙挟持着朱祁镇向着塞北逃走。也先八月底到了塞北的老营黑松林。为何也先没有在俘虏朱祁镇后，立刻乘胜攻击北京呢？

首先，也先与脱脱不花、阿剌知院是兵分三路进攻大明，本来打算抢劫一些财物和人口就走，没有将进攻北京列入计划之中。没有想到土木堡意外大胜并俘虏了明朝皇帝，如果这时候也先改变军事战略，其他两路大军也来不及协同作战，一起围攻大明都城。

其次，也先只是瓦剌太师，并非名义上的最高领导可汗。他做事也要征求大汗脱脱不花和阿剌知院等人的意见，而退到塞外的老营正好可以和他们慎重商议一下下一步的军事计划。

最后，也先以为控制了大明天子就可以打开大同等地国库，进而可以打开大明的国库，甚至可以挟天子以令诸侯，控制整个大明王朝！既然有如此胜算，何必在乎一时半刻的进攻时间。也先的大意也是他失去了最佳机会的重要原因。

不过也先受到了一个明朝阵营中投降而来的汉奸的指点和引诱，在正统十四年十月初一日，他打算再一次进攻大明，剑锋直指北京城。

大明汉奸宦官喜宁

这个大明王朝的败类就是太监喜宁。说起宦官中的汉奸，汉朝有中行说，明朝有喜宁。

这个喜宁也不知道有没有读过《汉书》和《史记》，西汉文帝时期，也有一个大汉奸宦官，名叫中行说。因为皇帝让他担任护送公主和亲到匈奴，他就一怒之下当了汉奸，在汉匈之间挑拨是非，给汉朝制造了不少麻烦呢。

喜宁本是东北一带的胡人出身。他入宫之后的早期记载不详，正统二年，他参与了捐建法华寺。之后，正统四年，他又参加了金山宝藏禅寺的捐助，这时候的他已经是御用监太监了。

之后，他又先后参加了捐助宝光寺、法海寺等，可见，他是一个虔诚的佛教徒。

正统九年，辽东镇守太监王彦病逝，朱祁镇命喜宁前往检阅其家产。在办差过程中，喜宁以公谋私，私占了王彦家的奴仆、田园和金银财宝等物，王彦的妻子吴氏投诉到朱祁镇面前。

不知怎的，皇帝庇护于喜宁，并没有给他治罪，只是让他将私占之物归还原主。

朱祁镇很宠信喜宁。正统十二年，他一次性奏乞北直隶河间府田地四百多顷，经过勘察，其中很多是民田。朱祁镇还是将其中七千九百多亩地赏赐给了他。

喜宁也在皇帝的庇护下，越发胆大包天，后来竟然开始打英国公张辅田宅的主意了。

正统十二年四月，喜宁弟弟喜胜带着家奴摧毁了张辅家佃户的居所，还殴打张辅家人，并且导致了其怀孕的妻子堕胎死亡。

是可忍孰不可忍，历经数朝的张辅老将军怒了。想当年，他老人家金戈铁马，横扫安南，如今却被一个阉奴欺负！

法司判处喜胜和家奴杖刑，背后的指使人喜宁却无罪。

更可气的是，皇帝朱祁镇还让喜胜赎了刑，连一顿板子也免了，只是把家奴流放广西了事。

喜胜得寸进尺，反而告发张辅家里也擅自招收阉人为奴。朱祁镇流放了张辅家里的阉奴到广西。

喜宁如此得朱祁镇之心，以至于皇帝对他的喜爱到了溺爱的程度。就是如此得宠的一个太监，竟然将皇帝的信任视为无物，做出了让主子痛心疾首之事。

正统十四年，喜宁随朱祁镇亲征土木堡。喜宁追随朱祁镇一起做了瓦剌人的俘虏。朱祁镇是万万没有想到，喜宁成为俘虏后，将自己昔日对他的恩遇全部抛却到九霄云外，一门心思投靠了也先，死心塌地当了汉奸。

喜宁当了汉奸，自然会连累他在北京的家人。正统十四年十一月，明朝官军抓获瓦剌谍报人员三名，一审问，才知道其中两个是喜宁的家奴，其中一人是忠勇伯把台帐下指挥使安猛哥。

这三人是也先派往大明侦察消息的，以便于明年春夏之际，为兴兵入寇做准备。法司审问明白，上奏朱祁钰，朱祁钰大怒，下令斩杀三名间谍，同时抄没了喜宁家产。喜宁家资巨富，因为朱祁镇历年对他赏赐不少，加之他搜刮来的不法收入，也属于宦官中的富翁了。

家产被抄，消息传达到喜宁这边，他更加死心塌地为瓦剌人服务了。

朱祁镇对喜宁恨之入骨。因为他听从也先命令，多次前往大明勒索财物并且为也先传递消息。

不仅如此，更令人痛恨的是，喜宁多次在也先面前挑拨瓦剌兴兵南下征明。喜宁做了可耻的带路党，指引瓦剌军攻破紫荆关，明军将领孙祥战死，关隘丢失。

跟随在朱祁镇身边，陪伴皇帝一起成为俘虏的锦衣卫校尉袁彬，一片忠君爱国之心不变，跟喜宁暗中较劲。他在也先面前，以天冷不便兴兵为由，劝说瓦剌不要兴兵。喜宁这厮，见袁彬和自己唱反调，大怒，在也先面前调拨离间，差点杀了袁彬。多亏朱祁镇冒死救援，才救下了袁彬一条性命。

不仅是袁彬的性命受到威胁，朱祁镇也有自身难保之虞。

朱祁镇想起昔日自己多次庇护喜宁的不法行为，又看到如今这个刁奴反咬一口，投靠新主后的丑恶嘴脸，心中有无限悔恨。明朝使者将孙太后带来的御寒衣物送给朱祁镇使用。没想到，衣物却被喜宁没收，占为己有。朱祁镇成为瓦剌俘虏之后，吃尽了苦头。先不说从天子到囚徒的巨大心理落差，生活起居方面也受尽了折磨。

幸好，自己身边还有袁彬、哈铭等人忠心追随自己。如果没有他们，朱祁镇是否能在漠北坚持一年，都很难说。

患难见真情，患难见人心。昔日自己连正眼都懒得瞧上一眼的袁彬、哈铭等下层人员，现今豁出性命，对自己这个囚徒，不离不弃，其忠心令人感动。

而自己恩遇有加、无限信任的太监喜宁，却对自己冷嘲热讽，甚至多次怂恿也先加害自己。此情此景，让朱祁镇咬碎钢牙，恨之入骨。

应该说，朱祁镇是性情中人，他知道感恩，懂得珍惜。王振对他的忠心，侍奉教导自己的功绩，他牢记在心，并且这种感激也伴随了他的一生。他最痛恨的是背叛，同样是宦官，做人的差距还真是大。如今，喜宁不但背叛自己，还怂恿也先南下征伐明朝，这已经是罪大恶极的行为了。

更可怕的是喜宁还给也先献出了一条毒计：瓦剌军向西攻打宁夏，然后从宁夏绕道直捣江南，在南京立朱祁镇为傀儡之帝，然后形成跟北京景泰政权对峙的局面，以兄制弟。不得不说，喜宁这招确实狠辣。

若真这样，大明连保持南宋那样的局面都难以持久，非常有可能被瓦剌一举攻灭。

幸好，也先觉得这样太麻烦，而且经过后来攻打北京的失利，自己实力大损，南下一统江山的雄心壮志也化为乌有。这条建议就被他束之高阁了。

世上最可怕的就是汉奸。喜宁熟悉明朝内部情况，清晰了解政治斗争的真谛，他建议也先带着朱祁镇到明朝边关各镇，四处勒索。明朝边将面对被俘虏的太上皇，考虑到他的人身安危，多是无奈给瓦剌人一些金银，希望他们不要伤害太上皇。

喜宁这计毒辣，既让瓦剌人得到了数额不菲的赎金，又打击了明朝的军心士气。明朝方面，已经对喜宁这个大汉奸，恨入骨髓了。

景泰帝传谕边关将士，一旦遇到喜宁带着瓦剌人勒索，一定要想办法诱杀这个大汉奸，为明朝除去心头大患。

只可惜，喜宁如狡猾的狐狸，防卫心理极强，难以下手。

喜宁此人亡大明之心不死，其可恶程度更胜过瓦剌。

景泰元年正月，大同守将郭登捕获了两名瓦剌谍报人员，送往京城审问。原来，这两人都是也先的亲信，锦衣卫一审得知，喜宁献计给也先，派出这两人到北京城窥探明朝军事虚实，准备今年五月送太上皇朱祁镇回到明朝，乘机夺取北京。

可见，喜宁一日不除，明朝一日不得安宁。

机会终于还是来了。不过谁也没想到，最终做成此事的幕后总导演竟然是俘虏天子朱祁镇。

朱祁镇让袁彬传话给也先，说是打算派喜宁和总旗高斌、纳哈出三人回京传话，顺便可以为也先要一些金银财宝之类。

事情竟然出乎意料的顺利，也先答应了朱祁镇的这个请求。也许他心底就没瞧得上这个太上皇，心想他已经成为俘虏，还能有什么图谋?不过是为了保命，派人去京城给自己带赎金而已。

朱祁镇密令袁彬写下一道密旨，带给宣府总兵官，让他务必擒杀喜宁，为大明除害。

景泰元年二月十四日，总旗高斌带领骑兵五十多人，来到了宣府万全右卫。高斌在城下喊话，通报了自己的身份，并说要到北京奏事。宣府总兵官朱谦派出右参将杨俊赶到了右卫城。

杨俊担心瓦剌军会有大部队来袭，于是提前安排江福等人带领一支部队在野狐岭设伏。

果然发现了瓦剌骑兵一千多人向着南边进发。总旗高斌又来到了城下，在城下向上喊话。

杨俊问他喜宁有没有来，高斌回答说喜宁在后面。杨俊连忙下城，跟高斌近距离对话，高斌暗中将太上皇的意思告诉了杨俊。

杨俊一听心中狂喜，这下立功的机会来了。他不动声色，告诉高斌：转告喜宁，宣府地方官员已经备下了酒宴和重礼，就等着迎接喜宁前来了。

高斌转告喜宁，喜宁内心不安，仿佛感觉到了危险，于是找借口不去赴宴。

杨俊见状，又跟高斌说，让他告诉喜宁，不需要劳他大驾入关，只要在城墙下见一面即可。

这下，喜宁找不到推辞的借口了。不久，他带领几名瓦剌保镖来到了城墙下。

杨俊等人开门出城，用好言诱导喜宁，许诺给以重金。谈话间，二人不知不觉离城墙越来越近。

这时候，喜宁发现城下官兵众多，觉得情况不妙。正要准备逃跑之时，后面有一人突然用力紧紧抱住了喜宁，让他动弹不得。原来，此人正是总旗高斌。

喜宁心头一沉，知道大事不妙，他还想垂死挣扎。高斌紧抱不放，二人一起跌入了城壕内。

这时候，明军士兵奋勇向前，将喜宁和瓦剌人火洛火孙拿获。

景泰帝得知消息，大喜过望，赏赐了有功人员。

太上皇朱祁镇听到了喜讯，更是喜极而泣："两国干戈不断，百姓受苦，这都是喜宁所害。今日抓获了他，边界安宁，我南归也有望了。"

喜宁被押赴京城，景泰帝朱祁钰命令将其押送西市，凌迟处死。行刑进行了三日，北京城的百姓如同过年一样，欢欣鼓舞，纷纷来看这个狗汉奸的可耻下场。

喜宁得到了他应有的下场。还是那句话，做啥也别做汉奸！

插叙了喜宁的故事，我们再来说也先带兵再次来到大同城东门外。他派人到城下向明军喊话，说要送天子朱祁镇回北京，让他再次登基，如果他不能登基，以后五年甚至十年，瓦剌人都要来仇杀明朝人。也先此计可谓毒辣，这是挑拨分化朱祁钰和朱祁镇兄弟之间的关系，以皇位为诱饵引发兄弟相争，然后自己可以从中渔利。

大同知府霍瑄听说太上皇又被瓦剌挟持而来，就打算拜见太上皇。但是此次瓦剌军来者不善，显然不能打开城门迎接。于是，他只好从水道之中秘密出城，带着美酒和食物献给了朱祁镇。朱祁镇乘人不备，偷偷跟霍瑄说："你回去告诉郭登，千万不要相信瓦剌人的话打开城门，一定要好好守住大同。"

在城头上的郭登面对也先一再喊话让他开城门的要求，只回应了一句话："赖天地祖宗之灵的保佑，现在国家有新天子了！"

这句话很巧妙地将也先的阴谋化解，向他挑明了大明王朝已经有了新皇帝朱祁钰，也先手中的朱祁镇只是太上皇而已，从奇货变成了空质。这下可让也先恼羞成怒了。他看到大同城防守十分严密，实在无机可乘，也只好怏怏而去，将目标锁定在其他城池。而郭登这边连忙派人将瓦剌来犯的消息传递给北京城。

北京保卫战

宝贵的四天

十月初三日，瓦剌军攻击北京西北的咽喉之地紫荆关。紫荆关守臣乃是孙祥，他虽然是文官出身，但是面对气势汹汹的瓦剌大军却毫不怯弱。孙祥一边命令部下严防死守，一边派出了指挥刘深暗中出关，以朝见朱祁镇为名，相机而行，设法刺探敌军情报。

也先派出了岳谦等人来叫关，岳谦虽然身在敌营，却心系大明。他暗中告诫刘深："你回去告诉守将，现在来进攻紫荆关的瓦剌骑兵一共有三万人，其中精壮的只有两万，此外还有两万到古北口去进攻了。"

孙祥得知消息连忙派人十万火急地将军情报给了朝廷。得知敌军大举进犯的消息，朱祁钰召开了御前会议，请文武大臣一起来商议对策。

大臣之中出现了两种不同意见，以石亨为代表的一批大臣建议瓦剌大军人多势众，来势汹汹，应该避其锋芒，关闭京城九门，坚守不出，等到他们疲倦的时候，再发动进攻。但是兵部尚书于谦却不同意这种主张，他建议应该给瓦剌人一个下马威，如果明军闭门不战，岂不是向敌人示弱？现在应该将守卫北京的京军精锐在九门外列阵，然后给敌人迎头痛击。这时候大太监金英也发表意见，支持于谦的主张，甚至当场对文武官员表态："如果要死，则君臣同死而已！"景泰帝朱祁钰听了于谦的建议，也表示赞同。

再说也先在紫荆关叫关不成，恼羞成怒，下令部下猛攻紫荆关。四天的强攻并没有突破明军的正面防线。但是时间久了，也先发现了紫荆关的防守漏洞，那就是周边很多小道可以通往关城内。再加上大明王朝建立后几十年内都没有蒙古人能攻击到这里，所以此处武备松弛，军队战斗力不佳。朱祁钰即位后，也曾经下令堵塞山口小道，但是时间紧迫，明军方面不可能将全部隘口都堵塞，紫荆关依然像一个筛子一样四面漏风。虽然紫荆关有一万两千多人防守，但是由于可以通过人马的隘口太多，守军四处分散防守，再加上太过于仓促，所以也先在进攻主关口时，明朝守军到达自己防守岗位的不到十分之一。在也先凌厉的攻势下，守军纷纷败退。

在危急时刻，山东都指挥同知韩青，召来精锐骑兵百余人，对大家晓以忠义。百余大明骑兵激情慷慨，向着瓦剌阵中冲击，与他们在升儿湾血战，杀死了一些瓦剌士兵。韩青的勇敢吸引了很多瓦剌士兵来围困，在乱军之中，韩青中了流箭，却依然手持宝剑奋勇厮杀。打了将近四个小时，明军不但没有崩溃，反而越战越勇。不过瓦剌人毕竟人多势众，他们凭借人数优势将明军围困了几重。开始他们打算招降韩青，不料韩青勃然大怒，对着瓦剌人破口大骂："我岂是违背忠义而跟从你们之辈！"骂完，他举起宝剑自刎而死。

韩青战死之后，孙祥又带着残兵死守关城长达四天之久。最终瓦剌人看无法正面突破紫荆关，就找到了还没有被封堵的其他通道，绕道到守关明军背后。在腹背受敌的情况下，明军最终难以支撑，紫荆关被攻破。孙祥没有逃走，他督促手下士兵与瓦剌人血战到底，最终因为寡不敌众，殉国而亡。紫荆关虽然被攻破，但是韩青和孙祥以自己的鲜血和生命为北京迎得了十分宝贵的四天准备时间。

定都之争

说起这北京城能成为大明王朝都城的历史，也是一波三折，充满了传奇过往。

在洪武元年大明王朝开基之时，当时朱元璋选定的首都是在应天府（后改名“南京”）的。朱元璋在称帝之前以此为基地，整整待了十二年。他已经习惯了这里的一切，而跟随他打天下的淮西将领们，也因为应天府邻近家乡，对定都这里也十分支持。但是有些大臣却提出不同意见，他们觉得应天的最大缺陷是离北方前线太远，这种格局不利于朝廷调遣军队对付北元势力。另外，在应天建都的政权多是国运短促的王朝，当然这一点也是朱元璋所忌讳的。

洪武元年五月，朱元璋驾临汴梁，将其改名为开封府。实地考察后，一方面，他觉得开封地处国家中心，适合建都。另一方面，他又觉得开封周边无险可守，是四面受敌之地。最后，他决定采取折中方案，下诏将应天作为“南京”，开封作为“北京”。随着北伐的顺利进展，大都、陕西等地相继纳入大明版图。朱元璋在洪武元年八月再次来到开封考察。既然形势发生了变化，那开封还适合作为都城吗？朱元璋召集群臣商议此事。群臣有的建议在长安定都，也有说洛阳、开封适合建都；还有的人说北平的元朝大都宫室完备，以此为都既可以节约民力，又可以防备北元入犯。朱元璋觉得群臣的意见都有道理，但是却不适合当前的形势。长安、洛阳虽然是历代建都之地，但是历经战争摧残，物资缺乏，需要江南提供长途供应，而且需要大量人力物力重建。大都远离朱元璋的江淮故乡，定都于此，仍然需要大量投入。经过反复斟酌后，朱元璋还是决定以应天府为国都，在自己的家乡临濠建立陪都。

这一方案得到了李善长为首的淮西功臣们的拥护，洪武二年九月，朱元璋下诏在临濠建立都城，命名为“中都”。中都宫殿极其壮丽，洪武七年八月，朱元璋将其命名为“凤阳府”。中都的营建虽然得到了大多数臣僚的支持，但是以刘伯温和胡子祺为首的一些文臣表示了强烈反对。刘伯温在告老还乡之前，苦口婆心地劝谏朱元璋：“凤阳虽然是帝乡，但是不适合作为天子都城，皇上不宜居住于此。”朱元璋对此置若罔闻。直到洪武八年四月，发生了营建中都工匠“厌镇法”事件。这件事对朱元璋震动很大，加上朝中愈来愈明显的拉帮结派趋向，如果建都凤阳，淮西籍功臣们的势力将更加强大，势必会威胁到皇权。鉴于此，朱元璋果断下诏罢黜了中都的营建。洪武十一年正月，朱元璋下诏改应天府为京师，同时废除开封的“北京”称号。南京的都城地位至此尘埃落定。但是，随着北方局势的紧张，北元势力连年南下侵扰，朱元璋又开始对在南京定都产生了不满。除了南京距离北方边疆过于遥远，有鞭长莫及之嫌。朱元璋在洪武六年三月，就曾经说过，他建都在南京，离中原过于遥远，控制十分艰难。另外，当年修建南京宫城的时候因为听从了刘伯温的建议，填燕雀湖为地，出现了皇宫南高北低格局，由此影响了风水。这也使得朱元璋深深担忧。

既然定都南京有诸多让朱元璋不满的因素，他又何以最后还是定都南京了呢？首先，大明开国，百废待兴。如果迁都必然要大兴土木，这肯定要消耗大量的人力物力。开国前一年，朱元璋曾跟大臣们说他亲自看到田地荒芜，人民离散，失业者多，这是因为战乱所殃及，百姓没有得到休养生息。作为出身底层的皇帝，朱元璋对民间疾苦十分重视，他当然不愿意再去费周折来劳民伤财了。其次，臣下们对定都南京大部分还是赞成的。朱元璋开国依靠的是淮西集团，他们大部分来自凤阳和定远，妻儿老小都在淮右，距离南京很近，故土难离，他们可不愿意再举家搬迁到一个陌生的城市。再加上朱元璋开国之前以此为根据地，对这里的一草一木已经有了深厚感情，南京的城池建设已经具备规模，如果放弃这里，再行迁都也确实是一种浪费。

但是迁都问题在沉寂了十几年后，在洪武二十四年又被提起了。朱元璋内心深处还是对定都南京有着各种不满。一方面，大明王朝开国二十四年，天下财力和物力也有了积累，具备了迁都的物质条件。另一方面，朱元璋内心深处最佩服的开国皇帝是汉高祖刘邦，他是自己的大老乡，而且经历也与自己有诸多类似。当年刘邦定都长安，使得汉朝享有四百多年国祚，这也是朱元璋所羡慕的。于是年近古稀的老皇帝想派人去长安考察一番。

洪武二十四年八月，朱元璋特意派太子朱标前往长安巡视当地局势。三个月后，太子回到南京，也提出了迁都长安的建议。但是，朱标本人却一病不起，挨到次年四月，太子病亡。这件事对朱元璋打击很大，他觉得自己年事已老，又不想劳烦天下民力迁都，因此迁都长安之事被彻底放弃。

在朱棣发动靖难之变夺取大明皇位之后，定都问题再次成为大明王朝的中心议题。

朱棣思念北平，那是他少年时代就藩之所。他离不开金戈铁马，仿佛他的一生就是为战争而生，只有战争才能让他忘却内心深处的痛苦和担忧。南京这座帝都，于朱棣而言，充满了深深的敌意，让他浑身不适。

对于建都问题，礼部尚书李至刚上疏给朱棣："自古帝王，或者以布衣或以藩王起事，平定天下后，对龙兴之地都有所升崇。皇上承运于北平布政司，应该遵循太祖高皇帝建立中都凤阳之意，立为京都。"李至刚才思敏捷，做事干练，更兼善于逢迎。李至刚的这番话正合朱棣之意，朱棣当即应准。

朱棣的理想不只升崇"龙兴之地"这样简单，他要将北平打造为新的帝国政治中心，乃至天下之中心！

朱棣的性格是想到就要办到。从永乐元年开始，朱棣陆续发配罪犯到北京开垦荒地，同时迁徙南直隶等地富户充实北京。大运河的浚通，保障了南粮北运。这一切都为朱棣的迁都做好了坚实的准备。同年二月，他下旨设立北京留守行后军都督府、北京行六部，并将北平府升为顺天府。

永乐四年（1406），朱棣颁布了营造北京宫殿的诏令。这期间，明帝国还有两项浩大工程正在同步推进：永乐四年，几十万大军正在与安南人苦战；永乐五年徐皇后病逝后，天寿山的长陵开始营建。有人认为这也标志着朱棣迁都北京的决心，因为帝后陵寝都安排在了北方，后世子孙还有勇气还都南京吗？

从永乐四年到十五年，营建北京的工程断断续续，直到永乐十五年，终于在原燕王府基础上建成了西宫。朱棣以举国之力营建北京，集中了全国范围内工匠十多万人，营建大军中还包括了各地卫所的军人和监狱里的罪犯。在湖、广、川、贵等地采集的楠杉大木珍贵无比，各种木石砖瓦材料，直到万历年间还在使用，足可见营建材料之丰富。

皇宫和都城的营建，开始于永乐十五年。得益于前期充足的准备，只用了三年工夫，上万间宫殿就已经落成。永乐十八年，以奉天殿、华盖殿、谨身殿三大殿为主体的皇宫基本完工。

全国石木材料的采集之艰苦令人惊叹，建成之后的皇宫之壮丽辉煌同样令人感叹。紫禁城占地七十二万平方米，建筑面积十七万平方米，房屋建筑面积十五点五万平方米。

在当时的世界上，如此规模宏大的宫殿是罕有匹敌的。

永乐十四年，朱棣向天下宣布了迁都北京的计划。当时群臣一片附和之声。但是到了永乐十八年，北京的宫殿建造完成之后，朱棣正式颁诏决定迁都时，河南布政使周文褒、王文振和出身江南的一些朝廷大员却提出了反对迁都的声音。

由于经济、文化原因，朝廷中的官员大部分出身于江南，要他们远离温暖富庶的江南，北上萧瑟苦寒之地，他们是发自内心地反对，很多人不敢明言，只有少部分人敢于上疏直言，表示明确反对。当然，也有部分反对者是出于对国家总体政治经济形势的考虑，并非完全囿于乡土观念。毕竟北京远离江南经济中心，以南京为都省去了巨额供给运输费用。

其实，明太祖朱元璋当初定都南京，就有过几次波折和犹豫。北方蒙元残余势力依然强大，对明朝北疆造成了严重威胁。南京远离北方前线，对付蒙古人，确有鞭长莫及之感。有人提出以大都或者汴梁为都，都被朱元璋否定，他比较中意的是关中地区。洪武二十四年，太子朱标奉命前往西安巡察，就有勘察新都之意。朱标的意外病亡使得迁都之事中止。

对于朱棣来说，迁都北京势在必行。

首先，北京是朱棣的燕王藩邸所在，从十岁受封燕王到四十二岁夺取帝位，朱棣在这里守卫奋斗了几十年。这里是他的权力基础，也是“龙兴之地”，对北京，朱棣有着难以割裂的深厚感情。

其次，同为雄才大略的皇帝，朱棣跟父皇朱元璋的考虑相似，甚至更进一步。南京对于北疆前线而言，位置毕竟太靠南了。而北京靠近与蒙古人作战的前线，朱棣迁都北京，正是要形成“天子守边”的态势，让皇室的后世子孙处于风口浪尖之上，不敢有丝毫懈怠，整个明帝国时刻准备动员一切力量抵御蒙古残余势力的反扑。

再次，不可忽视的是朱棣的心理因素。对于南京，朱棣有种天然的排斥感。这里是父皇朱元璋和侄子朱允炆登基坐殿之地，对于自己的皇位如何得来，朱棣心知肚明。每每想到百年之后，自己的帝陵就在孝陵之侧，九泉之下自己该如何去面对自己的父皇？朱棣心乱如麻，毕竟篡位的负罪感时时刻刻伴随他左右。此外，南京有着同情朱允炆的势力，远离这个是非之地，开创新的功业，也是朱棣迁都的重要因素之一。

最后，很多人认为朱棣迁都最重要的因素就是抵御北方蒙古入侵。如果是这样认为，还真小瞧了他。朱棣自己就说过那些反对迁都者：“他们都是书生，根本不知道我的英雄之略。”那什么是朱棣的英雄之略呢？

“控四夷以制天下”，这正是朱棣为之奋斗一生的目标。藩邸所在的北京，正是元朝忽必烈和他的子孙君临天下之地。朱棣从少年时代起就耳濡目染，他羡慕元朝恢宏的帝业，他向往建立一个如大元帝国般举世无双的超级帝国。朱棣一生北征蒙古、南讨安南、通使西洋，就是为了控制这些地区，使得万方臣服于他。如此胸襟气魄，才是朱棣的英雄之略！

永乐十九年正月初一，明朝在北京举行了隆重的新都城落成典礼。在完成了一系列隆重的典礼后，朱棣在新建成的奉天殿，接受了朝臣和外国使者的朝贺，朝廷上下一片安然祥和，朱棣也在为迁都北京的最终完成扬扬自得。可是三个月之后，皇宫的一场大火却引发了一场君臣冲突和矛盾，这也是朱棣始料未及的。

永乐十九年四月初八日，北京风雨大作，上天仿佛要把积蓄已久的愤怒一股脑儿爆发出来。突然天空中“咔嚓”一声闷雷，正好击中了皇宫奉天殿屋顶正脊，瞬时一团火光腾空而起。风雨中，火借风威，风助火势，眼看着火越来越大，宫中已经乱作一团，宫女、太监、侍卫纷纷跑来救火。可是火势太大，蔓延起来的大火延续了几天，雷火无情地烧毁了奉天殿、华盖殿、谨身殿三大殿。

听闻信息的永乐大帝朱棣犹如挨了一记重拳，颓坐在了龙椅上。在讲究天人感应的古代，如果帝王有失德之处，上天才会降下诸如地震、洪水、干旱、雷火等灾异之兆。体现在政治上，皇帝一般要下诏“求直言”，也就是要求臣下根据当朝皇帝当政的缺失，实事求是地提出批评意见，以便改进。这次三大殿全部被毁，对朱棣的打击是巨大的。他举全国之力营建北京的宫殿，现在一场雷火把皇宫最重要的建筑毁于一旦，是不是上天真的认为朕做错了什么？怀着这样的担心和疑问，朱棣下诏群臣上疏直言。

面对皇帝要求大臣们直言不讳的诏书，那些对迁都心怀不满的官员觉得这是一个千载难逢的好时机。他们早就对耗费举国之力迁都北京不满，正好借此劝谏皇帝改变迁都想法。

上疏的官员中，尤以吏部主事萧仪的言辞最为激烈直白。他把朱棣迁都北京说成是皇上听信了小人谗言，违背了天意，所以上天示警。最好的弥补办法就是朱棣在奉天门接受群臣的批评，然后还都南京。

朱棣在一些大臣的煽风点火下，勃然大怒，下诏以诽谤罪诛杀了萧仪。萧仪的主张从根本上否定了朱棣的迁都之略，触碰了他的底线。朱棣一怒之下将其诛杀，就是要杀鸡吓猴，防止有更多的人借此升级反对迁都之议。

萧仪的被杀果然给群臣以极大震慑，上疏反对迁都的言官们不敢再直言朱棣过失，他们掉转矛头，由迁都之议改为弹劾当权重臣，说他们的工作失误导致了恶劣后果。朱棣对朝臣们的攻击失去了耐心，他下旨令大臣和言官们一起跪在午门之外，争论迁都的利弊。

去过故宫游玩的朋友都知道，从天安门进入故宫，要经过午门前面的宽阔广场，这里被三面高大的城墙所包围。影视剧或者小说中，我们经常看到一句话："推出午门斩首！"其实，明清两代都是在闹市杀人，午门还真没有斩首犯人的先例。这一次，朱棣别出心裁，让大臣们跪在午门坚硬的石板地上对骂。

千古罕见的一幕出现了，言官们和大臣们分两排分别跪在了午门外的空地上，开始相互指责。言官们指责大臣们不能劝谏皇帝迁都，以至于导致了天灾人祸。而大臣们责骂言官们是白面书生，根本不懂得国家大计。风雨交加，还要忍饥挨饿对骂，这对双方的体力可是严峻的考验。

眼看辩论双方都成了"落汤鸡"，朱棣派人问询争辩结果。老臣夏元吉实在看不下去，他主动承担了责任，对朱棣说："那些大臣是按照皇帝旨意办事，并没有什么罪过，只是我们这些大臣工作没做好，不能帮助皇帝完成大计，责任都在我等。"

朱棣听了这话，才消了气，下令让辩论的大臣们回家休息。这场风波总算平息了。通过此事，大臣们见识到了朱棣迁都北京的决心。同时朱棣也听从了一些大臣的建议，减免了百姓的负担，给予天下黎民一定的休养生息和喘息之机。

朱棣奠定了北京都城的地位，但是让人始料未及的是，他的儿子朱高炽即位之后，明朝竟然又差点将都城再次迁回南京。

永乐二十二年七月，朱高炽登基后不久，刚刚官复原职的户部尚书夏元吉就上疏洪熙皇帝："现在江南物力困于漕运，请还都南京，以便于节省巨额供给之费用。"朝中一班重臣，如陈瑄、胡濙等人纷纷站出来赞成还都南京。赞同还都南京的大臣们的理由主要有如下几点：首先，南京有龙盘虎踞之势，交通便利，是四方枢纽；其次，南京是太祖朱元璋定都之地，其陵寝也位于南京；最后，也是最重要的一点，还都南京，可以省去江南运输之劳苦，节约南北运输供应费用。这些观点正合朱高炽之意，他打算还都南京。其实还有一层原因，就是他在南京监国和当太子达二十年之久，他在南京的根基比较稳固。对于南京的一草一木，他都充满了深厚的感情，而对北京，朱高炽仿佛并没有什么感情。朱高炽的所作所为一切都是跟父皇朱棣在唱反调，父皇喜欢的和做过的，他都要反其道而行之。这是一种典型的长期压抑之后的逆反总爆发。

朱高炽命宦官郑和守备南京，同时下旨在北京的行政机构名称前面都要加上“行在”二字，意为临时机构的意思。洪熙元年三月，朱高炽正式宣布还都南京，北京的紫禁城面临着被废弃的危险。四月，朱高炽命太子朱瞻基前往南京拜谒孝陵，同时据守南京，为还都做最后的准备。他还派遣一些太监赶到南京，为他整理几处可供居住的宫殿，打算第二年春天前往南京居住。眼看大明王朝还都南京势在必行了。可是，出人意料的是，这年五月，朱高炽却突然病故了，还都南京之事也随之搁浅了下来。

朱高炽曾经打算还都南京，可是天不假年，他的突然驾崩中止了这一重要历史规划。但是他临终之前，对此还念念不忘，也在遗诏中提出：南北供给耗费巨大，军民艰苦，天下四方渴望还都南京。他也一向是这样打算的。

朱高炽派遣朱瞻基前往南京，也是为还都南京做最后准备，对此，朱瞻基心知肚明。但是他并不打算执行父皇的这项遗愿，因为宣德年间的边防形势并不容乐观，尤其是北方的蒙古鞑靼、兀良哈等部不断骚扰边境。在此形势下，朱瞻基面临抉择：以北京为都，虽然江南物资运输困难，但是有利于国防安全，天子守边有利于北部边疆的稳定和安全。从稳定江山的角度出发，江南运输劳苦，百姓有怨言，但是还不至于威胁到江山，而北方蒙古的侵扰却是心头大患，必须倾其全力来应对。从个人感情上来说，朱瞻基也更喜欢北国的壮丽辽阔，祖父尚武的血液在他身体内流淌，他崇尚祖父朱棣的叱咤风云和武功赫赫，很多事情都以皇祖父为榜样，自然，皇祖父钟意的北京也是他情感所系之地。

还有一点不容忽视，洪熙元年一年内，南京就地震四十二次，而北京一次都没有。就是之后的宣德年间，南京也是地震频仍。此时若还都，且不说政府要面临地震灾害，就是从天人感应的角度来说，朱瞻基更愿意将其理解为上天示警，还都南京是逆天之举。

此外，还都南京所需经费耗资巨大，甚至有可能给虎视眈眈的蒙古残余势力乘虚南下的可能性。为了保险起见，朱瞻基最终选择不再还都了。

虽然从名义上来看，南京仍然是京师，但是实际上却是徒有其名，而北京虽然宣德年间还被称作行在，却实实在在地成了大明的首都。对于父皇的遗愿，宣宗朱瞻基采取了搁置的态度，既不提还都南京，也不提定都北京，表现出了极高的政治智慧。试想一下，如果他宣布还都南京，就是彻底否定了他崇拜的祖父朱棣的迁都壮举；如果宣布定都北京，就等于直接否定了父皇的还都南京遗愿。所以，既然不好表态，索性就不再表态。

这样就出现了一幅奇怪场景：一方面，南京的宫殿在不断地修缮，同时，北京紫禁城的奉天、华盖、谨身三大殿自永乐火灾后，就再也没有修缮，一切典礼只能在奉天门举行。即使如此不方便，朱瞻基在位期间再也没有回过南京办公。

关于定都之争，几代皇帝在位期间多有反复。宣德帝是干脆不表态，北京各部门仍然带有“行在”字样，在名义上，明朝首都仍然是南京，北京只是临时都城。在朱祁镇即位后，北京的宫殿开始大规模修建。因为之前永乐朝三大殿火灾，给紫禁城造成了一定程度上的破坏，后面的仁宗、宣宗二帝并没有进行大规模修缮。这个任务交给了小皇帝朱祁镇。经过几年的修建，正统六年十月，明皇宫三大殿、两大宫正式修建完毕。

小皇帝意气风发，面对祖父都没有完成的伟业，他自我感觉良好。奉天、华盖、谨身殿和乾清宫、坤宁宫作为紫禁城的主体建筑，宏伟雄壮，体现了王朝和皇家的尊严。随后，十一月初一日，朱祁镇正式颁布了定都北京的决议：去掉北京各个衙门的“行在”字样，南京的衙门增加“南京”二字，持续了五六十年的定都之争终于尘埃落定。

从此，北京作为国都的政治中心地位确定了，南京则作为留都了。这一决定深刻影响了明代此后两百多年的政治军事格局，天子守边有利有弊。不过从整体来看，明朝国祚绵长，与定都北京不无关联。

守城之战

我们再说北京城的城防建设。在洪武年间，大将军徐达就曾经命令指挥华云龙修建当时还被称作北平的城墙，长度达到了一千八百九十丈。宣德九年七月，朱瞻基命都督佥事王彧以五军营和神机营士兵以及民夫来修建北京城墙。正统元年十月，鉴于北京城基本是元朝旧城，虽然永乐年间略有修缮，但是月楼和城铺并未完备。朱祁镇就命太监阮安和都督同知沈清以及工部尚书吴中等人带领民夫几万人来修建京城九门的城楼。

到了正统三年正月，朱祁镇拨五军营和神机营等营士兵一万四千多人来修缮北京朝阳等门城楼。正统四年四月，修缮工程竣工，北京的门楼、城壕和桥完工。城池共计正阳门正楼一个、月城左右楼各一个，崇文、宣武、朝阳、阜成、东直、西直、安定、德胜八门各有正楼一个和月城城楼一个，在各门之外还有牌楼，城池四角设有角楼。另外，北京城壕被挖深，两边各以砖石加固，九门外以前有木桥，现在都被拆除，换作了石桥。两桥之间设有水闸，城壕之水从北京城西北角东向流淌环绕城池，经过九桥九闸，从城池东南角流出大通桥而去。至此北京城建设基本完工，城池固若金汤，可谓易守难攻。

不过唯一美中不足的是，北京城垣外部十分破旧，内部是用沙土堆砌而成的，一旦天降大雨，城墙就很容易被损毁。朱祁镇鉴于此，在正统十年六月，下令太监阮安、成国公朱勇和修武伯沈荣等人督工再次修整完善。

北京城建设历经永乐、宣德、正统三朝共计三十年时间，耗费了大量人力物力，才得以竣工。北京城之坚固，足以抵挡来势凶猛的蒙古骑兵。

为了保证安全，刚登基的景泰帝朱祁钰还是不敢掉以轻心，他下令工部继续加固北京城防，以防万一。

在瓦剌人攻破了紫荆关之后，他们挟持着朱祁镇，打出的口号是要送太上皇回京，瓦剌人长驱直入，气势汹汹地杀向了北京城。一场大战迫在眉睫了。

景泰帝朱祁钰之前派出总兵官孙镗准备援救紫荆关，但大军得知了紫荆关失守的消息，只好暂时在北京城郊驻扎待命。

朱祁钰得知紫荆关失守的消息，大吃一惊。他连忙下旨命兵部尚书于谦提督京城各营兵马，并且宽恕了广宁伯刘安的罪过，命刘安担任总兵官，顾兴祖和刘聚充任副总兵，一起杀敌戴罪立功。

于谦面对即将展开的守城之战，分派京城共计二十二万大军防守北京城各个城门。其中总兵官武清伯石亨防守德胜门，都督陶瑾防守安定门，广宁伯刘安在东直门，武进伯朱瑛在朝阳门，都督刘聚防守西直门，副总兵顾兴祖守阜成门，都指挥李瑞在正阳门，都督刘得新在崇文门，都指挥汤节守卫宣武门，众将领都受石亨节制。

同时，朱祁钰还命刑部右侍郎江渊参赞都督孙镗军务，升任翰林院庶吉士刘清为兵科给事中，让其跟随江渊参赞军务，下诏以驸马都尉焦敬巡察皇城四门，严加防备。当时的兵马司为了让守卫京城的军队驻扎，拆毁了北京九门外军民房屋，从而引发了百姓们携带行李争相进城的混乱场面。瓦剌人即将来袭的消息也使得京城内外人心惶惶。为了稳定局势，朱祁钰接受了给事中李震的建言，下诏立刻停止对军民房屋的拆毁，还以恭顺侯吴克忠之子吴瑾继承侯爵之位，勉励他为父报仇，为国尽忠。

为了给攻打北京的瓦剌军队形成后方压力，朱祁钰又下令宣府总兵官杨洪带领两万人，辽东副总兵官焦礼和施聚带领三万人，分别从西北和东北方向启程，向着北京进发，对瓦剌军队形成腹背受敌的攻击态势。

再说瓦剌大军经过易州，十月初十日来到了北京西南方向的良乡。当地的父老百姓听说大明天子也来到了此地，就主动上前进献茶果羊酒。次日，也先大军挟持朱祁镇驻扎在京城近郊的卢沟桥，当地父老进献果品给这位大明天子。朱祁镇遥望卢沟晓月，看着近在咫尺的京城，又被父老的一片孝心所感动，他思绪万千，心绪久久不能平静。

朱祁镇叫来袁斌，将自己书写的三封书信交给了他。一封是写给孙太后，一封写给弟弟朱祁钰，一封写给满朝文武官员。核心意思就是勿以自己为念，请京城的军民一定固守城池，不要让瓦剌人得逞。

这个经历了生死考验，经历了血与火惨痛失败的皇帝终于变得成熟了。此刻的朱祁镇更具备一个大国天子的气派，他也对自己的失败进行了深刻反省，只希望他的一些担当能为大明王朝的社稷江山做一些贡献。

也先知道了朱祁镇写信的事情，他派出了瓦剌人纳哈出随同岳谦一起赶到北京城彰义门外喊话，大概意思还是要城内人开门迎接太上皇。城上的守军看到城下有人喊话，知道来者不善，他们也不多啰唆，弯弓搭箭就射了过去。纳哈出没有事，可怜忠心耿耿的岳谦反而被自己人所误杀。

也先带领瓦剌大军杀到了北京城下，他在西直门外列阵，命人将朱祁镇安置到了德胜门外的空房内。明军和瓦剌军在一些地方已经开始交战。彰义门外的都督高礼和毛福寿带领明军杀退瓦剌军三百多人，还夺回了被掠走的大明百姓一千多人。

朱祁钰得报大喜，下诏给石亨和于谦等："你们选派精兵在教场驻守，以便于调用，自都指挥以下将官如果不听命的立刻斩首，然后再上奏朕。"他不放心，又派出了太监兴安和李永昌协助石亨、于谦处理军务。

于谦虽然是一介文官，但是面对强敌来袭，换下自己的文官冠服，全身披上了厚厚的甲胄，亲自到德胜门外来指挥前线作战。他下达了严厉的军令：临阵之际如果将士不顾部下先退却的，就要被斩首示众；如果是前队不顾主将安危先行撤退的，后队斩杀前队。这是前所未有的严酷军令。在这种军令之下，大明将士们摩拳擦掌，各个做好了与瓦剌人血战到底的准备！

于谦深知严酷的军令是一方面，对将士们的激励也必不可少。他对将士们发表了战前动员。于谦的口才本来就好，在演讲之际，他慷慨激昂，多次泪下。将士们深受鼓舞和感动，士气和军心都得到了极大的振奋。

现在的北京城已经是铜墙铁壁一般的存在，也先面对明军如此同仇敌忾的防守，心中也有些发虚。他听从了汉奸喜宁的计策，以送太上皇回宫为借口，引诱于谦等朝廷重臣出城，然后将他们扣留，这样城中就可以不攻自乱。

于是，十月十二日，也先带兵将朱祁镇押上了土城，让朝廷将他接回去。守城将领报给了朝廷，朱祁钰召集众人问计。有些人说也先诡计多端，不能轻易相信。还有的说也先虽然居心叵测，但是迎接太上皇回京也是情理之事，应该派出使者探一探瓦剌军队的虚实。这时候中书舍人赵荣主动请缨，打算出使瓦剌军营。内阁大学士高穀被他的忠义所感动，拍着他的肩膀称赞他是忠义之人。说完，他还解下了自己佩带的犀带，赠送给了赵荣以示鼓励。朱祁钰就下旨以赵荣为太常寺少卿，以王复为右通政使，出城去朝见太上皇朱祁镇，并进献羊酒等物。

也先听说朝廷派出了使者，就命朱祁镇坐在帐内，他自己和伯颜帖木儿披着甲胄携带弓箭，假装出一副恭恭敬敬的样子，侍立在朱祁镇身旁。只见赵荣和王复面对帐外那些凶神恶煞、手持刀枪的瓦剌士兵毫不畏惧，并且大声斥责他们不得无礼。也先听到了这话，也只好下令士兵们将兵器收起来。

赵荣和王复进入了大帐，跪拜太上皇。这时候喜宁在一旁提醒也先，这两个人只是大明派出的小官。也先听了之后大怒，他让使者回去，让于谦、石亨、胡濙、王直这些人来议和。

赵荣和王复无奈，只好回到城中向朱祁钰报告了出使的情况。朱祁钰见瓦剌人气焰如此嚣张，就打消了议和的主意，一门心思准备和瓦剌人血战一场。

十月十三日，也先带兵攻击德胜门，于谦早已挑选了一些精兵携带着神炮等火器，埋伏在德胜门外两旁的空房子内。他们只等着瓦剌人上钩了。于谦命几名骑兵故意出阵来挑衅瓦剌人，然后看到瓦剌一万多骑兵蜂拥而来，这几名骑兵就撤退而走，不知中计的瓦剌人大摇大摆地进入了明军的埋伏圈。

事先躲藏在空房子内的明军对着外面的瓦剌人射击，神机营都督范广首先发射火器，随后，明军的火铳声不绝于耳，瓦剌骑兵损失惨重。就连也先的弟弟孛罗和平章卯那孩等将领也死在了明军的火器打击之下。

明军主将范广看到敌人受到重创，首先骑上战马冲向了敌军阵中。明军将士们看到主将如此勇敢，纷纷跟随其后杀向瓦剌人。就这样，德胜门之战以明军完胜告终。

在德胜门吃了大亏的也先气急败坏，他集合了更多的军队，打算攻下西直门。负责西直门防务的都督孙镗带领手下奋勇抵抗，但是怎奈瓦剌人多势众而且攻势极其猛烈，眼看孙镗所部渐渐难以抵挡了。他打算退入西直门内暂时休整一下，这时在城头监军的给事中程信发现了孙镗的撤退意向。他担心孙镗撤退，会影响大军士气，所以就当机立断，下令不许打开城门让孙镗军入城。

程信和都督王通、都御史杨善等人在城楼为孙镗擂鼓助阵。孙镗看到城门紧闭，知道自己无路可退，只好回头再与瓦剌人作战。城上守军也发射火炮来为城下的兄弟们助战。

虽然孙镗回身奋战，杀死了不少瓦剌士兵，但是自己所部也损失惨重。眼看就要全军覆没的关键时刻，突然四周响起了惊天动地的炮声，原来是毛福寿和高礼带着援军赶到了。

不过，在两军接战之后，主将高礼被瓦剌人射杀，明军再度出现了混乱。在生死攸关的关头，石亨又带着大军赶来增援。只见他全身披挂，手中挥舞着大刀，如同砍瓜切菜般将瓦剌士兵杀得鬼哭狼嚎。就这样，瓦剌人实在难以抵挡，只好败下阵来。

西直门的战斗明军方面算是险胜。明军暴露出了兵力不足和各城门之间不能很好地增援和调配的问题。朱祁钰听取了大臣们的建议，下旨兵部采取措施，五军都督府各卫官衙除了留有一人办事外，其他不管是官吏还是在职闲职人员，都要自己准备鞍马和盔甲，便于随时听从朝廷派遣调用，等到获胜之后，再对他们进行论功行赏。如果有谁不听从调遣或者故意推诿，锦衣卫和五城兵马司要对他们查实问罪。

于谦还根据实际情况，对西直门和彰义门之间的防务做出了一些调整。于谦命佥都御史王竑协同毛福寿提督军务，让他们和镇守西直门的孙镗合兵一处，彰义门则由都督王敬和武兴、王勇等人镇守。如果到时候彰义门或者西直门哪边出现了战况紧急的情况，另一方就要火速救援，不可贻误军机。于谦还奏请朱祁钰，让他下诏给都督毛福寿在京城外西南要道堵塞路口，埋伏火铳手和短枪兵，以便于策应京城防务。同时，京城要实行夜禁，兵部派遣郎中日夜巡察，以防止瓦剌奸细入内作乱。

也先遭受了两次失败之后，不甘心，又在十月十四日进攻彰义门。明军守将武兴和王敬在城外列阵迎战。只见，明军将士各个盔甲鲜明，威风凛凛，精神饱满，大家跃跃欲试，只等砍杀瓦剌军，为国立功。

明军阵中，最前面是神铳火器手，在后面是弓箭手，紧跟其后的是手持短兵器的步兵，最后是打算为国报效的宦官数百人，他们骑在马上，握紧了手中的刀枪。对他们来说，今日可是百年一遇的杀敌机会。平日里他们在宫廷伺候皇室，终日难得外出。今日，竟然也各个披挂盔甲，手持兵刃，他们体内的男性荷尔蒙激素此刻被激起，血脉偾张，一张张年轻的面庞，因为兴奋还有紧张，各个涨得通红。

因为北京城内兵马不足，朝廷号召内官们也来报效朝廷。这百余名内官就主动请缨，为国报效，打算血战沙场。

战鼓响起，瓦剌骑兵首先冲杀了过来，一时间马蹄溅起的尘土漫天升腾。面对敌人，明军火铳响起，敌军骑兵纷纷落马，受挫之后，撤退而去。

这时候，谁也预想不到的事情发生了。在队列最后的报效内官们，见敌人退却，他们按捺不住，竟然没有听从号令，拍马向着敌人追击了过去！

古代对战讲究的是阵列严整，此刻阵列一乱，瓦剌军见有机可乘，回身又杀了回来，明军抵挡不住，纷纷败退。

瓦剌骑兵反败为胜，追击明军到了北京城西北边的土城。战斗中，明将武兴阵亡。面对猖獗的瓦剌骑兵，土城的北京百姓们，纷纷登上房顶，捡起手中的瓦片，用它们击打瓦剌士兵。瓦剌人陷入了百姓战争的汪洋大海之中！

瓦剌军进入了不利于骑兵的地形，加上此刻来自北京城的明军援兵在王竑、毛福寿的带领下及时赶来，瓦剌军只好退去。

报效内官虽然在战斗中也杀死了不少敌军，但是因为争功乱阵，也导致了武兴的阵亡。可谓有功有过吧。

德胜门、西直门、彰义门三场大战过后，也先的瓦剌军队失去了斗志。本来也先打算乘胜攻克北京，在他眼中土木堡的明军如此不堪一击，北京城的明军情况肯定好不到哪里去。却不料明军战斗力爆棚，自己昔日战无不胜的瓦剌铁骑屡屡遭受失败，损失惨重。看来自己复兴大元的梦想要往后推一推了。想到这里，踌躇满志的也先变得灰心丧气。此时更加令他恼火的一个消息来自居庸关。

原来也先在对明朝大举进犯时，曾经派出士兵五万人进攻居庸关，但是在这里，瓦剌铁骑同样遭受了失败。

朱祁钰在登基之后，深知居庸关乃北方蒙古人进入大明内地的要冲。他接受了于谦的建议，以富有军事才能的罗通镇守此地。面对五万来势汹汹的瓦剌骑兵，手下只有两万军队的罗通并没有慌乱。他充分利用了天时、地利来打击来犯的瓦剌人。

当时正值农历十月，北方地区十分寒冷，已经是滴水成冰的季节了。精通兵法的罗通先派出大军对瓦剌骑兵予以迎头痛击，然后在夜晚时分，罗通命人不断在城墙上浇水灌水，由于天气严寒，浇到城墙上的水很快就变成了冰，到了天亮以后，瓦剌人惊讶地发现居庸关居然一夜之间变成了一座冰城！当然瓦剌人远道而来，并不是来欣赏冰城的，他们不甘心就这样离去，于是悲剧发生了。攻城的瓦剌人怎么也无法爬上城墙，一次次滑倒以致手足受伤。七天了，瓦剌人无法取得一点突破。

罗通乘着瓦剌人士气低落之际，带领大军杀出了居庸关，三战三捷，杀死了很多瓦剌士兵。

居庸关的战报传到了也先耳中，他越发心中没底了。本来想挟持太上皇朱祁镇来攻克北京城，没有想到城中万众一心，自己在各条战线都遭受了失败，而且自己手下的瓦剌士兵也经受不住这样的消耗。更让他担心的是，探报告诉他，从大明王朝各地赶来的勤王兵马源源不断地向着北京城进发，尤其是郭登率领的大同兵和杨洪带领的宣府兵。一想到他们可怕的战斗力，也先就头疼不已。

再说，瓦剌大军身后大同、宣府和居庸关都牢牢控制在大明军手中，现在北京城无法攻破，如果时间一久，瓦剌军本来是想攻城，极有可能被各地增援的明军合围，到时候极有可能遭受灭顶之灾了。

想到这里，也先不禁打了一个冷战，他知道是自己下定决心的时候了。十月十五日，在北京城下一无所获的也先挟持着朱祁镇，带领大军向着良乡方向仓皇撤退了。

由于也先在北京城下遭受了巨大损失，他把这股无名大火发泄到无辜的大明百姓身上。在瓦剌军经过的各府州县，瓦剌军队烧杀抢掠，百姓遭受了重大损失。而且瓦剌人还一把火将埋葬永乐帝的长陵、洪熙帝的献陵和宣德帝的景陵地面建筑全部烧毁了。

景泰帝朱祁钰听后，勃然大怒，他下急诏命昌平伯杨洪、都督孙镗、都督佥事范广、陶瑾等带领官军五万多人，追缴瓦剌人。

杨洪、杨俊、孙镗、范广一路追击瓦剌军，颇有斩获。

到了十一月初八日，瓦剌军彻底退到了塞外。北京保卫战终于取得了辉煌的胜利！

大明军民面对灭种的生死劫难，同仇敌忾，万众一心，彻底摧毁了也先的狂妄梦想，挫败了瓦剌打算逼迫大明王朝南迁的企图。这一战守卫住了大明王朝的根本，也挽回了土木堡惨败失去的颜面和尊严。

北京保卫战之中，瓦剌军队损失了五万多人，也导致了瓦剌内部的分崩离析。之后，脱脱不花和也先发生了内争，也先被杀死，从此之后，盛极一时的瓦剌部开始衰落，蒙古草原的主角变成了之前被打压的鞑靼部。

可以说土木堡之战瓦剌的胜利并没有给蒙古部落带来军事和政治上的统一，反而是也先的野心和贪婪最终葬送了自己，也葬送了自己的部落。

北京保卫战胜利之后，也先也不得不放弃朱祁镇这个人质，转而通过释放他来换取与强大的大明王朝之前的和好关系。而回到大明的朱祁镇与弟弟朱祁钰之间因为皇权发生了芥蒂，最终酿成了夺门之变，朱祁钰病故，朱祁镇复位。而于谦等人也成为夺门之变的牺牲者。这个冤案也是朱祁镇一生最大的过错之一。

随着大明王朝历经“土木堡之变”和“北京保卫战”的生死考验，开始逐渐进入了一个平稳发展的时期，并没有如同旧史所言，“土木堡之变”是明朝中衰的起点。反而，我们从史书中的种种记载中发现，此后大明王朝近二百年的漫长进程中展现出来的更多是政治、经济、文化等方面的繁荣发展和太平稳定景象。

历史的车轮滚滚向前，无论帝王将相还是凡夫俗子，终将成为历史的尘埃……

跋　“土木堡之变”的深远影响

“土木堡之变”可谓是明朝历史乃至中国历史上一件影响深远的大事件。从某种角度来说，它深刻改变了明朝的国运乃至中国历史的走向。

首先，从政治上来说，“土木堡之变”中跟随明朝大军出征的众多武将和勋贵几乎被“一网打尽”，损失惨重，这也是对明朝武将系统地沉重打击。从明朝开国之后到正统年间，一直活跃在政治军事舞台上的勋贵集团遭受了灭顶之灾。尤其是以于谦为首的文官集团在北京保卫战之中的优异表现，更加凸显了文官集团迅速崛起的趋势。自此，文官典兵成了明帝国政治军事舞台上的最新趋向。文官集团从此得以进入军事领域，与武将集团全面抗衡，甚至逐渐形成了压倒性的优势。

其次，“土木堡之变”后，明朝皇帝御驾亲征的传统成了一种历史记忆。从明太祖朱元璋开始，在国家遭遇重大战事之时，明朝皇帝都会御驾亲征。永乐皇帝朱棣、宣德皇帝朱瞻基都曾经亲率六师，征伐四方，甚至文弱的洪熙皇帝朱高炽都有过亲自守城的作战经历。这是明朝的军事体制所决定的，所以才有了明英宗朱祁镇的亲征瓦剌。但是土木堡之败太过于惨重，明英宗也成为瓦剌俘虏，这也给建国八十多年的明帝国造成了开国以来最严重的一次国家危机。正是由于这段过于沉重的记忆和惨痛教训，之后明朝的军事领导体制发生了变革，团营制的盛行，也从某种程度上宣布了皇帝不御驾亲征也可以指挥战事。由此，后世的弘治皇帝、正德皇帝和嘉靖皇帝在面对北方强敌蒙古不断入侵的紧要情况下，也曾经想过御驾亲征，但是都被群臣所劝阻。尽管正德皇帝朱厚照顶着群臣的压力，御驾亲征，取得了应州大捷的辉煌战果，但是在后世的历史书写中，却依然以一副被刻意抹黑的面目示人。这也是后世明朝皇帝在面临御驾亲征这个选择上，慎之又慎的重要原因。

“土木堡之变”后，勋贵武将集团被打压，尤其是经过了“曹石之变”，新一代勋贵也被明英宗所打压。在这种情况下，一股政治力量在明朝历代皇帝的扶植下，又重新崛起，这就是明朝的宦官集团。他们取代了原先的武将勋贵集团，开始成为与文官集团对峙的一支强大政治力量。正是在这种背景之下，宦官集团与文官集团既有斗争，又有合作，相互共存了两百多年，在一定程度上保证了明朝政治格局的稳定性和明代政治的稳步运行。

最后，我们从军事角度来看，“土木堡之变”之前，明朝方面对于蒙古各部采取的是攻势作战、主动出击的军事策略。但是“土木堡之变”后，明朝军事力量受到重大打击，开始改变策略，加强了对边墙也就是后世所称“长城”的修筑。我们今日所见之长城，基本上都是明代大规模修建的遗迹所在。大规模修筑长城，也就是宣告明帝国开始采用一种守势来对付北方的蒙古入侵。这也就不难理解后世发生的庚戌之变和己巳之变，蒙古大军和女真大军为何能屡次突破长城，杀入明朝内地，围攻京师北京城。试想一下，明朝军队虽然有百万之众，但是分布于漫长的长城防线之上，蒙古军队只需要集中兵力于一处猛攻，即可突破看似牢固实则脆弱的长城防线，放马南下驱驰。这种被动防守的策略给明中叶以后的军事政治和经济造成了很多负面影响，这也是明朝最后灭亡的一个深刻原因。

“土木堡之变”距离今天已经有五百多年的光阴，但是它留给后人的历史教训却依然令人深思……

后　记

随着我在键盘上敲下本书的最后一个字，终于长出了一口气。写一本专门讲述“土木堡之变”的书，一直是我的一个愿望。

本书从土木堡发生之前的政治、军事形势开始写起，一直写到北京保卫战，算是很少见的专门描述“土木堡之变”的通俗历史读物。我们以往在教科书或者其他读物上接触的“土木堡之变”前因后果过于“简单粗暴”，很多读物依然沿袭旧史家的说法将一切归罪于王振擅权。但是历史不是非黑即白，就是作为首要责任人的朱祁镇也有振兴大明的正面作为。“土木堡之变”是明朝中叶各种政治、经济和军事矛盾积累到一定程度上的总爆发，偶然性之中蕴含着必然性，这是我们解读历史要深入了解的关键所在。

随着本书的完成，我也决定更加细致地从历史事件和人物的细节入手来剖析历史的脉络，也许下一本书还是我最擅长的明史范畴，也许是我感兴趣的晚清事件。还是那句话，只要读者喜欢，我就会继续创作下去。历史是一个无尽的宝库，遨游其中，无限喜悦！

本书在写作过程中得到了我家人的鼎力支持，感谢我的父母对我的教育和培养，尤其是我的父亲，引导我走上了爱好历史的道路。我还要向默默无闻地奉献的妻子道一声：“你辛苦了！”感谢你一直以来对我的支持。

在此一并感谢所有指导过我的师友和喜欢我作品的读者朋友！

参考文献

1.《明实录》，上海书店出版社，2018 年。
2. 谈迁：《国榷》，中华书局，1958 年。
3. 查继佐：《明书（罪惟录）》，齐鲁书社，2014 年。
4. 王世贞：《弇山堂别集》，中华书局，1985 年。
5. 陈洪谟：《治世余闻 · 继世纪闻》，中华书局，1985 年。
6. 何良俊：《四友斋丛说》，中华书局，1959 年。
7. 陆容：《菽园杂记》，中华书局，1985 年。
8. 黄瑜：《双槐岁钞》，中华书局，1999 年。
9. 叶盛：《水东日记》，中华书局，1980 年。
10. 李诩：《戒庵老人漫笔》，中华书局，1984 年。
11. 郎瑛：《七修类稿》，上海书店出版社，2001 年。
12. 邓士龙：《国朝典故》，北京大学出版社，1993 年。
13. 高岱：《鸿猷录》，上海古籍出版社，1992 年。
14. 谈迁：《枣林杂俎》，中华书局，2006 年。
15. 余继登：《典故纪闻》，中华书局，2016 年。
16. 沈德符：《万历野获编》，中华书局，1959 年。
17. 郑晓：《今言》，中华书局，1984 年。
18. 张廷玉：《明史》，中华书局，2015 年。
19. [美]牟复礼、[英]崔瑞德：《剑桥中国明代史（1368—1644 年）（上卷）》，中国社会科学出版社，1992 年。
20. 万斯同：《明史》，上海古籍出版社，2008 年。
21. 焦竑：《国朝献徵录》，广陵书社，2013 年。
22. 过庭训：《明朝分省人物考》，广陵书社，2015 年。

23.《明代笔记小说大观》，上海古籍出版社，2007 年。
24. 陈建：《皇明通纪》，中华书局，2008 年。
25. 胡丹：《大明那些九千岁·壹·大太监是怎样炼成的》，太白文艺出版社，2016 年。
26. 张德信：《明朝典制》，吉林文史出版社，1996 年。
27. 白新良：《明帝列传·正统帝景泰帝》，吉林文史出版社，1996 年。
28. 赵毅、罗东阳：《明英宗传》，人民出版社，2018 年。
29. 张明林：《兄弟情仇：正统（天顺）景泰》，西苑出版社，2012 年。
30. 赵中男：《明代宫廷政治史》，故宫出版社，2015 年。
31. 赵中男：《明代宫廷典制史》，紫禁城出版社，2010 年。
32. 蔡石山：《明代宦官》，浙江大学出版社，2019 年。
33. 李晓鹏：《从黄河文明到"一带一路"（第 1 卷）》，中国发展出版社，2015 年。
34. 南炳文、汤纲：《明史》，上海人民出版社，2014 年。
35. 傅小凡：《大明疑案 1》，电子工业出版社，2015 年。
36. 张显清、林金树：《明代政治史》，广西师范大学出版社，2003 年。
37. 关文发、颜广文：《明代政治制度研究》，中国社会科学出版社，1995 年。
38. 陈宝良：《明代社会生活史》，中国社会科学出版社，2004 年。
39. 杨林：《篡明：朱棣和他的大明皇朝》，中信出版社，2011 年。
40. 宗承灏：《大明朝（1368—1644）：从洪武到崇祯的权力变局》，北京联合出版有限公司，2017 年。
41. 阮景东：《大明权力场》，台海出版社，2019 年。
42. 杜婉言：《中国政治制度通史·明代卷》，人民出版社，1996 年。
43. 李治亭、林乾：《明代皇帝秘史》，山西人民出版社，1998 年。
44. 王天有：《明朝十六帝》，紫禁城出版社，2010 年。
45. 王天有：《明代国家机构研究》，故宫出版社，2014 年。
46. 陈梧桐：《朱元璋大传》，中华书局，2019 年。
47. 王天有：《明代国家机构研究》，故宫出版社，2014 年。
48. 温功义：《明代宦官》，紫禁城出版社，2011 年。
49. 佚名：《秘阁元龟政要》，北京图书馆出版社，2001 年。
50. 胡丹：《明代宦官制度研究》，浙江大学出版社，2018 年。
51. 杨林：《马上天子》，团结出版社，1998 年。
52. 张萱：《西园闻见录》，华文书局，1968 年。
53. 朱国桢：《皇明史概》，文海出版社，1984 年。
54. 傅维麟：《明书列传》，故宫出版社，2014 年。

55. 柯劭忞：《新元史》，上海古籍出版社，2018 年。
56. 指文烽火工作室：《明帝国边防史：从土木堡之变到大凌河血战》，吉林文史出版社，2015 年。
57. 马渭源：《大明帝国：正统、景泰帝卷》，东南大学出版社，2016 年。
58. 谷应泰：《明史纪事本末》，中华书局，2015 年。
59. 夏燮：《明通鉴》，中华书局，2013 年。
60. 李贽：《续藏书》，商务印书馆，2020 年。
61. 郑云鹏：《明朝大太监》，岳麓出版社，2020 年。
62. 郑云鹏：《草根的盛世：洪武皇帝朱元璋传》，中国发展出版社，2019 年。
63. 郑云鹏：《一口气就能读完的大明史》，台海出版社，2019 年。
64. 和田清：《明代蒙古史论集（上下册）》，内蒙古人民出版社，2015 年。